KB216966

벌거벗은 그리스도인

벌거벗은 그리스도인

지은이 | 문성
초판 발행 | 2019. 5. 15
8쇄 발행 | 2024. 10. 11
등록번호 | 제1988-000080호
등록된 곳 | 서울특별시 용산구 서빙고로65길 38
발행처 | 사단법인 두란노서원
영업부 | 2078-3333   FAX | 080-749-3705
출판부 | 2078-3331

책값은 뒤표지에 있습니다.
ISBN 978-89-531-3465-2 03230

독자의 의견을 기다립니다.
tpress@duranno.com   www.duranno.com

두란노서원은 바울 사도가 3차 전도여행 때 에베소에서 성령 받은 제자들을 따로 세워 하나님의 말씀으로 양육하던 장소입니다. 사도행전 19장 8-20절의 정신에 따라 첫째 목회자를 돕는 사역과 평신도를 훈련시키는 사역, 둘째 세계선교(TIM)와 문서선교(단행본잡지) 사역, 셋째 예수문화 및 경배와 찬양 사역, 그리고 가정·상담 사역 등을 감당하고 있습니다. 1980년 12월 22일에 창립된 두란노서원은 주님 오실 때까지 이 사역들을 계속할 것입니다.

벌거벗은
그리스도인

교만과
위선으로
똘똘 뭉친

나를
고발합니다

문성 지음

두란노

Contents

- 1 -

식인 마을에 꽃피운 복음

- 2 -

주님! 왜 저를 또 살리셨습니까?

- 3 -

택하시고 부르셨다

- 4 -

주권자 하나님을 배우다

격려의 글

저는 사람들 앞에서나 글을 통해 문성, 이민아 선교사 부부에 대해 말할 때면 주저하지 않고, 그 두 사람은 단순한 선교사 부부가 아니라 바로 그 선교사 부부(They are not simply a missionary couple, but THE missionary couple)라고 말해 왔습니다. 그들을 격려하는 것은 제 능력 밖의 일입니다. 문성, 이민아 선교사 부부를 생각할 때 그들의 모습보다 그들 안에 역사하시는 하나님을 뵐 수 있기 때문입니다.

New Tribe Mission(NTM)은 미국 플로리다 주 샌포드(Sanford)에 본부를 둔 세계적인 미전도 종족 선교 단체로서 외부와 단절된 부족 원주민 거주지만을 찾아가 복음을 전하는 유일한 선교 단체입니다. 고유 문자를 가지고 있지 않은 부족들에게 가서 그들이 발음할 때 내는 소리를 분석하여 모음과 자음을 만들어 부족의 모국어(mother language)로 성경을 번역하고, 문맹을 퇴치하고, 교회를 개척하고, 제자훈련 사역에 힘쓰고 있습니다. 처음부터 이들의 사역을 지켜본 사람으로서 이분들의 헌신에 감사하며 살아 계신 하나님의 역사를 목도하게 되어 감격스럽습니다.

문성, 이민아 선교사는 3400여 명의 NTM 소속 선교사 중 10% 미만만 받은 성경 번역과 교회 설립을 할 수 있는 Tribal Church Planter 자격증을 받았는데, 아시아 사람으로는 최초라고 합니다. NTM에서도 인정받는 파푸아뉴기니 미히 부족의 세종대왕 같은 분들입니다.

본능에 의지해 동물처럼 살던 파푸아뉴기니 미히 부족 사람들은 자신들의 글로 쓰여진 성경을 읽으며 회심한 그리스도인이 되었습니다. 이제는 자발적으로 매일 밤마다 마을에 모여 성경공부를 하고 있습니다.

문성, 이민아 선교사 부부는 미히 부족 사람들의 인격 변화를 보면서 예수 그리스도의 부활의 증거를 체험하고 있습니다.

30여 년 전 한국에서 컴퓨터 프로그래머와 센테니얼 크리스천 외국인 학교 유치원 원장으로 18년간 남부럽지 않은 사회 경력을 가졌던 이 부부는 하나님의 부르심에 순종하여 선교사의 길을 떠났습니다. 이들의 헌신은 하나의 미전도 종족 선교를 넘어, 여러 부족에게 그리스도의 복음을 전하는 영광스러운 역사를 가능하게 하였음을 가까이서 목도하며 하나님께 영광을 돌립니다.

송용필_햇불트리니티신학대학원대학교 대외협력 부총장,

센테니얼 크리스천 스쿨 설립자, 한국독립교회 및 선교단체연합회(KAICAM) 회장

추천의 글

　모처럼 전율을 느끼며 책 속에 빠져들었다. 강한 지진처럼, 하늘의 천둥처럼 내 영혼을 송두리째 뒤흔든다. 벌거벗었음에도 부끄러움을 모른 채 자기기만과 위선으로 치장하여 종교인 노릇 하기에 바빴던 나를 십자가의 빛 앞에 무릎 꿇게 한다. 그리고 십자가의 능력과 영광으로 초대한다. 이 책은 깊은 신학과 영성이 감동적인 삶의 이야기로 승화되어 독자를 변화시키는 놀라운 책이다. 모든 목회자와 선교사, 신학자와 신학도는 물론 모든 그리스도인이 읽어야 할 필독서이다.

김순성 _전 고려신학대학원장

　나는 이 두 사람을 만나서 교제를 나눌 때마다 마치 사막 한가운데서 오아시스를 만난 것 같은 느낌을 받는다. 좀처럼 만나기 힘든 그리스도인다운 그리스도인, 선교사다운 선교사를 만나고 있다는 생각이 들기 때문이다. 그리고 이 두 사람의 선교 이야기를 듣다 보면 사도행전 29장을 읽고 있다는 느낌을 받는다. 때 묻지 않은 성령 중심의 일들이 가득하기 때문이다.

박봉수 _상도중앙교회 담임목사

식인 문화를 가진 미전도 종족, 파푸아뉴기니 미히 부족을 위해 25년간 삶을 바친 문성 선교사님의 이야기를 접할 때마다 사역의 질은 물론 영적 깊이, 복음의 역동성에 놀라게 됩니다. 미히 부족을 섬기면서 자신의 벌거벗은 영혼의 상태를 발견했다는 고백에서 문 선교사님의 깊은 영성을 봅니다. 현시대 한국 그리스도인들이라면 놓치지 말아야 할 핵심 메시지들이 이 책에 빼곡합니다.

이규현 _수영로교회 담임목사

저는 지금도 문성, 이민아 선교사님께서 두 차례 저희 교회를 방문하시고, 21세기 원시 부족에게 일어났던 놀라운 변화와 그들을 섬기면서 깨달은 복음의 진리들을 들려주실 때, 예배당 안에 가득했던 하나님의 임재를 생생히 기억합니다. 그리고 동일한 하나님의 임재를 이 책을 읽는 내내 느낄 수 있었습니다. 때로는 기쁨으로 가슴이 뛰고 때로는 눈물로 기도하며 읽기를 마쳤을 때, 이러한 고백을 드렸습니다, "주님, 저도 벌거벗은 그리스도인입니다!" 이 책은 모든 그리스도인들이 읽어야 할 성스러운 책입니다.

이성자 _인터내셔널 갈보리교회 담임목사

우리는 하나님께서 직접 행하시는 일을 기적이라 말할 수 있을 것입니다. 그리고 그 기적들은 매우 특별하다고 이야기합니다. 그러나 독자들은 이 책에서 그 기적들을 선교 현장에서 그저 평범하게 경험하고 있는 한 선교사님을 만나게 될 것입니다. 문성 선교사님의 삶이 기적이요, 사역이 기적이요, 기도가 기적으로 나타나는 현장에 기쁨으로 독자 여러분을 초청합니다.

조장연 _세계모든종족선교회 대표

2011년 5월 (재)대의미션에서 문성, 이민아 선교사님을 처음 만났습니다. 당시 문성 선교사님의 혈당은 424였고 혈압은 말이 아니었습니다. 그런 몸으로 파푸아뉴기니 밀림 지역에 다시 들어간다고 하여 하염없이 눈물을 흘렸습니다. 우리와 협력하여 미히 부족에 첫 번째 교회를 세운 선교사, 그 어려운 여건 속에서도 이뤄 온 25년간의 사역은 짐 엘리엇이 복음을 전한 아우카 부족 선교 이야기를 생각나게 하고 바울의 모습을 연상시킵니다. 고누 아가오(하늘을 보시오)!

채의숭 _대의미션 이사장, 제9대 대한민국 국가조찬기도회 회장

먼저 이 간증의 참된 주인이시자, 간증을 쓸 수 있도록 건강을 허락하신 하나님 아버지께 영광과 찬양을 돌린다. 지난 25년간 부족 생활을 글로 써 보라는 제안을 여러 번 받았다. 국민일보에 1년간 연재한 글을 책으로 내고 싶다는 제안도 있었고, 작가 두세 분이 파푸아뉴기니로 오셔서 글을 쓰겠다는 제안도 있었다. 하지만 그때마다 마음이 편치 않았다. 파푸아뉴기니의 영혼 구원 사역은 전적으로 하나님이 행하신 하나님의 일이기 때문이다. 죄인 된 우리가 한 것은 아무것도 없다.

지난 세월 하나님은 우리가 예수 그리스도의 은혜가 아니면 한순간도 살아 존재할 수 없는 죄인임을 알게 하셨다. 이 글도 "아버지, 저는 소망 없는 죄인입니다. 아버지, 저는 아무것도 아닙니다"를 고백하기 위함이다. 죽음의 자리에서 살려 주신 네 번의 경험도 남들은 기적이라고 하겠지만 내게는 나

미히 부족이 살고 있는 정글은 늘 죽음의 공포가 위협하는 곳이다

를 가르치시고자 한 하나님의 주권적 섭리였다.

* 여러 사람이 육신을 따라 자랑하니 나도 자랑하겠노라 고후 11:18
* 부형들아 내가 지금 여러분 앞에서 변명하는 말을 들으라 행 22:1

사도 바울이 나도 변명 좀 하자는 심정으로 자신의 고난을 드러낸 것도
자신이 전하는 복음을 믿지 않고 사도의 권위를 인정하지 않는 사람들을 향
하여 오직 예수 그리스도가 십자가에서 죽으시고 부활하셨음을 전하기 위함
이었다. 예수 그리스도가 오병이어를 비롯한 많은 이적을 행하신 후 육신이
원하는 것만을 따라 찾아온 사람들에게 "내가 진실로 진실로 너희에게 이르
노니 너희가 나를 찾는 것은 표적을 본 까닭이 아니요 떡을 먹고 배부른 까
닭이로다 썩을 양식을 위하여 일하지 말고 영생하도록 있는 양식을 위하여
하라 이 양식은 인자가 너희에게 주리니 인자는 아버지 하나님께서 인치신
자니라"(요 6:26-27)고 책망하셨다.

나의 고난은 이 죄인을 가르치시려는 하나님의 사랑이기에 드러낼 아무
런 가치가 없다. 죄인은 본능적으로 육신에 속한 것을 구하며, 기적만을 따
르는 경향을 갖는다. 나 역시 육신의 필요와 기적과 같은 사건들만 바라고
의지했다. 네 번에 걸쳐 생명을 잃을 뻔한 경험을 했음에도 불구하고 시간이

지나니 마치 스스로 살아난 것처럼 그때의 간절함도, 감사도, 감격도 잊어버리는 죄인이다.

기적을 경험해도, 번제를 드리는 것과 같은 헌신을 해도 죄인의 죄를 깨끗하게 하지는 못한다. 오직 독생자 예수 그리스도의 십자가 죽음과 부활만이 죄인을 용서하시고 치유하시고 깨끗하게 하신다. 내가 경험한 기적과 같은 일들은 생명수 되시는 예수 그리스도의 보혈의 가치를 세우는 데 아무런 도움이 되지 않는다. 그래서 "선교사의 고난 가운데는 은혜가 없다"고 고백하게 된다. 그런 까닭에 책을 내는 것도, 영화를 찍자는 것도 거절해 왔다.

그러던 어느 날 하나님의 섭리를 깊게 묵상하던 중 하나님께서 주권적으로 행하시는 일을 죄인인 우리가 우리의 생각을 따라 판단했다는 데 생각이 이르렀다. 그동안 무조건 거절한 것이 교만이고 불순종이었음을 깨닫고 즉시 회개했다.

＊만일 내가 내 아버지의 일을 행하지 아니하거든 나를 믿지 말려니와 내가 행하거든 나를 믿지 아니할지라도 그 일은 믿으라 그러면 너희가 아버지께서 내 안에 계시고 내가 아버지 안에 있음을 깨달아 알리라 하시니 요 10:37-38

이 글을 쓰게 된 것도 "아버지, 왜 저를 또 살리셨습니까?"라는 나의 애절한 기도를 들으시고 하나님께서 미히 부족을 통하여 영광을 나타내신 일들을 드러내려 하신다는 확신이 생겼기 때문이다. 또한 하나님이 스스로 행하신 부족 선교의 사역을 기록하여 남겨야 한다는 성령님의 권면이 있었기 때문이다.

그리스도의 남은 고난인 부족의 형제들에게 영생의 복음을 전하는 십자가의 예수 그리스도의 열정이 한국 교회에 충만하기를 소망하며 부록으로 NTM(New Tribes Mission, 부족선교회) 부족 교회 설립 사역(Tribal Church Planting)과 파푸아뉴기니 미히 부족의 상황을 기록하였다. 그리고 한국 교회 성도들이 선교지의 선교 전략과 수단을 잘 이해하길 바라는 마음에 미국 포틀랜드 에덴교회에서 질의하여 답신한 내용들과 함께 25년의 부족 사역에 대한 가치와 열매도 몇 가지 적어 보았다.

글을 쓰는 동안에 건강을 지켜 주신 하나님께 감사하며 영광을 드린다. 평생에 한 번도 글을 써 본 적 없는 부족한 내가 오직 죄인을 위하여 십자가에서 고난 받으시고 죽으시고 부활하신 예수 그리스도의 사랑과 이 죄인과 함께하시는 성령님의 인도하심을 의지해 한 자 한 자 적었다. 하나님은 부족한 나를 그대로 인정해 주시고 매 순간의 일들을 기억하게 하셔서 이 일이 주님의 인도하심 가운데 이뤄지고 있음을 확신하게 해 주셨다. 나는 정말이지 예수 그리스도 외에는 자랑할 것이 없는 사람이다.

선교의 여정을 오직 주님의 은혜로만 만족하며 주 안에서 즐거이 동행해 준 사랑하는 이민아 선교사의 헌신적인 도움이 없었다면 사역은 물론이고 이 글을 쓸 수도 없었을 것이다. 나의 사랑하는 아내요 동역자요 선교사인 이민아 선교사를 존경한다. 격려사를 써 주신 존경하는 송용필 목사님께 감사의 말씀 드린다. 그리고 추천의 글을 써 주신 목사님들께도 진심으로 감사를 드린다. 그동안 부족한 글을 도와준 두란노서원의 편집자들에게도 감사를 드린다.

긴 세월 변함없이 하나님이 미히 부족에게 행하신 영혼 구원 사역에 기도로 참여해 주신 신실한 성도들에게 감사드린다. 그리고 미히 부족 교회의 사랑하는 믿음의 성도들과 신실한 17명의 제자, 5명의 성경 선생과 성경을 가르치는 선생들과 곧 다른 씨족으로 파송될 5명의 선교사, 또 아직 복음을 듣지 못한 자기 씨족들에게 복음을 전하고 싶어 가슴이 뜨거운 형제들에게도 깊은 사랑과 감사를 나누고 싶다. 그리고 나의 두 아들과 두 며느리 그리고 부모처럼 따르는 믿음의 아들과 딸들에게 감사와 사랑을 전한다.

파푸아뉴기니 정글 마을에서 역사하시는 예수 그리스도의 부활의 영광을 드러내는 이 글이 책을 읽는 사랑하는 지체들의 믿음을 반석 위에 견고히 세우는 데 도움이 되기를 기도한다.

　식인 마을이던 미히 부족 코라 마을에서 꽃피운 복음의 열매는 바로 교회 된 성도들이 믿음으로 드린 기도의 열매이며 상급이다. 우리는 다만 하나님이 살아 역사하시는 선교지에 참예하는 축복을 누리며 예수 그리스도를 소유한 주님의 도구일 뿐이다.

　주여! 당신의 뜻이 이루어지길 기도하나이다!

2019년 5월

주님의 도구 된 문성 선교사

식인 마을에 꽃피운 복음

_____ 하얀 사람

153년 전인 1866년 제너럴셔먼호를 타고 미지의 땅 조선을 찾아왔던 27세의 젊은 로버트 저메인 토머스(Robert Jermain Thomas) 선교사. 그는 복음을 전하러 그 먼 길을 왔으나 단 한 번도 복음을 전하지 못하고 대동강가에서 순교했다.

"저 하얀 사람을 잡아라!"

불타는 셔먼호에서 대동강으로 몇 권의 성경책은 던져 버리고 몇 권의 성경책은 가슴에 품은 채 강물로 뛰어내리는 토머스 선교사를 향해 조선 병사 박춘권이 큰 소리로 외쳤다. 토머스 선교사는 조선 병사들에게 사로잡혀 강가로 끌려 나와 무릎을 꿇린 채 물에 젖은 성경을 내밀며 외쳤다.

"예수님 말씀 성경책입니다."

서툰 한국말로 간절하게 외치는 토머스 선교사를 향해 한 조선 병사가 명령했다.

벌거벗은 그리스도인

"저 하얀 사람을 죽여라!"

그 순간 애절하게 성경책을 건네려던 하얀 사람의 목이 잘렸다. 그렇게 27세의 젊은 토머스 선교사는 주님의 품에 안겼다. 그를 파송한 영국 웨일스 하노버의 낡고 작은 교회에는 토머스 선교사를 기리는 글이 걸려 있다. 그리고 교회 앞마당에는 아들을 미지의 땅으로 파송한 뒤 밤낮으로 기도했을 토머스 선교사의 아버지이자 이 교회 담임목사의 비석이 있다. 지금 그 교회에선 예배가 없다. 다만 토머스 선교사의 파송 명판과 성도들이 예배드리던 자리만 남았을 뿐이다.

토머스 선교사는 예수 그리스도의 열정을 심령에 가득 안고 한문 성경을 가지고 조선 땅을 찾았다. 그러나 조선 땅에 발을 디딘 순간 물에 젖은 성경 몇 권을 남기고 순교했다. 하지만 토머스 선교사의 순교적 삶은 조선 백성들을 구원하는 놀라운 부흥의 시작이 되었다. 토머스 선교사가 대동강에 던졌던 성경책을 가져와 집을 도배하는 데 쓴 그 집은 널다리골 교회가 되었고, 이후 성도가 많아지자 이를 헐고 새로운 교회를 그 터 위에 지었는데 그 교회가 1907년 평양 대부흥 운동을 일으킨 평양 장대현 교회다.

토머스 선교사가 순교한 지 153년이 지난 지금 파푸아뉴기니의 식인 종족인 미히 부족이 선교사를 '하얀 사람'이라고 부른다. 그리고 그들은 십자가 복음을 듣고 구원받아 세례(침례)를 받은 뒤 그리스도인으로서 감격적인 삶을 살아가고 있다.

한 영혼이 예수 그리스도의 죽으심과 부활을 믿어 영생에 이르도록 역사하시는 살아 계신 하나님을 증거하며 예수 그리스도의 보혈의 가치를 세우는 가장 복된 삶에 관한 이야기를 하려고 한다.

21세기 신석기 시대
───── 사람들

땅끝과 같은 이곳은 파푸아뉴기니에서도 해발 2500m의 고산 지역에 자리 잡은 코라 마을이다. 파푸아뉴기니 수도 포트모르즈비에서 국내선을 타고 해발 2000m의 고산 도시 고로까로 1시간 비행을 한 뒤 5인승 소형 경비행기(또는 헬리콥터)로 갈아타서 해발 3750m의 마이클 마운트(Michael Mount)를 왼쪽에 두고 길이 없는 정글 속을 굽이굽이 흐르는 와기(wagi)강을 따라 20여 분 비행하면 부족 형제들이 산봉우리를 손으로 깎아 만든 코라 활주로를 만나게 된다. 우리의 마음과 삶이 있는 땅, 사랑하는 미히 부족 사람들이 원시의 모습으로 살아가는 곳, 미국인 사진작가가 21세기에 신석기 시대를 살아가는 사람들이 있는 곳이라고 표현한 곳, 바로 코라 마을이다.

방대하게 넓게 분포된 우나비(Unavi)라고 부르는 지역의 정글에는 32개의 씨족 약 2만 명이 살아가고 있다. 길이 따로 없어서 외부와 접하기 힘든 환경이다. 상당수의 남자들도 도시를 모르지만 대부분의 여인들은 정글에서 태어나 정글에서 자라고 결혼하고 늙어 정글에서 생을 마감한다. 정글 속을 날아가는 비행기 안에서 지난 세월을 회상하며 생사를 주관하시는 주님께 우리의 삶을 의탁한다.

"내일은 알 수 없으나, 내일을 주관하시는 하나님은 압니다"(I don't know about tomorrow But I know Who holds tomorrow).

이 찬송의 가사를 묵상하며 믿음으로 하나님을 의지할 수 있다는 사실에 너무나 감사하다. 내가 간증하면서 "사랑하는 성도 여러분, 저

매일 아침 장엄한 하나님의 피조물을 바라보며 묵상과 기도를 통하여 하나님을 만난다

비행기에서 내려다본 와기강

코라 활주로

는 다시 파푸아뉴기니 부족으로 돌아가려고 합니다" 하고 말하면 나의 건강 상태를 아시는 분은 사랑의 마음으로 "순교를 하려고 하십니까?" 하고 묻곤 한다. 그러나 나 또한 죽음을 원하지 않는다.

내가 원하는 것은 사랑하는 두 아들과 귀한 두 며느리 그리고 하나님이 주신 세 명의 손녀와 지내다가 생을 마감하는 것이다. 그러나 나는 아직도 복음을 듣지 못하고 죽음의 공포 속에서 두려워하며 죽어가는 파푸아뉴기니 미히 부족 사람들에게 돌아가려고 한다. 이것은 나의 의지가 아니다. 신념은 더더욱 아니다. 성령의 강권하심이다. 이 죄

1. 식인 마을에 꽃피운 복음

인의 생각과 마음과 인격을 변화시키고 그리스도의 인격으로 가장 고귀한 삶을 살게 하신 분의 의지다.

예수 그리스도를 소유함으로 진정 은혜롭고 거룩하며 성도가 누리는 특별한 성품인 온유를 가지고 목숨보다 더 가치 있는 말씀을 전하는 삶이 내게 있어 가장 이상적인 삶이다. 아! 얼마나 감격스런 삶인가? 영적으로 나병환자요, 눈먼 자요, 중풍병자이며 소망 없는 죄인을 택하여 부르사 하나님을 알게 하시고 복음의 진리를 소유하게 하시며 말씀이 육신이 되어 오신 예수 그리스도를 증거하는 도구로 쓰임 받게 하신 하나님의 긍휼하심이 내 삶에 넘치니 이 얼마나 감격스런 삶이란 말인가.

언제나 그랬듯이 우리가 부족을 잠시 떠난다 하면 부족 형제들은 며칠 전부터 찾아와서 목과 팔과 다리를 잡고 목 놓아 운다. 마치 다시는 보지 못할 것 같은 슬픔을 가슴 깊은 곳에서부터 토해 낸다. 슬픔을 다 토해 내야 울음을 멈추는 단순한 형제들이다. 형제들은 우리가 없으면 "춥다"(다시나 호바이, Dasina hovai)라고 쓸쓸한 마음을 표현한다. 왜 그들이 헤어지기 싫어 우는지 우리는 잘 안다. 사랑하는 사람과 떨어져 있기가 힘든 것도 있겠지만, 우리가 없으면 감기와 이질, 말라리아 등 여러 가지 질병에 걸렸을 때 약을 주고 돌보아 줄 사람이 없기 때문이다. 소금을 먹을 수도 없다. 아이를 낳을 때나 누가 죽어도 어떠한 도움도 받을 수가 없다. 그것만이 아니다. 우리 집은 그들의 쉼터요 병원이요 교회요 교제의 장소요 아이들의 놀이터다. 그것을 잃는 허전함과 함께 하얀 사람이 죽었다는 소식을 듣지나 않을까 걱정스럽기 때문이다.

보내기가 아쉬워
찾아와 안고 우는 부족 여인

활과 화살을 주었던 노인

˙예수께서 이르시되 내가 곧 길이요 진리요 생명이니 나로 말미암지

않고는 아버지께로 올 자가 없느니라 요 14:6

울며 슬퍼하는 그들에게 "우리가 이번에 나가면 여러 나라에서 많은

언제나 죽음의 공포 속에서 두려워하는 부족 형제들

부족 여인들과 이민아 선교사   화려한 분장은 두려움을 가리기 위한 방편이다

하나님의 자녀들을 만날 것인데, 그들에게 너희들이 길이요 진리요 생
명이신 예수 그리스도를 구세주로 믿어 구원받아 죽음의 공포에서 자
유해져 기뻐한다는 걸 전할 것이다"라고 말했더니 놀랍게도 이구동성
으로 어서 다녀오라고 했다. 이 기쁜 소식을 전하는 일에 기꺼이 동참하
기 위해 자신들의 두려움과 염려와 불편함을 뒤로하는 형제들이다.

미히 부족의 사람들은 악령이 자기들을 죽인다고 믿기 때문에 밤에
밖에 나가지 않는다. 어느 날 작은 불빛 하나 없는 칠흑같이 캄캄한 밤
에 우리 집 문을 두드리는 소리가 나서 무슨 일인가 놀라서 문을 열었
다. 부족의 노인이 한 손에 들고 있던 활과 화살을 불쑥 내밀며 말하기
를 "오데바나(하얀 사람), 다른 곳에 가서 많은 사람들을 만난다고 하는데
그냥 가면 그들이 우리가 이곳 정글 속에서 살고 있는지 어찌 알겠습니
까? 그러니 이것을 증표로 가져가십시오" 했다. 노인은 예수 그리스도

로 말미암아 구원받아 기뻐하는 자신들의 마음을 우리가 세상에 나가 전해 주길 바랐다. 과연 미히 부족 형제들은 내가 그들의 어떤 심정을 전하기 원한 것일까? 그들은 무엇을 알고 있으며 경험한 것일까?

부족 형제의 심정과 입술이 되어

> 그날에 그들 중 둘이 예루살렘에서 이십오 리 되는 엠마오라 하는 마을로 가면서 이 모든 된 일을 서로 이야기하더라 그들이 서로 이야기하며 문의할 때에 예수께서 가까이 이르러 그들과 동행하시나 그들의 눈이 가리어져서 그인 줄 알아보지 못하거늘 눅 24:13-16

엠마오로 돌아가던 두 제자를 묵상한다. 낙심하여 고향으로 돌아가던 두 제자는 길에서 부활하신 예수 그리스도를 만났다. 그러나 그들은 주님을 알아보지 못했다. 그들의 지식과 상식과 경험으로는 상상조차 불가능한 일이었기 때문이다.

> 이에 모세와 모든 선지자의 글로 시작하여 모든 성경에 쓴 바 자기에 관한 것을 자세히 설명하시니라 눅 24:27

그들은 주님에게서 구약의 선지자를 통해 하나님이 예언하신 말씀을 듣는다.

그들의 눈이 밝아져 그인 줄 알아보더니 예수는 그들에게 보이지 아니하시는지라 눅 24:31

두 제자는 눈이 밝아져 십자가에서 죽으신 그분이 메시아요, 하나님이 약속하신 그분인 것을 알게 된다.

그들이 서로 말하되 길에서 우리에게 말씀하시고 우리에게 성경을 풀어 주실 때에 우리 속에서 마음이 뜨겁지 아니하더냐 하고 눅 24:32

심령이 불타올랐다. 그리고 부활하신 예수 그리스도를 알아볼 수 있었다.

곧 그때로 일어나 예루살렘에 돌아가 보니 열한 제자 및 그들과 함께한 자들이 모여 있어 눅 24:33

불타오르는 가슴을 주체할 수 없어 두 제자는 왔던 길을 다시 되돌아 박해와 죽음이 기다리는 예루살렘으로 기뻐하며 돌아갔다. 이것이 복음이 진리이며 능력이라는 증거다. 부족 사람들도 같은 심정일 것이다.

예수 그리스도는 하나님의 뜻에 순종해 죄인 된 우리를 위하여 십자가에서 기꺼이 죽겠다는 열정으로(The Passion of Christ) 죽으셨다. 그리고 3일 만에 부활하셨다. 십자가의 예수 그리스도의 '열정'이라는 단어는 '고난'(suffering)이라는 단어에서 왔다고 한다. 스포츠에 열광하는 그 열정과는 다른 것이다.

안식년을 갖기 위해 부족을 떠나올 때, 하나님은 우리에게 미히 부족 형제들을 통해 더욱더 깊이 알게 하신 예수 그리스도의 십자가 죽음과 부활의 의미를 나누기를 소망하는 마음을 주셨다. 그리고 성령의 역사로 매 순간 회개와 자복을 하게 하셨다. 예수 그리스도의 부활이 없었다면 우리는 죽은 자이며 소망이 없는 자다. 성도의 심령에 믿음의 소망이 있음은 예수 그리스도의 부활의 증거다.

"하나님, 이 죄인이 쓰임 받는 도구가 되겠다고 결심한 교만을 용서하여 주소서. 주님의 일을 저의 일로 여기고 선한 일을 한다고 물질을 구할 권리가 있다고 여겼던 어리석음을 용서하여 주소서."

나는 자신들의 불편함과 두려움을 뒤로하고 오직 구원의 감격과 기쁨을 전하기를 원한 미히 부족 형제의 심령을 가슴 가득히 안고 그들의 심정과 입이 되기를 소망했다.

> 그러면 무엇을 말하느냐 말씀이 네게 가까워 네 입에 있으며 네 마음에 있다 하였으니 곧 우리가 전파하는 믿음의 말씀이라 롬 10:8

사도 바울의 이 고백을 의지하며 오직 복음만을 전하고자 순종했다.

나는 아무것도
_____ 아닙니다

죄인의 삶에는 고난이 필요하다. 고난이 없으면 말씀을 본능적으로 관념 속에 가두게 된다. 관념 속에 가둔 말씀은 지식에만 머물러 말씀이 육신 되어 오신 예수 그리스도는 물론 거룩한 하나님을 전 인격적으로 만날 수 없어 체험적 믿음이 될 수 없다. 내가 말하고자 하는 체험적 신앙이란 주관적인 어떤 육체적 경험이나 정신적 변화를 말하는 것이 아니다. 어떤 사실적인 증거를 기초로 한 확신 또는 선한 이유나 정당한 근거 위에서 나온 확신을 뜻한다. 이것을 논리적인 확신이며 체험적 신앙이라고 말한다. 하나님의 말씀은 살아 운동력이 있어 우리의 골수를 쪼개신다.

"하나님의 거룩함의 아름다움을 깨닫는 총명이며 이러한 영적인 아름다움에 대한 감각에서 신앙을 체험적으로 아는 지식이 우러나온다"(조나단 에드워즈,《신앙과 정서》).

그 지식으로부터 그리스도인의 참된 신앙이 나온다. 참된 신앙의 꽃은 회개이며 열매는 복음적 거룩한 겸손이다.

> • 내가 주께 대하여 귀로 듣기만 하였사오나 이제는 눈으로 주를 뵈옵나이다 욥 42:5

욥은 자신의 지식과 경험과 문화와 전통 속에 가두었던 거룩한 하나님을 이제는 알게 되었고, 체험하게 되었다고 고백하고 있다. 관념 속에 가둔 말씀으로는 욥의 고백을 경험할 수 없다. 거듭난 성도에게 만 허락하신 체험적 신앙이다. 죄인 된 우리는 긍휼로 주신 지정의(知情意)를 자신의 만족과 유익만을 위하여 사용하는 존재다. 고난의 삶 그 자체에는 은혜가 없다. 선교사의 고난의 삶, 그 속에도 은혜가 없다. 그 고난을 통하여 예수 그리스도를 만나야 진정한 은혜(grace)를 안다. 고통을 통하여 하나님이 이루시는 선은 우리의 인격을 성숙하게 만든다. 타락한 우리는 선한 감각을 잃어버렸지만 성화될수록 죄의 고통을 크게 느낀다. 십자가의 능력이며 축복이다.

어려운 삶을 살수록 어렵게 살고 있음을 자랑하고 싶고 인정받으려는 자만이 자리한다. 무엇인가 잘하면 잘할수록 그것을 자랑하고 싶은 교만이 자리한다. 믿음을 지키며 살아온 것을 자랑하고 싶은 교만이 가득하다. 그래서 나는 소망 없는 죄인이다. 우리가 계속해서 자유의지를 사용하여 악을 실제적인 것으로 만들고 있는 것도 바로 이 죄의 본성 때문이다. 복음이 복음 되며 믿음이 믿음 되는 것은 오직 예수 그리스도의 십자가 죽음과 부활의 능력에 의한 은혜로 된다. 이것을 아는 것이 축복이다. 겸손한 사람은 자신이 소망 없는 죄인임을 알고 아무런 가치가 없음을 회개하는 자다.

　내가 그리스도와 함께 십자가에 못 박혔나니 그런즉 이제는 내가 사는 것이 아니요 오직 내 안에 그리스도께서 사시는 것이라 이제 내가 육체 가운데 사는 것은 나를 사랑하사 나를 위하여 자기 자신을 버리신 하나님의 아들을 믿는 믿음 안에서 사는 것이라 갈 2:20

성도들은 그들 안에 살아 계시는 예수 그리스도로 말미암아 사는 사람들이다. 예수 그리스도의 생명으로 살아가는 믿음에 이르며 하나님의 거룩하심에 참여하는 사람들이다.

지금 내가 아버지께로 가오니 내가 세상에서 이 말을 하옵는 것은 그들로 내 기쁨을 그들 안에 충만히 가지게 하려 함이니이다 요 17:13

처음에는 사도 바울처럼 주의 일을 하리라는 각오로 부족에 들어갔다. 하지만 하나님은 하나님의 일은 나의 지식과 경험, 각오나 결심, 노력이나 열정, 신념으로는 할 수 없다는 것을 가르쳐 주셨다. 그리고 죄인으로는 더더욱 거룩하신 하나님의 말씀을 전할 수 없으며 진리가 투영되는 삶을 살 수 없다는 것을 알게 하셨다. 정글 속 형제들과 함께 살아온 지난 25년간 하나님은 거룩한 하나님의 일은 죄인의 것으로는 결코 아무것도 이룰 수 없다는 것과 선교는 일이 아니라 그리스도인의 삶이 되어야 한다는 평범한 진리를 알게 하셨다. 예수 그리스도와 함께 십자가에서 죽은 자가 주의 일을 할 수 있다. 이 말씀이 이 죄인에게 성취되게 하기 위해 주님이 얼마나 인내하며 많은 가르침과 긍휼을 베푸셨던가!

오늘도 나의 고백은 "아무것도 아닙니다. 소망 없는 죄인입니다"이다. 매일 매 순간을 오직 은혜가 족한 줄 알고 감격하며 살아가고 있다.

죄의식이 없는
부족 형제들

미히 부족 언어에는 '죄'라는 단어가 없다. '나쁘다'를 뜻하는 말은 있어도 '죄'는 없다. 그래서인지 부족민들에게는 도덕과 윤리를 따르는 삶을 발견하기가 쉽지 않다. 겉모습은 분명 인간인데 속사람은 동물적 근성만 있는 게 아닌가 하는 생각이 들 때가 있다. 죄 의식이 없는 삶을 상상할 수 있는가? 노아 때 물로 심판을 받은 사람들의 삶이 이러했을까? 소돔과 고모라가 이와 같았을까? 그들과 문화가 전혀 다른 나로선 혼란스럽기만 했다. 다행인 것은 내 안에도 그들과 동일한 죄성을 갖고 있음을 알게 되었다는 것이다.

하나님은 노아 홍수 이후 사람에게 완전한 선을 기대할 수 없음을 아시고 사람의 죄로 인해 땅을 저주하거나 모든 생물을 멸하지 않기로 작정하셨다.

이는 사람의 마음이 계획하는 바가 어려서부터 악함이라 내가 전에 행한 것같이 모든 생물을 다시 멸하지 아니하리니 창 8:21

하나님의 자비가 아니라면 벌써 심판 받아 마땅한 존재가 바로 나이며 부족 사람들이다. 한때 나는 그들과 달리 죄가 무엇인지, 도덕적이고 윤리적인 삶이 무엇인지를 교육 받은 것에 대해 다행으로 여겼다. 하지만 그것이 얼마나 어리석으며 교만한 생각인지를 알게 되기까지는 그리 오래 걸리지 않았다.

마틴 루터(Martin Luther)는 "내 안에 죄악이 있음을 새로 발견할 때마다 얼마나 감사한지요"라고 고백했다. 새로운 죄성을 발견할 때마다 이 죄인을 구속하신 구세주 예수 그리스도를 만나는 감격을 누렸다는 고백이다. 나도 죄성이 드러날 때마다 나의 구세주 되신 주 예수 그리스도를 찾았다. 이것이 축복이다. 이것이 긍휼이며 예수 그리스도의 십자가 죽음과 부활의 능력이다. 회개는 우리가 미히 부족에 머물 수 있는 유일한 동기였다. 매일 회개하며 십자가의 주님을 만나는 감격이 그곳에 있었다.

부족에는 말하는 언어는 있으나 그것을 기록할 수 있는 문자가 없다. 당연히 기록 문화가 없다. 수리 능력도 부족해서 자기 나이를 제대로 아는 사람이 드물다. 해가 뜨고 달이 지는 것을 보고 세월을 짐작할 따름이다. 자연에 순응하며 살아가는 그들에게 시간이란 사치일 뿐이다. 필요하면 언제든지 작물을 심고 수확한다. 수확도 한 번에 해서 저장하는 법이 없다. 매일 밭에 가서 내일 먹을 고구마와 땔감을 가져온다.

부족 사람들은 대부분 시간을 모른다. 그들은 칡넝쿨로 매듭을 만들어 보름달이 질 때마다 하나씩 잘라서 부족을 잠시 떠난 우리가 돌아올 날이 얼마나 남았는지를 가늠했다. 시계 보는 법과 시간을 가르쳐 보기도 했지만 몇 사람을 제외하곤 이해하지 못했다. 고장 난 시계를 차고 다니던 형제가 있는데 그에게 시계는 고장이 났든 제대로 작동하든 장식품일 뿐이다.

도시에서 맛있는 음식을 먹고 폼나는 옷을 입을 때면 우리가 돌아오기만을 학수고대하는 부족 형제들 생각을 떨쳐 버릴 수가 없다. 혹시 질병과 부족 전쟁으로 죽은 사람은 없을까? 약을 줄 사람도 없는데 누가 얼마나 아플까? 아이들은 잘 자라고 있을까? 얼마나 변했을까? 새 생명은 또 얼마나 많이 태어났을까? 소금도 없이 얼마나 힘들게 지내고 있을까? 이럴 때면 그들은 집에 두고 온 영락없는 내 자식들이다. 그래서 이번에 가면 더 사랑해 주어야지, 이것을 주어야지, 이것도 보여 주어야지, 저것도 사 주어야지 자꾸 줄 것만 생각난다.

이런 마음과 생각은 어디에서 오는 것일까? 선이 없는, 소망이 없는 죄인이 어떻게 자기 것을 다른 사람과 나누려 하겠는가. 선(善)이 없는 내가 선한 것을 생각하고 행할 수 있는 것은 예수 그리스도의 십자가 죽음과 부활의 능력에 힘입지 않고는 불가능하다. 죄인을 은혜 안에 두신 하나님의 긍휼과 사랑이 아니고는 설명할 수가 없다.

조나단 에드워즈는 인간에게는 이중적인 하나님의 형상이 있다고 했다. 하나는 하나님의 거룩인 도덕적이고도 영적인 형상, 즉 하나님의 도덕적 탁월성으로 이는 타락으로 상실되었다. 즉 인간이 타락하면서 죄로 인하여 없어진 것이 하나님의 '거룩한 의'(Holy Righteousness)인 것이다. 그리고 나머지 하나님의 형상은 하나님의 본성으로서 이성과 이해력이다. 인간은 천성적인 능력으로 다른 모든 피조물을 지배한다.

죄인은 본성적으로 선을 가지고 있지 않다. 칼빈이 말한 인간에게 남아 있는 '신 의지'로만 선하게 생각하고 행동할 수 있다. 세상은 교육으로 사람이 더 나아질 수 있다고 믿지만, 죄인은 본능의 한계를 넘을 능력이 아예 없다.

> 너희 자신을 종으로 내주어 누구에게 순종하든지 그 순종함을 받는 자의 종이 되는 줄을 너희가 알지 못하느냐 혹은 죄의 종으로 사

망에 이르고 혹은 순종의 종으로 의에 이르느니라 하나님께 감사하리로다 너희가 본래 죄의 종이더니 너희에게 전하여 준 바 교훈의 본을 마음으로 순종하여 죄로부터 해방되어 의에게 종이 되었느니라 롬 6:16-18

죄인의 선한 일은 그 동기와 결과가 그리스도인과 다르다. 선은 우리 지식이나 경험이나 인격에서 나오는 것이 아니다. 불신자들은 자신의 신 의지 속에서 일어나는 선을 자신의 만족을 위하여 행하며 기쁨을 취한다. 그러므로 그 기쁨은 스스로 취하는 자족감이며 교만이다.

* 교만은 패망의 선봉이요 거만한 마음은 넘어짐의 길잡이니라 잠 16:18
* 사람의 마음의 교만은 멸망의 선봉이요 겸손은 존귀의 길잡이니라 잠 18:12
* 너희 안에서 행하시는 이는 하나님이시니 자기의 기쁘신 뜻을 위하여 너희에게 소원을 두고 행하게 하시나니 빌 2:13

하나님을 만나 소망 없는 죄인인 것을 애통해하고 회개한 그리스도인은 자신에게서 일어나는 선한 생각과 선한 행위를 예수 그리스도가 당신의 기쁨을 위하여 택하여 부르신(Calling) 것으로 이해한다. 그래서 주님의 선한 일에 쓰임 받는 기쁨과 감격으로 순종하여 선을 행한다. 순종의 종으로 의에 이르는 것이다. 우리 안의 선은 오직 십자가의 보혈로 인하여 우리 안에서 주님이 원하시는 것을 이루고자 하는 예수 그리스도의 선인 것이다. 이것이 은혜이며 축복이다.

우리 안에 선이 없음을 아는 것이 축복의 시작이다. 우리 안에 선이 없음을 아는 것은 믿음으로 가는 지름길이다. 그리고 결과가 어떠하든지 쓰임 받음에 기쁨으로 감사하며 하나님께 영광을 드리는 성도는 겸손의 열매와 심령의 온유함을 소유하게 된다.

* 나는 사도 중에 가장 작은 자라 나는 하나님의 교회를 박해하였으므로 사도라 칭함 받기를 감당하지 못할 자니라 고전 15:9
* 모든 성도 중에 지극히 작은 자보다 더 작은 나에게 이 은혜를 주신 것은 측량할 수 없는 그리스도의 풍성함을 이방인에게 전하게 하시고 엡 3:8
* 미쁘다 모든 사람이 받을 만한 이 말이여 그리스도 예수께서 죄인을 구원하시려고 세상에 임하셨다 하였도다 죄인 중에 내가 괴수니라 딤전 1:15

사도 바울은 선교 사역을 시작하면서 자신이 "사도 중에 가장 작은 자"라고 고백했다. 그러다 "모든 성도 중에 지극히 작은 자보다 더 작은 자"라고 고백하더니 나중에 사역을 끝낼 무렵엔 "죄인 중에 내가 괴수"라고 고백한다. 이렇듯 복음으로 구원받은 성도의 참된 열매는 겸손이다.

주님! 왜 저를 또 살리셨습니까?

"주님! 왜 저를 또 살리셨습니까?"

이 간절한 기도는 지난 25년간 파푸아뉴기니에서도 해발 2500m에 둥지를 튼 식인 마을에서 "하나님은 하나님이십니다"(God is God)라고 고백하지 않고는 견딜 수 없는 간증의 삶을 살면서 한 고백이다.

'또'라고 한 이유는 벌써 네 번째 하나님이 이 죄인의 생명을 연장해 주셨기 때문이다. 내가 이 간증을 이야기하는 것은 결코 기적을 드러내려 하거나 내가 이렇게 힘들게 살아왔다는 것을 나타내려는 것이 아니다. 기적을 보거나 경험하였다고 해서 죄악 된 본성이 변화되는 것은 결코 아니다. 다만 죄인을 고난 가운데 있게 하고 겸손하게 하사 부족한 나를 통하여 거룩하신 하나님의 영광을 드러내려 함이다.

선교사로 파푸아뉴기니에 와서 약 한 달간 정글을 다니며 언어가 각각 다른 다섯 부족의 답사를 다녔다. 다섯 번째로 답사를 계획한 부족이 지금 우리가 사역하고 있는 미히 부족이다. 답사를 며칠 앞두고 42℃까지 고열이 올라서 온몸이 떨리고 뼈 마디마디가 아팠다. 병명은 말라리아(malaria). 고열과 통증은 2주간 계속되었다. 동료 선교사들은 말라리아의 위험을 잘 알기에 나를 위해 간절히 기도해 주었다. 미국인 캐시(Kathy) 선교사는 "만약에 문성 선교사가 내일 예정된 부족 답사를 갈 수 있다면 그건 기적입니다"라고 말했다.

"하나님 아버지 택하여 보내셨으니 건강을 지켜 주소서!"

다음 날 새벽 5시경, 몸은 오랫동안 병석에 있던 사람처럼 나른하고 나약했지만 놀랍게도 체온은 정상으로 돌아왔고 통증도 멈췄다. 함

말라리아로 고열에 시달렸으나 다음 날 회복되어 코라 부족 조사에 갈 수 있었다

께 가기로 한 다른 선교사에게 부족 조사에 동행하겠다고 말하자 다들 놀랐다. 아침 7시 미지의 부족이 있는 지역으로 비행을 시작했다. 고산 도시 고로까(Goroka)의 비행장에서 코라(Kora) 마을(미히 부족)까지는 직선거리로 약 20분이 소요된다. 우리가 탄 소형 비행기는 심하게 흔들리며 뱀처럼 굽이굽이 흐르는 강과 정글을 따라 비행했다.

마이클 마운트를 오른쪽으로 돌아서자 길도 없는 고립되고 단절된 깊은 정글 속에서 간간이 부족민들의 움막이 보였다. 저 정글 속에 외부와 단절된 많은 사람들이 살고 있다는 사실에 몹시 안타까운 마음이 되었다. 저기가 바로 내가 살 곳이라는 생각에 미치자 내가 좀 전까지만 해도 병석에 있었다는 사실조차 잊어버릴 만큼 몹시 흥분되었다.

많은 부족 사람들이 비행기에서 내리는 우리를 향해 몰려들었다. 경계와 두려움이 가득한 얼굴이었다. 처음 보는 하얀 사람을 보고 어린아이들은 무서워서 똑바로 보지도 못하고 울며 달아나거나 엄마 품속에 얼굴을 묻고 울어 댔다. 호기심으로 가까이 다가온 아이들에게 빨간색 사탕을 나눠 주자 맛있게 먹는 듯싶더니 서로를 바라보고는 울기 시작했다. 사탕의 빨간색이 혀에 물든 것을 보고 겁에 질린 것이다. 우리 역시 저 멀리서 손에 활과 화살을 들고 경계심을 보이는 부족 전사들을 보니 겁이 났다.

이민아 선교사가 모자를 벗고 머리카락을 풀자 부족 여인들이 신기한 듯 달려와 이 선교사의 긴 머리카락을 쓰다듬으며 떠날 줄을 몰랐다. 아프리카 사람들처럼 곱슬머리인 부족 여인들에게 곧고 기다란 이민아 선교사의 머리카락은 신기한 구경거리였던 것이다. 여인들의 이같은 행동은 우리와 부족 간의 분위기를 삽시간에 호의적으로 바꿔 놓았다. 머리카락을 만지고 손도 만지고 얼굴도 가까이 쳐다보며 조금 전의 긴장감이 순식간에 사라졌다. 나이가 많은 여인들은 손을 위아래로 흔드는 춤을 추며 우리 주위를 맴돌았다.

이 부족에는 사람들이 오고 가는 길에 앉아 쉬기도 하고 낮잠도 자고 이웃과 교제도 하는 잎이 무성한 고목이 있다. 그런데 이 나무는 그 나무의 소유주라 할지라도 마음대로 자를 수 없다. 만약 어떤 이유로 잘랐다면 돼지를 잡아 부족의 상한 마음을 달래 주어야 한다. 이민아 선교사의 머리카락은 이 부족에게 이 고목과 같아서 절대로 잘라선 안 되었다. 만일 조금이라도 자를 경우 자신들의 기쁨을 앗아 갔다는 이유로 멧돼지를 잡아 자신들의 상한 마음을 달래 달라고 요구한다. 이민아 선교사의 긴 머리카락은 이들에게 자랑이고 즐거움이었다.

이민아 선교사의 긴 머리카락으로 순식간에 긴장감이 사라지자 할머니들은 그들의 인사법에 따라 이 선교사의 온몸을 더듬었고, 할아버지들은 우리의 발과 다리를 만지며 허리를 굽혀 존경심을 나타내 보였다.

다행히 우리는 공용어가 가능한 부족 사람을 찾아냈다. 우리는 나

이민아 선교사의 긴 머리를 만지고 있는 여인들

그늘에 앉아 잠시 쉬며 감사기도를 드렸다

무 그늘 아래 둘러앉아 우리가 그곳을 찾은 목적(사역 설명)을 설명했다. 공용어가 가능한 사람이 통역을 하자 우리 말을 알아듣는 듯 머리를 끄덕이며 무조건 찬성한다고 했다. 이미 코라 마을 사람들은 다른 부족에 하얀 사람이 들어가면 의료 혜택과 같은 생활의 변화가 있다는 소식을 알고 있어서 환영하는 분위기였다. 파푸아뉴기니에는 이미 오래전에 물질 이단주의(Cargo Cult)가 있어서 부족 형제들이 하얀 피부의 이방인을 물질의 혜택으로만 대하는 것은 당연했다.

우리는 사람들을 만나 부족 언어를 수집하고 보고서를 작성했다. 왜냐하면 우리의 선교 대상은 한 번도 자신의 언어로 복음을 들어 보지 못한 부족이었으므로, 이 부족의 언어가 다른 부족의 언어와 어떻게 유사한지 정확하게 조사 분석해야 사역을 시작할 수 있었다.

나는 통증은 없었지만 나른하고 지친 몸으로 그늘에 앉아 있는 동안 이 부족으로 인도하신 하나님께서 건강을 회복시켜 주실 것을 확신했다.

"말라리아 병균으로부터 건강을 지켜 주신 주님 감사합니다. 미히 부족이 주님이 구원하기 원하시는 형제들임을 확신합니다. 우리를 이 부족으로 보내 주소서!"

조사를 마치고 떠나면서 소금을 선물로 주자 그들은 "달다 달다" 하며 소금을 먹었다. 나중에 알게 된 사실인데, 이 부족은 이전에 소금을 먹어 본 적이 없기 때문에 '짜다'는 말 자체가 없었다.

우리는 조사한 다섯 부족 중 마지막으로 방문한 미히 부족에서 사역을 시작할 수 있었다. 말라리아에 여러 번 감염되면 비장이 크게 부어 목숨을 잃는 경우가 많았다. 목숨을 잃지 않더라도 두뇌에서 작동하는 감마선을 약화시켜 심한 두통에 시달리거나 책을 읽거나 어떤 일에 집중할 수 없게 만들었다. 이 때문에 사역을 접고 본국으로 돌아가는 선교사를 여럿 봤다. 감사하게도 주님은 지난 25년간 우리를 말라리아로부터 철저하게 보호해 주셔서 그날 이후 말라리아를 앓은 적이 없다. 이것이 죽음의 질병에서 살려 주신 첫 번째 간증이다.

영화의 한 장면 같은 비행기 이송

계속 부족에 있었다면 주의 일을 했다고 교만해질 죄인을 병원으로 옮기시고 스스로 일을 행하신 하나님을 찬양한다. 2003년 어느 날 이민아 선교사가 예전과 달리 머리카락이 심하게 빠지는 한편 두통과 어지러움이 심하다고 호소했다. "본부에 있는 의사 선교사를 찾아갈까요?" 하고 묻자 평소 같으면 "아니요. 견뎌 볼게요" 했을 이 선교사가 고개를 끄덕였다. 우리는 비상 의약품을 가지고 부족 사람을 돌보고 있었는데 아주 위급한 상황이 아니면 좀처럼 헬기를 부르지 않았다. 그런 사정을 누구보다 잘 아는 사람이 헬기를 부르는 데 동의했다는 것은 그만큼 위급하다는 얘기였다. 급하게 비행단에 연락해 응급으로 본부가 있는 도시로 나갔다.

미국인 선교사 닥터 케빈(Dr. kevin)이 이민아 선교사의 혈액을 검사하더니 단백질이 부족한 영양실조라는 진단을 내렸다. 일주일간 병원에서 쉬며 건강을 회복한 후 이민아 선교사는 부족 사람들에게 필요한 의약품을 호주에서 온 선교사 바버라 웰스(Barbara Wells)와 준비하고, 나는 태양열 발전기에 사용하기 위해 80kg가량에 달하는 자동차 대형 건전지 다섯 개를 차에 실었다. 허리가 아파서 잠시 누웠다가 왼쪽 복부에서 심장이 뛰는 것처럼 헐떡거리는 걸 알고 이민아 선교사가 의약품을 준비하는 방으로 들어갔다.

"문 선교사 들어오지 마세요. 여자들만 일하는 곳입니다."

이민아 선교사의 농담이었다. 하지만 나는 웃을 수 없었다. 그리고 너무나 무례한 부탁을 바버라에게 했다.

"바버라! 내가 고구마를 먹고 복부에 가스주머니가 생겼는지 이상한 현상이 있어요. 만일 오늘 오후 본부 진료소에 가게 되면 의사에게 제 상황을 설명하고 약을 처방 받아 주실래요?"

의사가 환자도 보지 않고 어찌 약을 처방한단 말인가? 지금 생각하면 너무나 상식에 어긋난 부탁이었지만 성령께서 강권적으로 역사하셨음을 확신한다. 만약에 이민아 선교사가 아프지 않았거나 도시로 나오는 것을 거절하였다면 그리고 내가 바버라에게 부탁하지 않았다면 나는 몇 시간 뒤에 쓰러졌을 것이다.

하나님은 이후 완벽하게 섭리 안에서 행하셨다. 바버라 웰스 선교사는 병원으로 달려가 의사 케빈에게 내 상황을 설명한 후 약 처방을 부탁했다. 케빈 선교사는 예약된 다른 환자들을 뒤로하고 나에게 당장 본부 병원으로 오라고 했다. 두 명의 의사가 침대에 누워 있는 나의 복부를 청진기와 구형 초음파 검사기로 검사하더니 굳은 얼굴을 감추지 못하고 복부에 원을 그렸다. 그러더니 내게는 절대 일어나지 말라고 하고는 이민아 선교사와 함께 진료실 밖으로 나가 버렸다. 그 사이 젊은 여자 간호사가 들어와서는 "성! 너의 복부가 이렇게 뛰는 걸 보니 너 아기 가졌구나" 하고 농담을 했다. 아마 심각한 상황인 줄 모르고 한 말이었을 것이다.

"복부 대동맥이 복부 대동맥류(AAA, Abdominal Aortic Aneurysm) 현상으로 동맥 지름이 7.5cm로 부풀어 있습니다. 상식적으로 지름이 5cm가 넘으면 혈관이 파열돼 3초 안에 의식을 잃고 죽습니다. 문성 선교사가 그런 상황인데도 지금까지 생명을 유지하고 있는 것이 놀라울 따름입니다. 목숨이 매우 위험하니 지금 당장 호주 병원으로 떠날 준비를 하고 선교 비행장으로 나오세요."

이민아 선교사와 함께 병실을 빠져나온 선교사가 한 말이었다. 물론 내게는 아무런 설명도 없었다. 당시 의사들은 경험적으로 내가 호주로 이송 중에 대동맥이 터져 죽을 것이라고 예상했다.

"기도해 주십시오! 준비된 선교사가 죽어 가고 있습니다. 이름 문성."

미국인 선교사 마이크 미콜라비치(Mike Mikolavich)가 전 세계 3400명의 NTM(부족선교회) 선교사에게 응급 기도 메일을 보냈고, 이는 전 세계 교회로 전해졌다. 지금도 가끔 여러 나라에서 당시 함께 기도했다는 교회와 성도를 만난다.

이민아 선교사는 너무나 당황한 나머지 의사가 두 아들의 연락처를 묻는데도 도무지 생각이 나지 않아 아무 대답도 하지 못했다. 나중에 알게 된 사실이지만, 많은 동료 선교사들이 헌금을 해서 한국에 있는 작은아들과 시드니에 있는 큰아들이 호주에 있는 나에게 올 수 있도록 항공권을 마련해 주었다.

한편, NTM 선교 비행단에 연락해 비행거리가 가장 가까운 종합병원에 복부 대동맥류 전문의사가 있는지를 찾기 시작했다. 놀라운 일은 파푸아뉴기니에서 가장 가까운 호주 케언즈(Cairns)라는 작은 도시의 종합병원 원장이 복부 대동맥류 전문의사이며 원장이라는 것이다. 예비하신 하나님께 모두 감탄하며 감사했다.

"환자가 아직 살아 있습니까? 응급 비행기로 보내십시오. 그러나 날아오는 중에 혈압이 올라 대동맥 혈관이 터지면 죽을 것입니다. 수술을 준비하고 기다리겠습니다."

나중에 원장이 내게 이렇게 말했다.

"당신을 처음 확인한 의사가 미국인이 아니었다면 당신은 생명을 잃었을 것입니다."

미국인 의사들이 복부 대동맥류에 경험이 많기 때문이다. 더 놀라운 일은 나를 태우고 고로까에서 수도인 포트모르즈비(Port Moresby)까지 날아간 중형 비행기는 예정대로라면 고로까의 격납고에 있지 않을 비행기였다. 그날 오전에 호스킨스 섬에 갈 예정이었으나 기상 악화로 비행이 취소되어 머물고 있었던 것이다.

많은 선교사들이 격납고에 있던 선교 비행기를 활주로로 밀어내고 기름을 채우고 정비사는 기체를 정검하고 간호사와 의사 선교사는 응급 의료 장비를 비행기에 설치했다. 벌써 오후 6시, 정글에서는 오후 4시 이후에는 비행을 하지 않는다. 비행장에 불빛이 없으며 날씨를 예측할 수 없기 때문이다. 조종사 2명과 의사 케빈, 독일 간호사 그리고 이민아 선교사와 침대에 누운 나까지 6명이 저녁 6시, 불빛도 없는 어두운 정글의 비행장에서 이륙했다. 양쪽 팔에는 알 수 없는 링거가 꽂혀 있고, 간호사는 혈압계와 맥박계에서 눈을 떼지 않았다. 아직 의식

경납고에 있던 NTM 비행기

어두운 고로까 공항에서 이송 중인 모습

공항 활주로에서 옮겨 싣는 모습

이 있던 내가 의사에게 물었다.

"내가 부족에 다시 돌아올 수 있습니까?"

한참을 침묵하던 의사가 어렵게 입을 뗐다.

"수술을 담당하는 의사의 소견에 따라…."

그때까지 내 몸에서 어떤 일이 일어나고 있는지, 얼마나 심각한 상태인지 전혀 몰랐지만, 의사의 이 말을 듣는 순간 죽을 수도 있겠구나 생각했다.

"비행 고도를 낮추세요! 혈압이 올라가 위험하니 내리세요!"

의사 케빈이 갑자기 조종사들에게 소리쳤다. 비행 고도가 6000피트를 넘자 나의 혈압이 올라갔던 것이다. 노후된 선교 비행기에는 기압을 조절하는 장치가 없었다. 조종사는 고도를 낮추었지만, 6000피트 이상 높은 산이 많은 정글을 그것도 칠흑처럼 캄캄한 밤하늘을 비행하는 일은 목숨을 거는 것이었다. 포트모르즈비에서 호주 케언즈까지 응급으로 우리를 데려다줄 다른 비행기를 찾는 조종사의 반복된 다급한 목소리가 만드는 긴장감이 작은 비행기 안에 팽배했다.

"November Tango. Anyone contact me! November Tango. Anyone contact me!"

고로까에서 포트모르즈비까지 비행시간은 약 1시간 30분이 소요된다. 하지만 1시간이 지날 때까지 어떤 선교 비행단도 상업 비행기도 연결되지 않았다. 난감한 상황이었다. 그러다 포트모르즈비 가까이에 이르렀을 때 비행 중인 다른 비행기로부터 무전 연락이 왔다. 놀랍게도 그 비행기는 같은 NTM 소속 중형 비행기로서 케언즈에서 포트모르즈비로 날아오고 있었다. 우리가 탄 비행기가 포트모르즈비에 도착하고 나서 10분 후면 도착할 것이라고 했다. 감사한 것은 이 비행기(King Air)는 미국 교회들이 선교 헌금으로 새로 구입하여 보내 준 2대의 비행기 중 하나였다.

나중에 조종사들은 이렇게 말했다.

"다른 기종의 비행기가 다른 곳에서 출발하여 한 비행장에 10분 안에 만날 수 있도록 계획하였다 할지라도 실현되기는 불가능했을 것이다."

파푸아뉴기니 공항의 도움으로 우리가 탄 비행기가 착륙하여 활주로를 벗어나기 전에 뒤따라오던 비행기가 허가를 받아 착륙할 수 있었다. 그리고 나는 활주로에서 다른 비행기로 옮겨져 바로 호주로 날아갔다.

호주 케언즈까지는 다시 3시간 30분, 마음이 참으로 평안했다. 조금도 두려움이 없었다. 의식이 있는 것이 참으로 감사했다. 비행기가 날아가는 동안 나의 생각과 마음을 정리하려고 눈을 감았다. 매 순간 주님이 함께하셨음을 확신하며 감사가 심령 깊은 곳에서 올라왔다. 눈물과 함께 기쁨과 확신이 마음을 더욱 평안하게 했다. 호주 케언즈 공항에 도착했을 때, 나는 누워 있어서 보지 못했지만 나중에 이민아 선교사가 말하기를, 마치 영화의 한 장면 같았다고 했다. 수많은 경찰차와 앰뷸런스, 공항의 차량들 그리고 경찰과 응급 요원들, 그들은 나를 신속하게 앰뷸런스에 옮겨 태우고 사이렌 소리로 밤의 적막을 깨우며 케언즈 종합병원으로 달려갔다.

20여 분 후 병원 의사는 내게 수술 동의서에 사인을 하라고 했다. 유언을 준비할 시간을 주는 것 같았다. 그런데 심령에는 주님을 알고 그리스도를 소유한 감사만 가득하였으며 어떤 것도 유언으로 남길 것이 없었다. 다만 사랑하는 아내와 결혼하지 않은 두 아들을 주님께 의탁하며 그들이 그리스도인의 인격으로 자란 것에 대해 감사하는 기도만 했다. 이 죄인에게 놀라운 복을 주신 주님께 감사했다.

간호사의 도움으로 혈액검사와 CT 촬영과 엑스레이 촬영을 하고 수술실로 들어갔다. 의사는 수술을 어떻게 할 것인지를 자세히 설명한 후 나더러 잘 이해했는지 다시 설명해 보라고 했다. 그런 다음 수술 후 허리에 심한 통증이 생기기 때문에 수술 전 모르핀(진통제) 주사를 위하여 척추에 장치를 설치해야 한다고 설명한 후 양쪽 팔을 들고 통증을 느끼는 쪽의 손을 흔들라고 했다. 하지만 척추에 장치하는 것이 쉽지 않은지 여러 번 시도한 끝에 겨우 성공할 수 있었다. 말은 안 했지만 당시 통증이 얼마나 심하던지 참기가 참 고역스러웠다. 마취 마스크를 입에 대며 1부터 숫자를 세라는데 둘까지 센 기억만 있다.

중환자실에서 깨어났을 때는 8시간에 걸친 수술이 끝난 뒤였다. 눈을 뜨자 의사와 간호사가 나를 쳐다보며 웃는 얼굴로 반겨 주었다.

"기분이 어떻습니까?"

"배가 많이 고픕니다."

그러자 의사가 엄지손가락을 높이 들어 보이며 "Good!"이라고 말했다.

며칠 지난 후 허리 아래 두 다리에서만 비 내리듯 땀이 흘러 옷이 젖었다. 복부의 대동맥을 자르고 8시간의 수술에서 두 다리에 혈액이 차단되어 있었기 때문이라고 했다. 매 순간 신경이 통하는지 확인했다. 내가 간호사의 도움으로 걷기 시작하자 많은 간호사들이 "기적의 사나이!"라고 부르며 함께 기뻐해 주었다.

나중에 들은 이야기이지만, 나와 같은 증상의 환자 중 5퍼센트만이 생명을 부지하는데 살았다 해도 대부분이 하반신 마비로 휠체어 신세

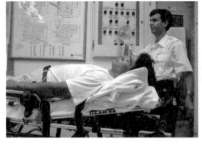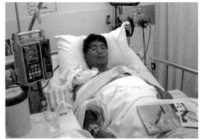

의사 케빈의 호송을 받아 케언즈 종합병원 응급실에 도착했다

를 진다고 했다.

"대동맥의 지름이 7.5cm까지 부풀었는데 터지지 않은 것도 놀랍고, 이곳까지 장시간을 날아오는 동안 복부 대동맥이 1cm 더 부풀어 지름이 8.5cm가 되었는데도 터지지 않은 것은 더 놀라운 일입니다."

스티븐(Dr. Stephen) 병원장이 찾아와 한 말이다. "놀라운 일"이라고 표현하는 원장의 말을 생각하며 그가 그리스도인이 아니구나 했다. 호주 병원에서 의사든 간호사든 그리스도인을 만나기가 쉽지 않았다.

호주 병원에서는 밤에 환자와 가족이 함께 있을 수 없다. 그런 까닭에 병원에 있는 나를 돌보던 이민아 선교사가 밤에 잘 곳이 없어 여기저기 옮겨 다녀야 했다. 마이크 미콜라비치의 응급기도 메일을 받은 호주의 스티브와 게이 앤듀루직(Steve and Gay Andrejic)이 우리에게 자신의 사탕수수 농장집에 머물라고 배려해 주었다. 어떤 호주 할머니는 전화번호부에서 한국인 교회를 찾아 "한국 선교사가 병원에서 죽어 가고 있으니 기도하십시오. 그리고 찾아가십시오" 하고 전했다. 도처에서 주님의 함께하심을 확인할 수 있었다.

의사는 내가 음주나 흡연을 하지 않아서인지 30대의 건강한 피부 탄성을 갖고 있다며 회복 속도가 무척 빠르다고 했다. 그리고 마침내 퇴원 허락을 받았다. 우리는 기쁜 마음으로 스티브와 게이 앤듀루직 가정으로 짐을 옮긴 뒤 파푸아뉴기니 부족 형제들에게 돌아갈 날을 고대하며 몇 달을 건강 회복에 힘썼다. 이것이 두 번째로 생사를 다투는 위급한 상황에서 주님이 나를 살려 주신 간증이다.

하나님의 주권을
_____ 기다리는 시간

　마침내 파푸아뉴기니 부족으로 돌아갈 날이 되었다. 그런데 떠나기 전날 저녁에 온몸에 참을 수 없는 통증과 함께 42℃의 고열이 나서 응급실에 실려 갔다. 며칠 전 기적처럼 퇴원한 환자가 다시 응급실로 실려 오자 의사와 간호사 모두 긴장했다. 혈액검사와 CT와 엑스레이 촬영 등 얼마나 많이 채혈하고 촬영하는지 셀 수조차 없었다. 밤 12시경 원장과 여러 명의 의사들이 찾아왔다. 그들의 얼굴에서 심각한 일이 벌어졌음을 직감적으로 알 수 있었다.

　"이런 경험은 오랜 의사 생활 동안 처음 있는 일입니다. 정확하게 원인을 찾았습니다."

　원장이 침울한 얼굴로 CT 촬영으로 찍은 사진을 보여 주며 이야기를 시작했다.

　"당신의 복부에 설치한 7cm 길이의 인공 대동맥을 구균이 공격했습니다. 구균은 수술 전 인공 대동맥에 있었던 것으로 생각됩니다. 수술 후 체내에서 따뜻해지자 번식하여 수많은 병균들이 인공 대동맥을 지름 8cm로 둘러싸고 있는 조직을 헐고 나와 혈관 속에 퍼져 있습니다. 지금 당신 혈액의 단백질 함량이 98퍼센트입니다. 이 수치는 혈액 속에 병균이 98퍼센트 있다는 뜻입니다. 당신은 참 운이 없습니다. 인공 대동맥 속에 있는 구균을 영국에서는 슈퍼벌레(Super Bug)라고 합니다. 의사의 상식으로는 인공 대동맥을 새것으로 교체하는 것만이 방법이라 수술 날짜를 잡아 놓았습니다. 그렇지만 방법이 간단하지 않습니다. 1차로 심장에서 두 다리로 혈관을 연결하는 수술이 성공적으로 되어야 합니다. 지난번 수술에서도 두 다리가 혈액 순환 없이 8시간을 견뎌 주었습니다. 그런 수술을 하고도 걸어서 퇴원한 것은 놀라운 결과였습니다. 그러나 이번에는 보장할 수 없습니다. 2차로는 복부에 설치한 인공 대동맥을 새것으로 교체하는 수술을 해야 합니다. 그러나 나는 생명을 보장하지 못합니다. 우리 병원과 의사들은 당신을 더 이상 도와줄수가 없습니다. 다른 의사를 선택하거나 다른 병원을 선택하실 수 있습니다."

이 병원 수술실에서 들어간 구균으로 일어난 심각한 상태이기에 마치 고소를 해도 어쩔 수 없다는 식이었다. 혈액의 98퍼센트가 수술실의 소독약으로도 죽일 수 없는 구균에 감염된 환자를 다시 수술대에 눕혀 수술할 것을 결정하는 의사가 어디 있겠는가? 그것도 생명을 보장할 수 없는 수술이지 않은가. 병원을 상대로 고소를 하고 법정으로 간들 무슨 유익이 있을까. 몇 푼 안 되는 위로금을 받는다 해도 그 물질이 무슨 의미가 있겠는가. 마지막이었다. 이민아 선교사와 두 아들에게 유언을 한다는 것이 더 큰 고통을 남겨 주는 것 같아 입을 닫았다. 나는 통증을 참으며 의사들에게 말했다.

"감사합니다. 여러 놀라운 과정에서 당신의 손을 통하여 나를 수술하시고 도와주신 것은 하나님의 은혜였습니다. 지금 내가 죽는다 해도 그것 또한 하나님의 은혜입니다. 평안하십시오! 최선을 다해 주신 것에 감사합니다. 하나님의 은총이 함께하시기를 바랍니다."

* 만일 은혜로 된 것이면 행위로 말미암지 않음이니 그렇지 않으면 은

이 시간까지 섭리 가운데 인도하신 주님을 생각하며 나는 진심을 다해 말했다. 그런데 그들은 하나님의 은혜라는 말에 의아해하는 표정이었다. 내가 말하는 은혜의 깊은 의미를 알지 못하는 듯했다. 그런데 원장이 갑자기 이민아 선교사에게 말했다.

"당신들의 하나님을 믿는 사람들에게 연락하십시오. 성에게는 당신 하나님의 기적만이 필요합니다."

원장은 하나님을 인정하지 않는 무신론자였다. 그런 그에게서 이런 말을 듣다니, 나는 내 귀를 의심했다. 이민아 선교사는 절망적인 상황에서도 조금도 흔들림 없이 침착하게 응급기도 이메일을 적어 나가기 시작했다. 의사로부터 마지막 통보를 받은 남편을 위해 기도를 부탁하는 아내의 심정이 어떠할지 나는 짐작할 수도 없다. 하지만 끝까지 눈물을 보이지 않으려고 몸부림치는 그 심령을 나는 느끼고 있었다. 아이들도 긴장된 얼굴과 두려움으로 아무런 말이 없었다.

하나님의 주권을 따라 기다리는 2~3일이 지났다. 전 세계 여러 곳에서 함께 기도하고 있다는 소식이 들어왔다. 형식적으로 잡아 놓은 수술 날이 내일로 다가왔다. 밤이 되자 내 몸에서 놀라운 변화가 일어났다. 우선 그토록 심하던 통증이 없어졌다. 정기적으로 혈액검사와 체온을 재던 간호사가 급하게 달려갔다. 그리고 한두 시간 후 젊은 당직 의사와 몇 명의 의사들이 달려와 "몸에 통증이 있느냐? 용감하고 참을성이 많다는 것은 알지만 솔직하게 말해 달라. 아직 당신 몸에 98퍼센트의 구균이 그대로 있고 당신의 모든 장기에 영향을 주고 있다. 그러니 당신은 통증을 호소해야 하고 고열이 있어야 한다"고 말하는데 몹시 당황스럽고 혼란스런 얼굴이었다. 의사들은 그때까지 말하지 않았지만 나의 체온은 36℃의 정상으로 돌아왔던 것이다. 언제 왔는지 가만히 그 상황을 지켜보던 스티븐 원장이 어렵게 입을 열었다.

"확신할 수는 없지만 내 의사 생활 중에 한 번도 사용해 보지 않은 것이 있는데 사용하도록 허락할 수 있겠습니까?"

그것은 더 이상 소생할 가망이 없는 환자에게 실험 쥐가 되어 달라는 요구 같았다.

"항생제 중에 현재(당시는 2003년) 의학계에서 가장 강한 2000mg의 반코마이신(vancomycin)이라는 항생제가 있습니다. 이것을 투약하는 동안 다른 장기에 많은 지장을 주겠지만 먼저 구균을 치료하는 것이 우선이라고 생각합니다. 만약에 성공적으로 치료가 되면 그때 다른 장기를 치료하면 됩니다. 이 약은 아주 강한 독약과 같아서 건강한 청년도 일주일 이상 투약하면 피부색이 보랏빛으로 변하면서 죽습니다. 일주일만 사용하도록 허락해 주십시오."

그는 2~3일 전만 해도 모든 것을 포기했다. 그런데 지금 일어나고 있는 비의학적인 상황 앞에서 그는 환자를 살려야겠다는 강한 의지를 불태우고 있었다. 의사의 명예를 걸고 한 번도 사용해 보지 않은 약을, 그것도 치유된다는 보장도 없고 환자의 모든 장기가 위험에 처할 수도 있는 약을 권하는 그의 눈빛에서 나는 강한 의지를 읽을 수 있었고, 성령의 강한 역사하심을 직감할 수 있었다.

이민아 선교사와 나는 기꺼이 동의했다. 조금의 망설임도 없었고 죽음의 두려움도 없었다. 하나님이 나의 삶 속에서 당신을 드러내려 하신다는 확신으로 도리어 감사와 기쁨이 차올랐다. 살아도 주님의 영광이요, 죽어도 주님의 영광이었다. 세상적인 아쉬움과 애착은 존재하지 않았다. 그리고 선택도 없었다. 이 죄인을 향한 주님의 주권적 행하심이다.

> * 너희는 가만히 있어 내가 하나님 됨을 알지어다(Be still, and know that I am God!) 시 46:10

오직 하나님의 주권을 따라 인도하심에 순종할 뿐이었다. 의사는 즉시 나를 엑스레이실로 보내 왼쪽 팔뚝에서 엑스레이 화면을 바라보며 혈관 속으로 들어가는 핑크라인(Pink Line)이라고 하는 가느다란 튜브를 심장에까지 설치했다. 그리고 농도 2000mg의 반코마이신액이 들어 있는 고무 튜브를 투명한 작은 병에 넣어 목에 걸어 주며 하루에 한 병, 일곱 번 바꿔 줘야 한다며 이민아 선교사에게 약을 교체하는 방법을 가르쳐 주었다. 약은 24시간 팔의 동맥을 통해 자동으로 심장에 뿌려지도록 설치되었다.

놀랍게도 몸의 통증은 멈추었고 체온도 36℃를 유지하고 있었다. 반코마이신 물약이 심장에 24시간 뿌려지고 있는 동안에 눈물을 흘리면 눈물의 색이 마치 오렌지 색깔 같았으며 숨을 들이쉬면 표백제 같은 냄새가 역겹게 났다. 하지만 마음만은 평안했다.

투약을 받는 일주일 동안 기도 이메일을 보고 외국인 목사를 비롯하여 한국인 목사 부부 등 많은 분들이 찾아와 위로와 격려를 해 주었다. 때로 찾아오신 분들에게 환자인 내가 서너 시간 눈물로 기도해 주기도

했다. 호주 교회의 초대를 받아 주일 예배에서 약병을 목에 걸고 의자에 앉아 1시간 동안 간증하기도 했다. 의사는 약병을 목에 걸고 있는 나를 사진 찍으며 의과대학의 교육 자료로 사용해도 되겠느냐고 물었다.

일주일이 지난 후 심장으로 투약하던 약물 병을 제거하고 혈액검사를 했다. 진료실로 들어오라는 의사의 목소리만 들어도 결과가 좋다는 것을 예감할 수 있었다.

"약이 효과가 있습니다. 98퍼센트였던 구균이 96퍼센트가 되었습니다. 앞으로 하루 식후 3번 3500mg의 항생제를 1년간 복용하고 이후에 혈액 속에 단백질 함량이 정상 수치 2퍼센트 미만이 되면 인공 대동맥을 새것으로 교체할지를 결정하겠습니다."

함께 기뻐해야 하지만 약간 혼란스러웠다. 처방해 준 항생제는 큰 상자로 가득했다. 비록 기력은 없지만 통증과 열이 없으니 정상적인 생활은 할 수 있었다. 하지만 아직도 혈관 속에는 96퍼센트의 구균이 있고, 어마어마한 양의 약을 복용해야 했다. 앞으로 1년간 어떤 증상이 일어날지 알 수 없었다. 그럼에도 마냥 호주에 있을 수 없어 부족으로 돌아가기로 결정했다.

파푸아뉴기니로 돌아간 후 본부 의사 선교사 케빈을 만나 3개월에 한 번 본부 병원에 나와 혈액검사를 하기로 하고 부족으로 돌아갔다.

헬기로 부족에 착륙하자 수많은 부족 사람들이 몰려와 죽을지도 모른다고 소식을 들은 하얀 사람이 살아서 돌아오는 모습을 보고 목을 끌어안고 손을 잡고 땅에 뒹굴며 울기 시작했다. 죽어서 오면 묻을 묘자리도 준비했노라고 했다. 그렇게 2시간여 서로 부둥켜안고 울다가 어느 정도 감정이 가라앉자 부족 형제들이 어떻게 죽음에서 살아왔느냐고 물었다.

수술했다고 하자 상처를 보여 달라고 해서 옷을 벗어 보이자 흉하게 자리 잡은 수술 자국을 보고 다시 드러누워 몸부림치며 울기 시작했다. 깜짝 놀라 "하나님께서 도우셔서 의사가 배를 가르고 창자를 모두 꺼내고 부푼 동맥 혈관을 잘라내고 인공 동맥으로 갈고 창자를 다시 넣고 배를 꿰매어 살아났다"고 수술 과정을 자세히 설명했다. 그랬더니 부족 형제들이 더 이해할 수 없다는 표정이 되었다. 그들은 수술 과정이 돼지를 잡을 때와 같다고 느꼈고, 그런데 어떻게 다시 살아날 수 있는지 도무지 납득이 되지 않는 눈치였다. 그래서 그들이 혹시 나를 신처럼 여길까 두려워 한참 동안 의사가 누구인지 무슨 일을 하는지 장황하게 설명해야 했다.

"하얀 사람! 나는 당신이 어떻게 살아서 돌아왔는지 알고 있습니다."

한 부족 형제가 손을 높이 들고 이렇게 외쳤다. 순간 모두 울음을 멈추었다.

"하나님이 하얀 사람 당신의 대동맥을 두 손으로 꼭 쥐고 계셨나 봐요. 그래서 터지지 않고 살아 돌아왔습니다."

나는 청년의 말을 듣는 순간 큰 충격을 받았다. 병원에서 수많은 방문객들을 만났지만 어느 누구한테도 이런 말을 들어 본 적이 없다. 이 무지의 벌거벗은 형제의 입에서 진리의 말이 나온 것이다. 순간 가슴이 벅찼다.

육신의 병으로 고난이 있을 때만 주님을 찾고, 건강해지면 건강을 되찾을 수 있도록 도우신 하나님을 잊어버리는 이 죄인, 매 순간 하나님만 의지한다고 고백하면서도 언제나 자기 의지를 불태우는 이 죄인에게 부족 형제는 하나님의 은혜를 상기시켜 주었다. 생명을 주관하시는 분이 하나님임을 부족 형제들 심령 속에 알게 하신 성령 하나님께 감사와 찬양을 드린다.

며칠 후 바다모 오노하(Vadamo Onoha)라는 부족 형제가 자기 마을로 올라와 달라고 초대를 했다. 대수술 후유증으로 아직 걷기가 자유롭지 않다고 전했는데도 꼭 와야 한다고 간청을 해서 부드러운 베개를 수술한 배에 대고 올라갔다. 평소 같으면 산행 30분이면 되는 것을 두 시간을 걸려 리보레(Livore) 마을에서도 가장 높은 곳에 있는 바다모의 움막으로 올라갔다. 마을에는 사람들이 모여 앉아 우리를 기다리고 있었다. 나를 보고 바다모 오노하가 일어나 큰 소리로 말했다.

"내 아버지 오노하(Onoha)가 죽으면서 나에게 마지막 말을 하셨다. '만약에 하얀 사람이 살아서 다시 돌아오면 내 산에 있는 모든 나무를 하얀 사람에게 주어라! 하나님의 집을 지을 수 있도록!'"

나는 이 말을 듣는 순간 귀를 의심했다. 부족 사람들은 죽으면서 절대 유언을 남기지 않기 때문이다. 내가 물었다.

"지금 뭐라고 말했습니까?"

그는 다시 큰 목소리로 똑똑하게 선포하듯 말했다. 이곳에선 사람들 앞에서 선포하듯 말하는 것은 우리가 계약서에 도장을 찍는 행위와 같다. 이곳 사람들은 자기 소유에 대한 욕심이 대단히 강해서 산사태가 나면 자신의 흙이라고 언덕 아래로 내려간 흙을 퍼 올릴 정도였다. 그런데 어떻게 이런 일이 일어날 수 있는가?

나무는 부족 사람들한테 생명이고 재산이며 모든 것이었다. 정글에서 살아가려면 무엇보다 나무가 중요했다. 그런데 하나님의 집을 지으라고 나무를 기꺼이 내어 주겠다는 것이다. 그때까지 한 번도 하나님의 집, 교회 건물을 짓겠다고 말한 적이 없으며 집을 지어도 당신들의 나무를 사용할 것이라고 말한 적도 없다. 그리고 그때까지 아직 교회는 성도 자신이라는 것도 가르치기 전의 일이었다. 주님의 몸 된 교회인 그리스도인이 없는데 무슨 교회 건물이 필요하단 말인가? 복음을 빨리 전하라는 하나님의 음성이구나 생각하며 오노하 노인의 유언을 가슴에 품고 마을을 내려왔다.

그런데 오노하 노인의 가족은 왕복 12시간이나 걸리는 정글에 내려가 3m 길이의 박달나무를 63개나 가져와 우리 집에 쌓아 놓기 시작했다. 그것으로 교회당을 지으라는 것이었다. 나무 하나가 웬만한 장사도 들기 힘든 무게였다.

3개월이 지났다. 본부로 나가 약속된 혈액검사를 하였는데 결과가 이전과 다르다며 호주 병원에 다녀오는 것이 좋겠다고 했다. 호주 병원에 가서 혈액검사와 CT 촬영 등을 하고 결과를 기다렸다. 의사가 복용하는 약을 일주일간 먹지 말고 다시 혈액검사를 하자고 했다. 일주일 후 다시 3번의 혈액검사를 했고 다시 시간을 정해 병원을 찾았다. 그런데 진료실에는 낯익은 다섯 명의 혈관 담당 의사가 있었다. 검사한 결과 컴퓨터 화면의 뒷배경이 녹색이면 정상이고 이상이 있으면 빨간색이라며 컴퓨터 마우스를 누르기 시작했다. 긴장된 순간이었다. 매 화면이 바뀔 때마다 녹색이 나왔고 "와!" 하는 경탄의 목소리가 들렸다. 마침내 모든 화면이 넘어갔고 완벽한 정상이었다. 얼굴이 흥분으로 상기된 의사가 말했다.

"이제 당신은 구균 문제로 나를 다시 만날 일은 없을 것입니다."

오노하 가족이 정글에서 나무를 해서 쌓고 있다

"다른 장기의 검사 결과도 정상입니다. 정말 놀라운 결과입니다."

"약이 혈액이 닿는 곳에서 치료가 가능한데 원인은 알 수 없지만 피가 닿지 않는 인공 대동맥 안에 있던 구균까지 모두 박멸되었습니다. 정말 놀라운 일입니다. 그리고 구균으로 손상되었던 인공 대동맥을 둘러싸고 있는 8cm의 조직도 치료되면서 줄어들고 있으며 현재로서는 재수술이 필요 없습니다. 다만 1년에 한 번 꼭 정기 검사를 받아야 합니다."

1년간 약을 복용하자는 의사들이 3개월 만에 정상이라고 말하고 있었다. 더구나 재수술도 필요 없다고 하지 않는가.

"의사 여러분 대단히 감사합니다. 당신들의 도움으로 이런 결과가 나왔습니다."

그러자 의사들이 이구동성으로 이렇게 말했다.

"아닙니다. 우리는 당신에게 아무것도 한 것이 없습니다. 당신의 하나님이 당신을 도왔습니다."

무신론자인 의사들의 입에서 나오는 너무나 감격적인 고백이었다.

"감사합니다. 제가 부족하지만 여러분을 위해 기도하겠습니다. 지금은 여러분이 '너의 하나님'(Your God)이라고 말씀하시지만, 언젠가 '나의 하나님'(My God)이라고 고백하실 때를 위하여 기도하겠습니다. 당신들은 하나님이 살아 계시며 역사하고 계시다는 사실에 증인이 되었습니다."

나의 이 선한 축복의 말에 큰 웃음으로 화답해 준 의사들을 위해 나는 오늘도 기도한다. 천국에서 그들을 예수 그리스도와 함께 꼭 만날 것을 소망하며. 매년 11월이면 정기적으로 전문의를 만나 인공 대동맥과 간과 콩팥 등을 검사하고 있다.

인공 대동맥을 싸고 있던 8cm 조직이 손상되었다가 치료되면서 지름이 매해 줄어들어 의사들이 걱정을 했다. 건강을 찾고 한국을 방문했을 때 어느 대학병원 내과 과장이 나의 수술 이야기를 듣고 자신도 대동맥류 전문의라며 꼭 병원을 방문해 CT 촬영을 해 달라고 부탁했다. 병원을 찾아가 CT 촬영을 했더니 그가 이렇게 말했다.

"선교사님, 또 다른 예수 그리스도 피의 흔적이 있습니다. 지금 선교사님의 인공 대동맥을 감싸고 있는 조직이 수술 당시 8cm에서 지름이 4cm로 줄어들었는데 만약에 1mm라도 더 줄어든다면 지금 즉시 제가 수술을 해야 합니다."

어느 집회 중에 만난 의사도 미리 발견되어 수술해서 소생한 환자는 본 적이 있지만 동맥이 지름 8.5cm 크기에서 혈관 파열로 죽지 않고 살아 있는 분은 처음 본다고 말했다. 어떤 목사님은 나의 간증을 듣고 의사였던 원로 장로님에게 전했더니 그가 "선교사가 거짓말하는 것입니다. 살아날 수가 없어요" 해서 CT 촬영한 영상을 보내 준 적도 있다.

이렇듯 모든 사람을 놀라게 하고 내게 언제나 감격과 기쁨을 주는 사건이지만, 언제 터질지 모르므로 아침마다 새로 주신 생명과 새날에 감사하며 기도하게 된다.

"생명을 주관하시는 주님, 오늘도 담대하게 복음을 전하게 하시며 마지막 생명이 다할 때까지 저의 길을 인도하여 주소서!"

이것이 세 번째로 죽음의 질병에서 살려 주신 간증이다.

죽음에서 ──── 살리신 주님

그 후 10년이라는 세월이 지났다. 2013년부터 몇 분의 작가가 책을 쓰겠다며 연락을 하고 방송사에서도 찾아와 선교 기록물을 촬영하고 싶다고 했다. 그런데 그런 제안들이 전혀 기쁘지 않았다. 지난 세월 하나님은 이 죄인을 부르셔서 부족에서 하나님을 알게 하시고 예수 그리스도를 소유함이 은혜이며 선교는 일이 아니라 그리스도인의 삶인 것을 고백하게 하셨다. 또 말씀을 전하는 도구가 된다는 것이 얼마나 축복이며 감사한 일인지 알게 하셨다. 그것으로 충분했다. 그래서 책이나 방송을 통하여 주님이 행하신 일을 드러내는 것이 우리를 나타내는 것 같아 마음이 허락하지 않았다.

2013년 어느 날 CTS와 전에 KBS에서 근무하시고 복음 영상을 제작하던 분들이 파푸아뉴기니 선교지를 방문하겠다고 연락해 왔다. 그리고 며칠 후 이민아 선교사가 성령께서 우리의 생각과 경험을 의지하는 교만을 하나님께 회개하도록 역사하신 내용을 눈물로 나누고는 이렇게 말하는 것이었다.

"늘 말로는 인간의 생사화복, 희로애락이 하나님의 주권 아래 있다고 고백하지 않았던가. 그런데 우리가 계획한 것도 아니요 부탁한 것도 아니며, 더군다나 인맥이 있는 분들도 아닌데 이곳 정글까지 찾아오겠다는 계획이 어찌 사람의 생각이겠는가? 설사 인간적인 생각으로 찾아온다고 해도 무지한 우리가 어찌 하나님의 섭리를 알 수 있겠는가?"

영상 제작자들이 미히 부족에 오도록 허락하는 것이 하나님께 순종하는 길이라는 것이었다. 이 회개 또한 성령의 강권하심이었으며 인도였다.

성령의 음성을 듣고 순종함이 또 한 번 나를 죽음에서 살리시는 놀라운 시작이 되었다. 언제나 우리는 우리 삶에서 성령의 인도를 인지하고 순종할 수 있게 해 달라고 기도했다. 그동안 성령의 인도를 받는 무지한 죄인이 할 수 있는 최선은 자신의 계획과 생각을 포기하고 계획하지 않거나 생각하지 않은 일이 생기면 하나님의 주권을 따라 우선하여 순종하고 행하는 것이었다. 그리고 그 결과는 우리의 생각과 능력으로 행할 수 없는, 하나님만이 하실 수 있는 아름다운 열매였으며 완전한 결과였다.

그들에게 8월경 부족으로 들어오라고 전했다. 그들을 마중하러 헬기 본부가 있는 고로까에 나갔다. 그들을 기다리는 동안 야가리아

(Agaria)라는 부족의 교회 리더 세미나에 강사로 초대되어 5일간 복음을 전할 기회를 얻었다. 부족 말이 다르기 때문에 공용어로 산상수훈을 전했다. 많은 교회 리더들과 나눈 은혜의 시간은 큰 격려가 되었다.

서울에서 그들이 도착하는 날 고로까 비행장으로 아침 9시에 마중을 나갔다. 한 번도 만나 본 적 없는 분들이지만 승객도 적고 한국인이 이곳에 오는 경우가 드물기 때문에 금방 알아볼 수 있었다. CTS TV의 박봉성 PD와 전 KBS 김영선 감독, 김광주 집사 세 분이었다.

'The Land of Unexpected'(예상치 않은 일이 일어나는 땅)라고 써 있는 공항 간판 아래로 걸어오는 세 분이 보였다. 낯선 시골 도시, 낯선 사람 속으로 들어오는 세 분의 얼굴엔 긴장감이 감돌았다.

그들을 태우고 고로까에 있는 소베가(Sobega)라고 부르는 NTM 고산 지역 본부로 돌아오는 차 안에서 "이곳은 치안이 좋지 않다는 이야기를 들었는데 어떻게 지내느냐?"고 묻기에 "먼저 저들과 깊은 친구가 되면 안전은 물론 많은 도움을 받을 수 있다"고 대답해 주었다. 이민아

기회를 얻어 야가리아 교회 성도들에게 산상수훈을 전했다

선교사가 아침으로 준비한 커피와 토스트를 먹는데 김영선 감독이 왜 영어로 성경을 가르치지 않고 부족의 언어로 글자를 만들고 성경을 가르치느냐고 물었다. 그 질문에 진지하게 설명을 시작한 지 얼마 안 돼 심장에 큰 통증을 느껴 "악!" 하고 소리를 질렀다. 하지만 그 순간에도 아픈 모습을 보여 주고 싶지 않아 거실에서 마루 쪽으로 넘어지며 몸을 피했다. 숨을 쉴 수가 없었다. 가슴이 터져 나갈 듯이 밀려오는 통증은 상상 이상이었다.

"테리 벤만(Terry Banman) 선교사를 부를까요?"

이민아 선교사의 다급한 목소리였다. 테리 벤만 선교사의 차를 타고 본부 진료소가 있는 곳으로 달려갔다. 이동하는 중에도 박봉성 PD는 계속 촬영을 했다. 나는 통증이 너무 심해 병원에 도착할 즈음에는 거의 의식을 잃고 말았다.

본부 진료소의 엑스레이는 구형이긴 하지만 내가 쓰러진 원인을 신속하게 발견했다. 심장 대동맥류였다. 의사와 간호사 모두의 얼굴이 굳어 있었다. 지난번과 같은 현상이었다. 이번에는 대동맥의 최대 지름 5cm를 훨씬 넘어선 9.5cm로 이미 혈관이 파열되어 죽었어야 할 크기로 부풀었다. 그것도 심장에서 뇌로 올라가는 대동맥이었다.

다시 전에 수술한 호주 케언즈 병원으로 연락을 했고, 의사들은 이제 더 이상 살 가망이 없다고 머리를 흔들었다.

김광주 집사가 "단 몇 분만이라도 얼굴을 볼 수 있도록 해달라"고 간청을 했다. 응급실로 카메라를 들고 들어온다는 것은 환자의 안정을 위하여 절대로 허락할 수 없는 일이었다. 그러나 어쩌면 마지막일지도 모른다는 생각에 의사들이 동의해 줘 김광주 집사가 들어왔다. 의사가

"마지막으로 3~4분 말할 기회를 줄 테니 하고 싶은 말이 있으면 하라"고 말하는데 순간 '이제 정말 마지막이구나' 싶었다. 카메라가 얼굴을 비추고 있었다.

"내가 죽는 것은 두렵지 않습니다. 지난 10년간도 매 순간 하나님이 나의 생명을 쥐고 계셨기 때문입니다. 그러나 아직 저 미히 부족에는 복음을 듣지 못하고 죽어 가는 많은 형제들이 있습니다. 그들에게 복음을 전하지 못하는 것이 안타까울 뿐입니다. 한국교회는 부족교회 설립 사역을 잘 모릅니다. 한국에 돌아가시면 청년들에게 전해 주십시오. 하나님의 말씀을 관념 속에 가두지 말고 체험적 신앙을 가지기를 기도합니다."

그러고 나서 이민아 선교사에게 물었다.

"민아! 내가 돌아오지 않는다 해도 부족으로 다시 들어가겠소?"

"네, 부족으로 혼자 들어갈게요."

이후론 의식을 잃어 기억이 없다. 혈압 안정을 위해 특별한 약을 투약했는데 체온은 26℃, 맥박은 분당 30회 정도 뛸 수 있도록 하는 조치였다고 들었다.

고로까 공항을 떠나기 전에 의사 케빈이 이민아 선교사를 따로 불러 마음의 준비를 하라고 일렀다.

"문성 선교사는 비행 중에 생명을 잃게 될 것입니다. 마음으로 장례를 준비하고 생각을 정리하십시오."

그제야 이민아 선교사가 울기 시작했고, 김영선 감독은 내 다리를 붙잡고 "아버지! 문성 선교사를 살려 주십시오. 만약에 돌아가시면 제가 죽인 것입니다" 하며 눈물로 기도했다고 나중에 전해 들었다. 호주 병원으로 날아가는 비행기를 바라보며 선교사들이 손에 손을 잡고 통성기도를 했다는 얘기도. 본부로 돌아온 CTS 박봉성 PD는 서울 본사에 연락해 긴급 기도 요청을 했고, CTS는 진행 중이던 방송을 접고 생방송으로 브라이언 박 목사님의 인도로 '문성 선교사'를 부르짖으며 애절하게 기도했다고 한다.

촬영팀은 선교사들과 함께 밤새도록 통성기도를 한 뒤 다음 날 본부에서 사역하는 동료 외국인 선교사들을 인터뷰하고선 한국으로 돌아갔다. 미히 부족에는 들어가지도 못한 것이다. 나중에 들은 이야기이지만, 외국인 선교사들이 한국에서 온 세 명의 성도들이 밤새도록 기도하고 찬양하는 것을 보고 크게 도전 받았다고 했다. 그때까지 단 한 번도 누군가를 위해 그렇게 애절하게 기도해 본 적이 없었다는 것이다.

지금 생각해 보면, 그날 우리를 찾아온 한국의 촬영팀은 주님이 이 죄인을 살리기 원하여 보내신 주님의 천사들이었다. 만약 그들이 그날 파푸아뉴기니에 오지 않았다면 나는 부족에서 도시로 나올 일이 없었을 테고, 그랬다면 부족에서 의식을 잃고 쓰러져 주님 품에 안겼을 것이다.

심장 대동맥류로 다시 응급수송되고 있다

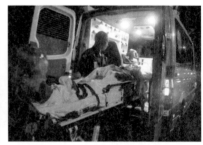
케언즈에서 타운스빌 병원으로 이송하는 중

5년이 지난 2018년 현재까지 그들은 파푸아뉴기니 미히 부족을 방문하지 못했다. 김광주 집사는 한국으로 돌아가면서 나를 위해 한 통의 편지를 남겼는데 "살아 돌아오셔서 이 편지를 보시리라 확신합니다"라고 씌어 있었다. 그의 말대로 나는 1년 후 부족으로 돌아가 그가 남긴 편지를 읽을 수 있었다. 한국에서 김영선 감독을 만났을 때 그는 겸손하게도 "거룩한 하나님이 일하시는 사역지에 갔다가 많은 것을 배우게 되었습니다"라고 말해 주었다.

훌륭한 순교자보다 나의 아버지가 필요해요

"내가 할 수 있는 일은 혈압을 낮추는 것 외에는 아무것도 없었습니다. 아직 날아가야 할 거리는 반이나 더 남았는데 계속 상승하는 혈압을 낮추기 위하여 투입한 약이 모두 떨어졌습니다. 문성 선교사의 혈압은 계속 올라갔습니다. 우리는 이미 9.5cm로 부풀어 오른 동맥이 언제 터질지만을 보고 있어야 했습니다. 우리가 할 수 있는 것은 기도뿐이었습니다. 그 외에는 어떤 방법도 없었습니다. 모두 간절히 기도하였습니다. '아버지, 성의 동맥을 지켜 주시고 혈압을 제어해 주십시오.' 놀랍게도 문성 선교사의 혈압은 계속 상승하였지만 9.5cm로 부풀어 있던 대동맥은 터지지 않았습니다. 기적과 같은 일이 일어났습니다."

의사 케빈과 버드는 언제나 이 이야기를 하며 눈물을 흘린다.

호주 케언즈 병원에 도착했을 때 내 심장은 아직 뛰고 있었다. 케언즈 병원은 혈관 전문팀이 구성되지 않은 상태이므로 수술을 위해 나를 플라잉 닥터(Flying Doctor)라고 불리는 소형 비행기에 태워 타운스빌(Townsville)의 종합병원으로 보냈다. 심장 대동맥류라는 나의 상태를 잘 알고 있었을 케언즈가 수술할 수 없다고 다른 병원으로 보낸 것은 이해가 되지 않았다. 더구나 1초가 아까운 위급 상황에서 시간을 낭비하는 결정이었다. 혹시 그들은 내가 죽어서 병원에 도착할 것으로 예상했던 것일까? 1시간 반을 비행해 타운스빌 종합병원에 도착한 후 밤 11시 45분에 수술에 들어갔다. 발병한 지 10시간이 지난 뒤였다. 수술은 다음 날 아침 9시에 끝났다. 무려 10시간 동안 수술한 것이다.

아들의 말에 따르면, 수술 후 내 몸에는 알 수 없는 선 15개가 연결되어 있었으며, 6일간 코마(coma) 상태로 있었다. 6일 동안 어떤 일들이 일어났는지 나는 알지 못한다. 다만 의식을 회복하고 보여 준 사진들을 보면서 주님께 감사의 기도를 드렸다.

의식이 돌아오자 호흡을 도와주던 산소 튜브만을 코에 남기고 입에 설치하였던 튜브들을 제거했다. 나 스스로 이겨 내야 한다며 진통제 모르핀(Morphine)도 제거했다. 의식이 흐리게 돌아오자 나도 모르게 아들을 계속 불렀다.

"My Son! My Son!"(내 아들! 내 아들)

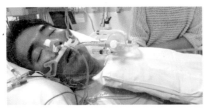

10시간의 수술을 마친 뒤 6일 동안
코마 상태에 빠졌다

이렇게 힘없이 부르는 거의 알아들을 수 없는 애절한 소리를 이민아 선교사와 마침 병문안을 온 케언즈의 교민 양대송, 윤지선 집사 부부가 알아듣고 아들들에게 연락을 했다.

"아버지가 의식이 돌아오셨는데 아들을 찾고 있으니 다시 오라."

아들과 며느리는 지난 일주일간 꼬박 간호하다가 마냥 회사를 비워 둘 수 없어 돌아간 직후였다. 소식을 들은 큰아들이 바로 공항으로 달려가 병원으로 돌아왔다. "아버지!" 귀에 익은 반가운 아들의 목소리였다.

큰아들이 내 손을 잡았는데 아무 말이 없어도 느껴오는 체온과 느낌만으로도 얼마나 마음이 평안하고 안정되는지 마치 어머니의 손을 잡는 듯하였다. 또 다른 경이로운 경험이었다.

"만약에 수술 자리에서 피가 2리터 이상 흘러나오면 다시 수술해야 해요."

간호사는 복부에 연결된 호스에서 떨어지는 붉은 혈액에서 눈을 떼지 못했다. 수술 후 복부 내에서 멈추지 않는 혈액을 뽑아내는 호스였다.

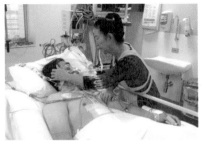
코마 상태인 나를 돌보는 이민아 선교사

큰아들 성민이가 내 손을 잡고 있다

아침이 되자 여섯 명의 의사들이 왕진을 왔다. 그중 한 명이 "저 환자는 성품이 아주 좋은 사람이거나 아니면 아주 좋은 일을 많이 하는 사람일 것이다. 그렇지 않다면 저렇게 살아 있을 수가 없다"고 말했다. 오후쯤에 의사가 와서는 "모든 수치가 좋습니다"면서 "옆에 수술했던 같은 증상의 환자는 뇌출혈로 어제 오후 돌아가셨습니다"라고 했다. 그도 그럴 것이 나도 의식이 돌아온 후 심장박동이 온몸에 진동을 느낄 정도로 크고 불규칙하게 빠르거나 느리게 뛰었다.

"멈췄어요. 피가 정확하게 2리터에서 멈췄어요. 놀라운 일입니다."

복부에 연결된 호스를 지켜보던 간호사가 기뻐하며 말했다. 복부에서 흘러나오던 피가 2리터가 된 후 기적처럼 투명한 물로 바뀌었다는 것이다. 간호사는 기적이라는 말은 하지 않았지만 "놀라운 일입니다!"를 반복하며 기뻐했다.

가슴 흉부 뼈를 열고 수술 후 다시 닫고 특수 철사줄로 여덟 곳을 봉합해 놓았기 때문에 옆으로 눕지 못하게 양쪽 팔을 침대에 연결해 놓았다. 그러면서 가래로 인해 기침이 나오면 스스로 토해 내라고 했다. 가래는 매번 수거해서 폐렴 여부를 검사했다. 그리고 호흡 훈련장치를 주면서 스스로 이겨 내기 위해 연습하라고 했다.

며칠 뒤 회복실로 옮겼다. 기존에 투약하던 진통제의 효과가 떨어지면서 가슴 통증이 심하게 몰려왔다. 작은 기침이라도 하면 마치 망치로 가슴을 치는 것처럼 아파서 잠을 이룰 수 없었다. 가래로 인한 무의식적인 기침이 정말이지 참기 힘든 통증을 유발했다.

이 통증을 완화하기 위해 진통제 두 가지를 처방해 주었다. 하나는 심한 통증을 단시간에 낮추는 것이고 다른 하나는 서서히 효과가 나타나는 것이었다. 그런데 단시간에 통증을 완화시키는 진통제가 문제가 되었다. 환시와 환각, 환청이 동시에 일어났다. 매일 밤낮 눈을 뜨면 바람을 봤다. 투명한 바람이 이리저리 병실 안을 날아다니는데 하나는 여자, 하나는 남자가 긴 머리를 하고 병실을 날아다녔다. 투명한 이 두 사람의 모습이 아름다워 보였다. 식사를 가져오면 접시에 담긴 음식 사이로 수많은 보석이 반짝거렸다.

잠을 자려고 눈을 감으면 천국을 본 것 같은 착각에 빠지는가 하면 예배드리는 교회를 열 개나 짓기도 했다. 어느 때는 눈앞이 핏빛으로 가득한 지옥을 보기도 했다. 밤에 잠드는 것이 두려워 의자에 앉아 밤새도록 기침이 일어나지 않도록 조심하며 지내기도 했다. 기침만 하면 통증이 너무 심해 어느 때는 3일 동안 한숨도 못 자기도 했다. 환각 현상과 가슴의 통증은 참으로 참기 힘든 고통이었다.

"아버지! 왜 저를 또 살리셨습니까?"

고통 중에 하나님께 이렇게 기도했다. 병문안 오신 분들은 한결같이 "아직도 주를 위하여 할 일이 많아서 주님께서 당신을 살리셨습니다"라고 말했지만 나는 그 말에 동의하면서도 한편으로 동의할 수 없었다. 주님은 나로 하여금 선교사로 사는 동안 얼마나 많이 무능하고 소망 없는 죄인임을 고백하게 하셨던가. "하나님이 스스로 행하셨습니다. 하나님은 하나님이십니다. 거룩한 주의 일에 쓰임 받는 것만으로도 특권이며 은혜이며 축복입니다"라고 얼마나 많이 고백하게 하셨던가.

"아버지! 왜 저를 또 살리셨습니까?"

"아직도 회개하지 못한 게 있어서 천국에서 예수 그리스도를 뵙지 못할 죄가 남아 있습니까? 그래서 회개하라고 다시 살리셨습니까? 아버지! 이 죄인이 죄악 된 본성으로 한계를 가진 나약한 죄인임을 알고 계십니다. 온전하시며 거룩하신 예수 그리스도의 십자가의 죽음과 부활은 우리가 기억하지 못하는 죄까지도 용서하심을 믿습니다. 성령께서 저의 죄를 모두 찾아내어 생명이 다할 때까지 회개하게 하시어 십자가의 예수 그리스도를 만나는 은혜와 축복을 허락하소서."

• 여호와께서 그에게 상함을 받게 하시기를 원하사 질고를 당하게 하셨은즉 사 53:10

오직 예수 그리스도만이 스스로 고난 가운데 찢김으로 고통을 당하셨다. 죄 없고 순결한 본성을 가지신 주님은 죄에 대하여 각별히 예민하시다. 죄는 영혼을 무디고 무감각하게 만들기 때문에 죄인 된 인간은 죄에 의하여 겪는 고통의 날이 무디다. 죄인의 삶은 고난으로 무디어지고, 죄인의 마음은 죄로 무디어진다. 그러나 주님은 거룩하시기 때문에 도덕성이 민감했으며 죄인이 보지 못하는 죄를 보고 그 가증스러움을 느끼셨다. 따라서 고통이 많았다. 모든 죄인의 죄를 단번에 감당하신 주님의 고통은 그 누구도 가늠할 수 없다.

"왜 소망 없는 이 죄인에게 십자가 위에서 당하신 예수 그리스도의 고통을 알게 하려 하십니까? 아버지, 저는 매 순간 예수 그리스도의 은혜가 아니면 존재 가치가 없는 죄인입니다. 저의 통증이 아무리 크다 해도 주님의 십자가 고통과 어찌 비교될 수 있겠습니까? 저는 죄인일 뿐입니다."

죄인의 고난 속에는 은혜가 없다. 죄인은 고난 속에서 작은 선도 행

할 능력이 없다. 오직 하나님만 선하시다. 3일간 기도했지만 어떤 확신
도 없었다. 지난 삶을 다 회상해도 다시 살아나야 할 분명한 이유를 알
수 없었다.

> 나의 간절한 기대와 소망을 따라 아무 일에든지 부끄러워하지 아니
> 하고 지금도 전과 같이 온전히 담대하여 살든지 죽든지 내 몸에서
> 그리스도가 존귀하게 되게 하려 하나니 빌 1:20

나는 예수 그리스도의 복음을 부끄러워하지 않는다. 이 몸에서 그
리스도만이 드러나시기를 기도했다.

다음 날 아침 이민아 선교사와 두 아들이 찾아왔다. 목욕실에 들어
와 도와주던 큰아들이 이렇게 말했다.

"아버지! 아버지가 만약에 돌아가시면 아버지를 아는 많은 분들이
아버지를 훌륭한 순교자로 기억하겠지만 저에게는 훌륭한 순교자보다
나의 아버지가 필요해요."

이 말을 듣는 순간 이것이 기도의 응답이라는 것을 확신했다. 아들
을 밖으로 내보낸 뒤 얼마나 울었는지 모른다.

지난 20여 년간 정글에서 자식을 위해 기도했다고 하지만 주의 일
을 한다고 아이들에게 일방적으로 이해를 구하고 인내할 것을 요구했
던 것이 생각났다. 아이들이 아버지와 함께하는 시간을 얼마나 그리워
했을 것인가. 그리스도인으로서 누구보다 잘 자라고 있다는 사실에 흡
족했을 뿐 그들에게 아버지가 필요하다는 생각을 왜 하지 못했던가. 나
는 아이들의 인내에 합당하게 주의 사역을 했던 것일까. 하나님께서 나

를 왜 또 살리셔서 생명을 연장해 주셨는지 어렴풋이 알 것 같았다.

"왜 저를 또 살리셨습니까?"

이것은 이후로도 내 삶에서 계속 묻게 된 질문이다.

_____ 여호와 이레

호주 병원은 환자가 회복 과정에 들어가면 병실에 머물지 않고 가까운 곳으로 거처를 옮겨 지내며 정기적으로 방문해 치료하게 되어 있다. 통계적으로 환자가 입원해 있는 것보다 회복이 빠르기 때문이다. 하지만 몇 달이 될지도 모르는 기간을 낯선 도시 타운스빌에서 머물 곳이 없었다. 비용이 많이 드는 호텔은 엄두도 낼 수 없었다.

하나님은 우리의 필요를 미리 아시는 분이다. 어느 날 호주인 테드와 페이(Ted and Fay Redford) 부부가 병실을 찾아왔다.

"우리는 친구한테서 당신들을 위해 기도하라는 연락을 받았습니다. 오늘부터 이민아 선교사는 우리 집에서 지내세요. 우리가 돌보겠습니다. 그리고 퇴원 후 치료하는 동안 우리 집에 함께 있기를 소망합니다. 우리에게 선교사를 돌볼 수 있는 기회를 허락하신 주님께 감사하고 있습니다."

감사하게도 그들은 이민아 선교사를 집으로 데려간 후 매일 아침저녁으로 방문해 우리를 위로했다. 나는 식욕이 없어서 몸은 말라 갔지만 하루하루 기력을 회복하고 있었다. 팔다리 운동, 걷기 운동 등을 하며 조금씩 변화가 일어났다.

몇 주 후 퇴원해도 된다는 말을 듣고 담당 의사를 만났다. 그는 나를 보자마자 이렇게 말했다.

"살아 있는 당신을 보다니 기적입니다. 하나님이 행하셨으니 은혜입니다. 응급실을 통해서 들어와 수술 후 살아서 퇴원하는 사람은 이 병원이 생긴 이래 당신이 처음입니다. 생사를 다투는 위급한 상황인데도 10시간이나 지나서 수술하고도 살아 있다는 것이 놀랍습니다. 병원에 도착했을 때 당신의 혈압은 상상을 뛰어넘는 수치였습니다. 많은 수혈을 받고 수술은 잘되었습니다. 하지만 지금 당신의 혈관은 정상이 아닙니다. 심장에서 올라와 두뇌로 올라가는 부분(Ascending Aorta)은 인공 동맥으로 바꾸었지만 심장 뒤로 넘어가는 부분(Descending Aorta)이 지름이 정상 2cm에서 이미 3.5cm로 확장되어 있습니다. 가슴 흉부를 열어 놓은 상태라서 몸을 뒤집지 못하여 함께 수술하지 못했습니다. 안타까웠습니다. 다음에 꼭 수술을 하시기 바랍니다. 지름이 5cm로 확장되면 혈관 파열로 생명을 잃을 수도 있으니 조심하십시오. 언제라도 이전에 수술한 부위나 다른 혈관도 터질 수 있습니다."

의사는 엄지손가락을 들어 보이며 자상하게 설명해 주었다. 혈관 담당 전문의인 그리스도인을 통해 치료해 주신 하나님께 감사한다.

호주인 부부 테드와 페이는 퇴원 수속을 도와주었다. 부부는 환자인 나에게 안방을 내주었고, 샤워실에는 환자가 앉아 샤워할 수 있도록 의료 보조 기구를 빌려와 설치해 놓았다. 부부가 지내는 방 침대 머리에는 "성! 집에 온 것을 환영합니다. 당신 집처럼 지내세요"(Welcome Home! Seong, Make yourself at home!)라는 글을 크게 적어 환영해 주었다. 이민아 선교사에게는 시드니에 간 딸의 방을 내주었다. 아담하고 깨끗한 전형적인 호주의 가정집이었다.

하나님이 인도하신 그 부부의 친절과 사랑은 잊을 수가 없다. 생소한 곳이지만 주님은 어디서나 신실한 자녀들을 보내어 감찰하셨고 위로해 주셨다. 한국인 목사님과 회사 일로 호주에 와 계신 신실한 성도 부부를 보내어 위로하여 주시고 한국 음식을 만들어 맛보게 하는 사랑도 받았다. 테드와 페이, 남은주 집사는 이후에도 우리가 정기검사를 위해 케언즈에 방문하면 타운스빌에서 5시간을 운전해 와서 우리를 만났다. 성도의 교제가 무엇인지를 알게 해준 고마운 분들이다.

우리는 일주일에 한 번 집으로 방문하는 간호사의 도움을 받으며 평안하게 파푸아뉴기니로 돌아갈 날을 기다릴 수 있었다.

부족 선교사는 누구나 두 가지 보험에 가입하는 것이 규정으로 되어 있다. 하나는 의료보험이고(Medical Insurance) 다른 하나는 응급환자 운송보험(Medevac Insurance)이다. 우리가 가입한 보험회사는 영국에 본사

퇴원 절차를 도와주는 테드

사랑을 베풀어 주었던 타운스빌의 테드와 페이 부부.
그리고 남은주 집사와 아들

가 있고 호주에 지사가 있는데 보험 가입자 당사자인 내가 수술 전에 직접 사인해야 하는 규정을 따르지 않고 이미 병원에서 수술이 끝났으므로 지사에서 보험 혜택을 줄 수 없다고 연락이 왔다.

테드와 페이에게 기도를 부탁하며 이 같은 상황을 나누자 테드는 환한 얼굴로 "왜 하나님이 당신들을 우리에게 보내시고 돌보게 하셨는지를 알겠습니다" 하고 말했다.

"저는 수십 년간 호주 토요타 자동차회사에서 전문 보험 담당자로 일하고 있습니다. 조금도 걱정하지 마십시오. 보험 처리와 관련해 저한테 전적으로 맡기시면 됩니다. 나중에 필요한 서류에 사인만 하면 됩니다."

병원의 상담자도 내가 의식도 없이 이 병원에 와서 수술을 하고 6일 동안 코마로 깨어나지 못한 것을 잘 알기에 우리를 돕기 위해 의사들에게 보험회사에 보낼 공식적인 편지와 사인을 받아 주었다.

2주쯤 지났을 때 테드가 서류를 내밀며 "성, 여기에 사인하세요. 잘될 것입니다" 했다. 그리고 일주일 뒤 영국의 본사로부터 응급 의료 비행에 사용된 비용으로 미화 3만 불을 보험회사에서 지불하겠다고 연락이 왔다.

하나님은 이렇듯 언제나 신실한 성도들을 통해 우리의 필요를 해결해 주셨다. 그때마다 놀랍고 감사하다. 언제나 당신이 시작하시고 당신이 마치셨으며 결과는 우리의 상식을 뛰어넘었다.

부족으로 돌아갈 날만을 기다리고 있는 우리에게 파푸아뉴기니 본부의 의사 케빈으로부터 이메일이 왔다. 문성 선교사의 건강으로는 고산 정글 부족 사역을 계속하기 어렵다고 판단되니 병원이 가까이 있는 곳, 환경이 좋은 곳을 알아보라는 사랑의 권면이었다. 그리고 더 큰 이유는 오랫동안 파푸아뉴기니 고산 지역 고로까에서 환자를 호주까지 비행하는 일에 헌신한 선교사 조종사가 은퇴하여 본국으로 돌아갈 계획이라는 것이었다. 지난 두 번은 하나님의 돌보심으로 도시 본부에서 발견하고 응급 비행기로 수송할 수 있었지만, 조종사가 없는 상태에서 그것도 부족에서 그런 일이 다시 일어난다면 대처할 방도가 없다는 것이었다.

"만약에 문성 선교사가 또 어려움을 당하면 이제는 바라볼 수밖에 없습니다."

편지는 이렇게 끝맺고 있었다. 어떻게 보아도 합리적이고 현실적인 판단이었다. 의사로서 결정해야 하는 사무적인 문장과 표현들에서 단호한 결정을 내렸음을 짐작할 수 있었다. 이민아 선교사는 간절히 기도하는 마음을 담아 곧바로 우리의 생각을 자세하게 적어 답신을 보냈다.

"사랑하는 의사 케빈에게 주 예수님의 이름으로 문안합니다. 우리가 파푸아뉴기니에서 20여 년간 사역할 수 있었던 것은 우리의 선택이나 의지가 아니었습니다. 그것은 하나님의 강권하심이었습니다. 이미 케빈도 문성 선교사가 어떻게 지금까지 사역을 계속할 수 있었는지, 생사를 다투는 상황에서 당신의 손을 빌려 문 선교사의 생명을 지켜 주신 몇 번의 경험을 통하여 하나님이 행하신 일을 확신하고 계시리라 믿습니다. 생명을 연장 받은 문성 선교사의 간증은 바로 당신의 간증인 것을 잘 알고 있습니다. 문성 선교사가 여러 번 건강에 어려움을 겪고 있지만, 누구나 건강은 변수가 될 수 있습니다. 한국이나 호주나 파푸아뉴기니나 장소가 어디가 되었든지 하나님의 때가 되면 문성 선교사는 하나님이 부르시는 날에 주님 품에 안길 것입니다. 미히 부족이 구원받기를 열망하는 우리의 심령이 성령의 강권하심인 것을 선교사 동료로서 이미 잘 알고 계시리라 믿습니다….”

며칠이 지나 답신이 왔다.

“하나님께서는 우리가 있는 장소를 보시고 죽을 때를 정하시는 게 아니라 하나님이 본향으로 부르시는 하나님의 때에 돌아갈 것이니, 문성 선교사를 기다리는 파푸아뉴기니 부족으로 다시 돌아오는 것을 허락합니다. 20여 년간 함께 사역한 동료로서 또 문성 선교사의 입장을 생각하며 동료로서 최선의 방법과 선택이 어떤 것인지를 다른 의사와 리더들과 상의하고 기도했습니다. 결론적으로 문성 선교사가 가장 원하는 것을 할 수 있도록 기회를 주는 것이라는 데 합의했습니다. 사역지로 돌아오는 것을 허락합니다. 단, 돌아온 후에 본부 의사 선교사들과 리더들과 함께 만약을 위하여 문성 선교사의 장례식을 구체적으로 준비하는 회의를 할 수 있도록 허락해 주십시오…. 동료로서 위급 상황에 준비할 수 있도록 도와주기 원합니다. 동료 선교사로서 쉽지 않은 결정을 내리게 된 것을 이해하여 주시기 바랍니다.”

하나님은 섭리 안에서 매 순간순간을 온전하게 인도하시어 죄인에게 하나님이 살아 계시며 감찰하시며 함께하심을 경험하게 하셨다.

우리가 파푸아뉴기니로 돌아가기 전에 하나님은 스스로 준비하셨다. 조종사 선교사와 특수한 비행기가 필요하다는 기도 제목이 모든 나라로 보내졌으며 많은 사람들이 기도했다. 하나님은 기도의 열매로 존 리돌(Jon R.)이라는 젊은 조종사 선교사 부부를 어린 세 명의 자녀와 함께 파푸아뉴기니로 보내 주셨다. 존은 헬기와 중형비행기 자격증을 소지한 인재였다. 모든 선교사가 기도에 응답하신 주님을 찬양했다.

그런데 어느 날 존 리돌이 파푸아뉴기니 정글 비행에 대비하여 다른 선교 비행단에 나가 비행 연습을 하고 저녁에 오토바이로 돌아오는 중에 음주 운전을 한 현지인 트럭 운전자에 의해 큰 사고를 당했다. 두 다리를 잃어버릴지도 모르는 사고였다. 존이 미국에서 파푸아뉴기니 조종사 선교사로 보냄을 받고 가슴 벅차게 원하던 정글에서 비행 한 번 하지 못하고 교통사고로 열정을 접어야 할지도 몰랐다. 호주 병원에서 두 다리를 살려 보려고 최선을 다했으나, 안타깝게도 한쪽 다리를 절단하는 결정을 했고, 존은 이후 미국으로 돌아갔다. 우리는 존의 소식에 가슴이 몹시 아프면서도 영적 방해가 있음을 직감하고 기도하기 시작했다.

"아버지, 죽음의 공포 속에서 죽어 가고 있는 부족 형제들이 있는 나의 집 미히 부족으로 속히 돌아갈 수 있도록 인도하소서."

그렇게 모든 선교사가 마음을 모아 기도하던 중에 기쁜 소식이 들렸다. 하나님이 한 신실한 미국인 성도를 통하여 미화 150만 불을 헌금하여 코디액(KODIAK)이라고 부르는 신형 비행기를 사서 파푸아뉴기니 NTM 선교 본부에 보내 주셨다는 것이다. 이 신형 비행기는 중형이지

첫 번째 코디액 비행기가 파푸아뉴기니에 도착했다

만 조종사 한 사람이 비행 가능하며 이착륙 거리가 짧아 미히 부족의 정글 산 능선 위 활주로에 이착륙이 가능했다. 항속거리가 길고 비행 속도가 빨라 미히 부족에서 이륙하여 도시를 거치지 않고 바로 호주 병원까지 비행할 수도 있었다. 마치 우리의 사정을 알고 주문한 것같이 완벽한 비행기였다.

그런데 더 놀라운 것은 이 신실한 성도 한 분을 통하여 한 달 후 두 번째 비행기를, 그리고 2주 후에 세 번째 비행기를 구입하여 파푸아뉴기니로 보냈다는 소식이었다. 너무나 감격스러웠다. 얼마 후 파푸아뉴기니 정글 비행기 조종사로 헌신한 미국인 선교사들이 하나님의 보냄을 받고 도착했다. 더욱 놀라운 것은, 다리를 절단한 존 선교사가 미국 대통령 전용기의 기장이 월남전에서 한쪽 다리를 잃고 의족으로 조종사로 일하고 있는 것에 용기와 도전을 받아 다시 조종사 학교를 지원하여 새로운 자격증을 취득했으며, 가족과 함께 다시 기쁨으로 파푸아뉴기니 조종사 선교사로 돌아왔다는 소식이었다.

존은 지금 그렇게 비행하고 싶어 하던 정글 속을 날고 있다. 존이 미히 부족에 들어오면 수많은 부족 사람들이 그 쇠로 만든 의족을 보기 위해 모여든다. 존은 당당하며 기쁨이 넘치는 젊은 조종사 선교사다. 존은 악천후에도, 위험한 강풍에도 정글에서 사역하는 선교사들의 필요를 위해 비행기로 물품을 나르고 있다.

정글 비행 조종사 선교사가 없다면 우리는 정글에서 사역을 계속할 수가 없다. 정글 비행은 일반 도시와 전혀 다른 악조건을 감수해야 한다. 활주로는 최소한 600m를 확보해야 하는데, 높은 산꼭대기 능선에 있는 미히 부족의 활주로는 앞뒤로 낭떠러지이며 길이가 400m밖에 되지 않는다. 언젠가 한국의 젊은 청년들 중에서 부족 선교의 일선에서 비행하는 한국인 조종사 선교사가 나오기를 기도한다.

나는 가벼운 마음으로 파푸아뉴기니로 돌아가 격납고에 있는 코디액 비행기를 배경으로 사진을 찍었다. 하나님! 인도해 주셔서 감사합니다.

장례 절차를
준비하고

마음이 있는 곳, 사람들이 기다리는 곳 파푸아뉴기니로 벅찬 가슴을 안고 돌아왔다. 그리고 NTM 선교본부의 선교사들과 어떻게 나의 건강을 유지할 것인가, 만약에 생길지도 모르는 또 다른 위급 상황에 어떻게 대처할 것인가, 장례 절차는 어떻게 할 것인가, 사역은 어떻게 언제 마칠 수 있을 것인가와 같은 것들을 상의했다. 나는 내가 죽어서 가족이 시신을 호주로 가져간다 해도 화장할 것을 요구했다. 미히 부족 형제들은 나를 부족에 묻기 원했다. 하지만 미히 부족이 며칠 또는 몇 주 동안 장례를 치르는 풍습이 있는 데다 생사를 다투는 지난 몇 번의 경험에 비춰 봤을 때 울며 찾아올 다른 부족의 형제들까지 음식 대접을 해야 하는 부담을 주는 것이어서 부족에 매장되는 것은 사양했다. 그리고 노파심이지만 부족에 어떠한 형태라도 묘지를 만들면 기억하고 기념한다고 우상화할 가능성도 미리부터 배제하는 게 좋았다. 부족도 나의 생각을 충분히 이해해 주었다.

무명한 자 같으나 유명한 자요 죽은 자 같으나 보라 우리가 살아 있
고 징계를 받는 자 같으나 죽임을 당하지 아니하고 근심하는 자 같
으나 항상 기뻐하고 가난한 자 같으나 많은 사람을 부요하게 하고
아무것도 없는 자 같으나 모든 것을 가진 자로다 고후 6:9-10

2003년 복부 대동맥류 수술을 받은 뒤 2013년 심장 대동맥류 수술
을 받기까지 10년 동안 언제 닥칠지 모를 위험을 염두에 두고 살았다.
하지만 결코 죽음을 두려워한 적은 없다. 소망 없는 죄인이 예수 그리
스도를 알고 변화된 인격으로 주님의 일에 쓰임 받음이 얼마나 큰 축
복이며 은혜인지를 알기 때문이다. 나는 예수 그리스도를 소유하므로

본부 선교사들과 장례 절차를 상의하는 회의

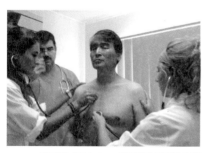

파푸아뉴기니 NTM 병원에서 정기검사 중

NTM 의사 선교사와 응급 상황에 대해 회의

모든 것을 가진 자가 되었다. 이런 최상의 가치를 위하여 살 수 있다는 것이 얼마나 감격스러운지 모른다. 그런데 이제는 떠날 때를 준비하게 하시니 얼마나 감격이며 기쁨인가? 하나님이 주시는 생명의 말씀은 하루하루의 만나요 나의 생명수요 나의 영혼을 목마르지 않게 하신다.

> 그러므로 내가 그리스도 예수 안에서 하나님의 일에 대하여 자랑하는 것이 있거니와 그리스도께서 이방인들을 순종하게 하기 위하여 나를 통하여 역사하신 것 외에는 내가 감히 말하지 아니하노라 그 일은 말과 행위로 표적과 기사의 능력으로 성령의 능력으로 이루어졌으며 그리하여 내가 예루살렘으로부터 두루 행하여 일루리곤까지 그리스도의 복음을 편만하게 전하였노라 롬 15:17-19

내가 이 간증을 하는 이유는 사도 바울의 고백처럼 하나님의 일에 대하여 자랑하고자 하는 믿음 때문이다. 사도 바울이 "그리스도께서 이방인들을 순종하게 하기 위하여 나를 통하여 역사하신 것 외에는 내가 감히 말하지 아니하노라"(롬 15:18)고 고백한 것처럼 내 짧은 삶에 성령의 능력으로 역사하신 것만 나누고자 한다. 이 죄인에게 예수 그리스도의 십자가 열정을 허락하시고 주님이 직접 식인 종족 가운데서 복음의 꽃을 피우셨다.

> 우리가 살아도 주를 위하여 살고 죽어도 주를 위하여 죽나니 그러므로 사나 죽으나 우리가 주의 것이로다 롬 14:8

내가 떠날 날이 언제인지는 알 수 없으나 하나님은 알고 계시며, 나에게 베푸신 그 긍휼과 은혜를 사랑하는 부족의 자녀들에게도 동일하게 베푸실 것을 믿기에 최선을 다해 달려가려고 한다. 아버지, 이 죄인이 믿음을 지키게 하옵소서.

> 나는 선한 싸움을 싸우고 나의 달려갈 길을 마치고 믿음을 지켰으니 딤후 4:7

그리스도인의 심령에 맺히는 최고의 열매

헬기를 타고 이민아 선교사와 함께 그토록 그리던 부족으로 돌아왔다. 독일 선교사가 영상 기록을 남기겠다며 동승했다. 헬기는 길도 없는 정글 위를 날아가 우리 삶이 있는 부족에 착륙했다. 온몸에 흙을 바른 부족민들이 헬기장에 모여 있다가 우리를 발견하고는 끌어안고 통곡했다.

내 생애 이렇게 목을 놓아 울어 본 적이 없었을 만큼 나는 격정으로 터져 나오는 눈물을 참을 수가 없었다. 어머니가 돌아가셨을 때도 이렇게 울지는 않은 것 같다. 진정으로 회개하며 주님을 만난 이곳, 내가 소망 없는 죄인인 것을 알게 하시고 은혜로 내 영혼을 소생시키신 이곳, 부족민들을 통하여 이 죄인에게 하나님이 누구인지를 가르쳐 주신 이곳, 나는 이곳에서 목을 놓아 울었다.

또 부족민들은 춤을 추며 우리를 반겨 주었다. 그런 다음 발루스 세데오(Balus Sedeo)라는 제자가 성경을 보이며 눈물의 감사 인사를 했다.

"하나님께 감사합니다. 하나님이 선교사를 우리에게 보내서 우리가 복음을 듣고 구원받았습니다. 오늘 선교사를 또다시 살리셔서 우리 부족으로 보내 주시니 감사합니다."

한 노인이 수술 받은 자리를 보여 달라고 하기에 왠지 부끄러운 생각이 들어 거절했더니 이민아 선교사가 "하나님이 행하신 일을 부끄러워하지 말고 보여 주라"고 해서 웃옷을 벗었다. 그러자 이전보다 더 험한 수술 자국을 보고 모두 놀라 다시 땅에 뒹굴며 울어 댔다.

무알레 아모라(Muale Amora)는 이런 말을 했다.

"삼촌!(부족 사람들은 우리를 삼촌과 숙모라고 부른다. 미히 부족에서 '삼촌'은 가족의 어른으로서 존경한다는 의미를 가지고 있다) 이전에 내가 여러 번 삼촌이 죽는다는 소식을 들었고 그때마다 또 살아서 부족으로 돌아오는 것을 보고 우리가 삼촌에게 유익한 무엇을 주는 것도 아니고 삼촌이 우리에게 무엇을 얻는 유익한 것도 없는데 왜 자꾸 들어올까 했습니다. 그래서 미친 사람이라고 생각했습니다. 그런데 이제는 삼촌이 왜 자꾸 우리 부족으로 돌아오는지를 알겠습니다. 이전에는 삼촌이 복음의 기쁨을 전하려 한다는 말이 무엇인지 몰랐습니다. 이제는 하나님의 말씀을 배우고 듣고 알게 되었습니다. 삼촌이 왜 살기 좋은 자기 나라로 돌아가지 않고 자꾸 이곳으로 돌아오는지를 알 수 있습니다. 나도 삼촌이 간직한 복음의 기쁨을 가지고 있습니다. 나도 이 복음의 기쁨을 전하러 다른 마을의 씨족으로 가고 싶습니다."

나는 너무나 놀랍고 감격스러웠다. 그는 성경을 가르치는 선생으로

울고 있는 부족민들

상의를 벗어
수술 상처를 보여 주는 모습

침통해하는
부족 형제들

2시간 반을 통곡하며 울고 있는 부족 형제들

이민아 선교사를 안고 울고 있는 부족 여인

2. 주님! 왜 저를 또 살리셨습니까?　　**93**

벌거벗은 그리스도인

서 매 주일 우리와 함께 복음을 가르치고 성경을 번역했다.

"삼촌! 삼촌이 만약에 천국에 가고 없으면 누가 우리에게 복음을 가르쳐 주나요?"

"삼촌이 떠나면 이민아 선교사가 가르쳐 줄 것입니다. 그때는 이민아 선교사를 더 많이 도와주어야 합니다."

"걱정하지 마세요. 그런 상황이 되면 우리가 움막집을 삼촌 집 주위로 옮겨 와 짓고 혼자 되신 선교사님을 지키겠습니다."

"삼촌이 죽으면 삼촌의 오른쪽 다리는 내가 먹겠습니다."

가라마이 가우바(Karamai Kauva)의 이 말은 그가 얼마나 나를 사랑하고 존경하는지를 드러내는 말이었다.

"삼촌이 만약 죽으면 나는 기력이 빠져 일어나서 걸을 수도 없을 것입니다. 산꼭대기 집에서부터 땅에 뒹굴며 굴러 내려올 것입니다. 건강하여 우리에게 하나님의 말씀을 더 가르쳐 주십시오."

부족 형제들의 이런 이야기를 듣고 답하면서 이 사역의 길을 다 달려갈 때까지 건강을 지켜 주시기를 기도했다. 주님은 부족 형제들이 얼마나 우리를 사랑하는지 알게 하셨다. 그리고 십자가 예수 그리스도의 열정을 함께 소유한 부족의 형제들이 바로 하나님이 나를 살리셔서 부족에서 살아가게 하는 이유이며 삶의 최고 가치라는 걸 알게 하셨다. 구원받은 부족 형제들과 함께 하나님을 예배하며 이 복음을 전하는 것, 이것이 가장 고귀한 삶이라는 것을 알게 하셨다.

나는 지금이 바로 교회당을 세우기 가장 좋은 때라는 생각이 들었다. 부족 형제들이 예배자로서 스스로 교회당을 세우겠다고 말해 주기를 기도하며 기다리고 있던 터였다. 그동안 조금씩 준비해 둔 자재를 도시에서 정글로 실어 왔다. 그리고 부족 형제들에게 망치와 톱 사용하는 법을 가르치고 간단한 전기장비 사용법을 가르쳤다. 마침내 부족 형제들은 정글로 들어가 10년 전 하얀 사람에게 주어 하나님의 집을 지으라고 유언한 오노하 노인의 나무를 자르기 시작했다.

청년 세 명이 잡아도 모자라는 크기의 나무를 톱 하나로 자른다는

언덕 위에 세워지는 미히 교회

장비 사용법을 가르치는 모습

교회 건축 자재를 자르고 있는 형제들

한 줄로 앉아 못을 박는 형제들

정글 아래 와기강에서 모래를 가져오는 여인들

교회 건축을 위하여 기둥을 나르는 형제들

것은 상상하기 쉽지 않다. 나는 몸이 약하여 형제들이 일하는 정글로 가지 못하고 다만 형제들에게 사고가 일어나지 않기를 기도했다. 시간이 걸리긴 했으나 일은 순조롭게 진행됐다. 이동식 목재톱으로 필요한 크기대로 잘라서 어깨 혹은 머리에 이고 내려오는 부족 여인과 아이들의 행렬은 마치 부지런히 먹이를 나르는 개미 떼 같았다.

센티미터, 미터, 인치를 구분하지 못하는 형제들과 교회를 세운다는 것이 얼마나 힘든 일인지 몰랐다. 인내하며 끊임없이 설명해도 계속해서 실수가 나왔다. 나에겐 망치나 톱을 사용할 근력이 없었다. 대신에 일일이 못 박을 자리를 연필로 표시해 주고 못의 크기와 길이를 정해 주었다. 그러면 형제들이 나무를 자르고 못을 박았다. 그런데 형제들은 못 박는 일을 재밌어하면서도 다섯 곳을 정해 주면 열 곳을 마음대로 못 박고는 웃었다. 그런 모습이 순박해 보이기만 하니 내가 진심으로 그들을 사랑하는 모양이다.

교회 건축을 하면서 나는 부족 형제들에게 말씀이 아닌 다른 것을 가르칠 수 있기를 바랐다. 하나님을 경외하는 것은 말씀으로만 가르치기 어렵다. 십자가에서 성취하신 하나님의 사랑과 의로움, 거룩하심과 공의로우심도 지식으로 알 수 있는 게 아니다.

지극히 존귀하며 영원히 거하시며 거룩하다 이름하는 이가 이와 같이 말씀하시되 내가 높고 거룩한 곳에 있으며 또한 통회하고 마음이 겸손한 자와 함께 있나니 이는 겸손한 자의 영을 소생시키며 통회하는 자의 마음을 소생시키려 함이라 사 57:15

하나님의 성품이 이 죄인에게 거울이 되어 처절하게 통회(痛悔)하고 자복(自服)할 때 성령의 인도로 인지되는 하나님의 영광과 공의(公儀)로우심 때문에 두려움과 존경이 함께 일어나게 된다. 이것은 그리스도인의 심령에 맺히는 최고의 열매다. 나는 이번 기회에 부족의 성도들이 하나님의 행하심과 함께하심을 알게 되어 하나님에 대한 경외감을 갖기를 기도했다. 부족 사람들은 절대로 부족 간이든 형제간이든 협력하여 일을 하지 않기에 이번 일이 그들에게 특별한 경험일 수밖에 없었다.

나는 교회 건축을 하는 동안에 한 일에 대해 어떤 대가도 주지 않겠다고 그들에게 말했다.

"너희들이 필요한 소금도 물도 음식도 주지 않을 것이다. 우리 집을 지을 때는 내 개인 집이기 때문에 음식을 같이 먹었지만 교회는 하나님을 예배하는 집이기 때문에 가장 좋은 나무, 가장 좋은 재료로 가장 튼튼하게 지어야 한다. 일한 대가로 아무것도 주지 않아서 같이 일하기를 원하지 않으면 오지 않아도 된다. 아무도 오지 않으면 나 혼자라도 지을 것이다."

물에 젖은 모래와 자갈은 정글에 있는 와기강까지 가야 얻을 수 있다. 문제는 강까지 다녀오려면 왕복 12시간이 걸리는 것이다. 그런데 이른 새벽부터 여인과 아이들이 강까지 가서 20kg가량의 모래와 자갈을 머리에 이고 돌아왔다. 얼마나 힘든 일인지는 경험하지 않고는 상상할 수가 없다. 바라보기가 애처롭고 안타까워 볼 수가 없다. 나는 혹시 응급 상황이 일어날지 몰라 비행단에 비행기를 예약해 놓고 한편으로 형제들을 사고에서 지켜 달라고 기도했다.

하루는 새벽 여섯 시만 되면 모여들던 형제들이 아침 10시가 되어도 아무도 집에 오지 않았다. 오늘은 모두 정글로 내려갔나 하며 마루에 앉아 있는데, 모로꼬로 가우바(Molokoro Kauva)라는 부족 청년이 와서는 "삼촌, 왜 일을 하지 않습니까?" 했다.

"오늘 많은 사람이 필요한데 아무도 오지 않는구나."

그러자 그 형제가 큰 목소리로 이렇게 말했다.

"삼촌이 가르쳐 주지 않았습니까? 하나님은 노아 한 사람을 택하여 방주를 지었다고! 지금 우리는 삼촌과 나 둘이나 됩니다."

순간 너무 부끄러워 벌떡 일어나 "어서 가자!" 하며 공구통을 들고 나섰다. 12시쯤 되었을 때 주위를 둘러보니 200여 명의 청년들이 함께 일을 하고 있었다. 나는 아직도 나의 경험을 의지하고 하나님이 행하심을 믿지 못하는 연약함으로 인해 부끄러웠다.

가우바 형제에게 지난 12년 동안 모음 'a e i o u' 다섯 글자를 가르쳤지만 아직도 소리와 모양을 구분하지 못한다. 글자를 적은 카드를 섞어 놓고 보여 주면 무조건 처음 글자를 "아"라고 읽는다. 이 형제를 보면 믿음은 사람의 지식과 상관이 없으며, 하나님은 우리의 지식을 의지하지 않으신다는 확신이 생긴다. 오직 부족민의 모국어로 하나님의 말씀을 듣고 믿음으로 구원에 이르는 것이 진리다.

언덕 위에 높이 세워지는 교회 기둥들을 아래에서 바라보면 마치 높은 산에 지어진 노아의 방주 같다. 열 자루의 삽과 손으로 산을 평탄하게 깎고 지진을 대비해 벌레가 먹지 않는 나무로 104개의 기둥을 세우고 400여 명이 함께 하나님께 예배드리는 교회는 그렇게 부족 성도들의 자발적인 헌신과 열정으로 지어지고 있었다.

어떤 여인은 계곡물을 길어 우리 집과 일하는 장소에 부려 놓았고, 또 다른 여인은 밭에서 고구마를 캐 와 일하는 사람들에게 나눠 주었다. 초대 교회에서 이뤄진 성도의 교제가 바로 이런 게 아니겠는가. 고구마를 나눠 먹으며 밝게 웃는 부족 형제들의 얼굴은 내 마음에 감격의 순간으로 자리하고 있다.

교회 안에는 설교 단상을 만들고 십자가를 손으로 만들어 세웠다. 교회 안의 벽과 마루는 니스칠을 두 번 하여 언제나 청결을 유지하도록 했다. 그리고 한 제자의 건의로 열면 십자가가 양쪽으로 나뉘고 닫으면 다시 하나로 결합되는 문을 예배당에 들어오는 입구에 달았다. 누가 보아도 이곳은 하나님을 예배하는 집임을 알리기 위함이었다. 교회 입구에는 종탑을 세워 매 주일 아침 9시와 10시에 열 번 타종하여 예배

400명이 예배 드릴 수 있는 널따란 예배 장소

교회 입구에 설치된 종탑

십자가 중간이 열리는 예배당 문

교회 강단, 설교 단상 모두 손으로 만들었다

벌거벗은 그리스도인

해발 2500m의 코라 마을에 최초로 세워진 미히 부족 교회의 아름다운 모습

시간을 알렸다.

드디어 교회 건축을 마무리한 날, 형제들은 깨끗이 니스칠한 마룻바닥을 감히 흙 묻은 맨발로 밟을 수 없어 망설였다.

"망설이지 마세요! 여러분의 교회입니다. 주님은 우리의 더러운 옷이나 발을 보지 않으십니다. 주님은 모두를 사랑하십니다. 더러운 발을 물에 가서 씻듯이 더러운 우리의 죄는 주님만이 씻어 주실 수 있습니다. 들어오십시오."

망설이던 성도들이 한두 명씩 용기를 내어 들어와 앉아서 하나님을 예배했다. 교회 건축을 위해 함께 기도하며 물질로 동참해 준 성도들 모두의 헌신을 하나님이 축복하시기를 언제나 기도한다.

건축이 끝나고 모든 장비를 집으로 철수하던 날 저녁, 뒷마루에 모여 앉았는데 갑자기 천둥 번개가 치며 폭우가 내리기 시작했다.

"삼촌! 교회를 짓는 동안 비가 한 번도 오지 않았습니다. 그동안 식수와 물이 없어 어려웠는데 일이 모두 끝나니 하나님이 비를 주십니다."

한 제자가 이렇게 말하자 또 다른 제자가 그 말을 이어 이렇게 말했다.

"나무가 쓰러지면서 다른 나무를 쳐서 큰 가지가 머리 가까이 스쳐가 위험한 적은 있어도 일을 시작한 이후 단 한 명도 다치거나 상처를 입은 사람이 없습니다. 하나님이 삼촌의 기도에 응답해 주셨습니다."

그러고 보니 나는 그동안 교회 건축에 집중하느라 비가 오는지 안 오는지도 몰랐다. 감사하게도 부족 형제들은 하나님이 자신들의 기도를 들으셔서 사고에서 안전하게 지켜 주시고, 맑은 날을 계속 주셔서 당신의 집을 짓도록 했으며, 건축이 끝나자 비를 주시어 밭을 돌봐 주시고 식수를 공급하신다고 기뻐했다. 하나님의 행하심을 발견하고 믿음을 굳건히 하는 형제들로 인해 나는 다시 한 번 감격의 눈물을 흘렸다.

칠흑같이 어둔 밤이 되었는데도 형제들은 일어날 줄 몰랐다. 내가 "하나님의 집을 짓는 동안 아무것도 주지 않는다고 한 말을 기억하고 있습니까? 아무것도 줄 것이 없습니다. 일이 모두 끝난 오늘도 아무것도 없습니다" 하자 형제들의 얼굴에 실망의 빛이 어렸다. 하나 둘 움막으로 돌아가는 형제들을 바라보며 라면이라도 같이 먹으며 그동안 수고했다고 격려하고 싶은 마음이 굴뚝같았으나 꾹 참았다. 일한 것을 물질의 대가로 받아 오던 그들에게 하나님의 일에 동참한 자부심, 기쁨, 하나님에 대한 '경외심'을 가르치고 싶었기 때문이다.

작은 것도 나누고 돕는 한국의 '정'은 주님의 성품에 가까운 아름다운 성품이지만, 주님의 복음을 전하는 자리에서는 방해가 될 때가 종종 있다. 나눌 수 있는데도 참아야 할 때가 있다. 또 물질을 나눌 때는 절대 편애해선 안 된다. 많은 기도와 지혜가 필요한 부분이다.

"왜 하나님의 집이며 삼촌의 피와 같은 교회를 칼로 쳤느냐?"

크게 싸우는 소리가 온 마을에 긴장감이 감돌게 만들었다. 형제 중 하나가 일이 끝났는데도 아무것도 나누어 주지 않자 화가 나서 집으로 돌아가는 길에 교회 건물의 양철 외벽을 큰 부족 칼로 내리쳤던 것이다. 동생이 이에 대해 항의하다가 형제가 칼을 휘두르는 사태까지 벌어졌다. 다른 형제들이 둘을 붙잡고 말렸지만 동생이 "왜 하나님의 집을 부수느냐"며 조금도 물러나려 하지 않았다. 형제가 우리 집 쪽으로 오는 것을 보면서 화가 나지 않고 도리어 눈물이 났다. 소금이라도 나누어 주었으면 이 좋은 날 모두가 기뻐하며 집에 돌아갔을 텐데, 죄인이 하나님을 경외하는 마음을 가르치겠다고 교만을 부린 것 같아서였다. 갑자기 이민아 선교사가 울고 있는 나를 가리키며 교회를 칼로 내려친 형제에게 큰 소리로 외쳤다.

"그 칼로 차라리 삼촌의 목을 내려치지 왜 하나님의 집을 칼로 쳤느냐? 그 집이 삼촌에게 어떤 집인지 알기나 하느냐?"

화를 내야 할 것 같은데 어떻게 화를 내지? 목소리를 크게 할까? 얼굴을 찡그리며 말할까? 순간 어떻게 화를 내야 할지 몰랐다. 그저 울기만 했다.

그런데 갑자기 사방이 조용해졌다. 계곡 건너 코라 마을 전사들이 전쟁을 선포하는 노래를 부르며 우리 집 앞마당으로 뛰어올라 온 것이다. 그들은 상대의 기선을 제압하고 공포심을 주기 위해 온몸과 얼굴에 검정을 칠하고 왼손에는 활을, 오른손에는 화살을 들고 소리를 지르며 나타났다. 두 눈과 하얀 치아만 반짝이는 그들을 보고 마당에 있던 부족 형제들이 겁을 집어먹고 달아났다. 순간 코라 전사들이 앉아 있는

교회를 칼로 내려친
가우바의 형

형이 교회를 칼로 치자 항의하며
싸운 가우바

나를 둘러싸고는 저 멀리 도망치는 형제들에게 소리쳤다.

"누가 우리 삼촌을 울게 만들었느냐? 우리는 하나님의 집에 오지는 않지만, 삼촌은 우리 삼촌이기도 하다. 한 번만 더 삼촌을 울려 눈물을 흘리게 하면 우리 모두는 이곳에서 죽을 것이다!"

그리고는 가져온 탕켓(tangket)이라는 나무를 높이 들었다가 땅에 강하게 박았다. 탕켓을 땅에 꽂는 것은 강한 맹세의 선포를 의미한다. 나는 비록 예배에 참여하지는 않지만 이들도 우리를 사랑하고 보호하고 싶어 하는구나 느껴져 감사했다.

갑자기 가슴에 통증이 느껴져 자리에서 일어나 엉금엉금 집 안으로 들어왔다. 그런 나를 보고 마을 여인 몇 명이 따라 들어와서는 나를 끌어안고 대성통곡하기 시작했다. 울음을 참으니 가슴의 통증이 더 심해지는 것 같았다. 제자 발루스 세데오가 들어오자 울고 있던 부인이 갑자기 자기 남편의 옷을 찢고 가슴과 뺨을 두 손으로 계속 때리며 왜 삼촌을 보호하지 않았느냐고 따졌다.

"왜 쳐다만 보고 있었느냐?"

발루스 세데오 부인의 절규는 옆에 있던 모든 여인들을 더 몸부림치며 울게 만들었다. 내 목을 끌어안고 있던 작은아이(게레고, Kerego)가 "삼촌 미안해요. 내가 아직 작아서 삼촌을 도와주지 못했어요!"를 반복하며 울었다. 그 아이는 내가 언제나 가슴에 간직하고 있는 제자의 아들이다. 이 제자 부부는 슬하에 네 명의 어린아이를 두고 일찌감치 병으로 주님의 품에 안긴 나의 사랑하는 형제이며 가족이다.

다음 날 교회를 칼로 친 형과 격렬하게 싸운 동생이 피가 뚝뚝 떨어지는 돼지 한 마리를 어깨에 메고 우리 집으로 왔다.

"우리 형을 용서하여 주십시오. 그리고 이 돼지로 그를 용서하여 주십시오. 그를 내치지 말아 주십시오. 형이 떠나면 다시는 돌아오지 못할 것이며 천국에 가지도 못합니다."

형을 생각하며 슬퍼하는 동생의 눈물은 모두를 숙연하게 만들었다.

> 너희에게나 다른 사람에게나 판단 받는 것이 내게는 매우 작은 일이라 나도 나를 판단하지 아니하노니 내가 자책할 아무것도 깨닫지 못하나 이로 말미암아 의롭다 함을 얻지 못하노라 다만 나를 심판하실 이는 주시니라 고전 4:3-4

나를 판단하실 주님만을 의지하며 나는 어렵게 입을 열었다.

"나 역시 죄인입니다. 나는 남을 용서하거나 판단하거나 정죄할 권한이 없습니다. 오직 하나님만 그렇게 하실 수 있습니다. 형의 행동은 하나님을 잘 가르치지 못한 내 잘못입니다. 형은 자신을 알지 못하고 자신의 생각대로 한 것입니다. 아마 형이 원했던 것은 우리 모두가 원한 것이었는지도 모릅니다. 나에게 용서를 구하지 마십시오. 그러나 진정으로 용서 받기를 원한다면 먼저 하나님 앞에 용서를 구하고, 그리고 교회 리더인 제자들에게 말하고, 다음으로 성도 앞에서 용서를 구하십시오. 나에게는 하지 마십시오. 나는 당신들의 풍습에 따라 가져온 이 돼지를 용서의 증표로 받거나 먹지 않을 것입니다. 성도들이 용서하겠다고 한마음이 되면 같이 나누어 먹도록 하십시오."

그다음 날도 형제가 와서 용서를 구했다. 나는 그들을 이렇게 위로했다.

"이 일을 이미 주님께 의탁했습니다. 그리고 성도들은 돼지를 나누어 먹었으니 마음을 평안하게 가지십시오."

그러나 형제는 자신들의 생각이 부족하고 욕심이 많았다면서 마을에 살기 부끄럽다며 부인과 어린 자녀들을 데리고 마을을 떠나 도시고로까로 갔다. 고로까에 갈 때면 얼굴이 검고 마른 이들 부부를 만나곤 하는데 그때마다 마을로 돌아오라고 권면하지만 그들은 부끄럽다며 돌아오지 않았다.

이것이 네 번째로 죽음의 질병에서 살려 주신 간증이다.

조용히
_____ 미히 교회에 앉아

조용히 미히 교회에 혼자 앉아 지난 20여 년간 주님의 인도하심을 감사하며 주님께 영광을 드렸다. 폭풍우가 지나간 듯 지난 몇 달은 하루도 숨 돌릴 시간이 없었다. 아직도 의사가 허락한 1년이 되지 않아 한 손에 2kg 정도의 무게만 들 수가 있었다. 그러나 무게는 그렇다 쳐도 움직임이 많다 보니 가슴뼈 통증이 계속되었고 몸무게가 줄었다. 그럼에도 교회 안에 앉아 있는 이 순간만큼은 감사하고 감격스럽다.

마을을 찾아가면 사람들이 몰려온다. 하얀 사람을 만나는 것도 신기하지만 가까이에서 만져 볼 수 있는 게 신기하고 재밌기 때문일 것이다. 사람들을 만나면 어디서든 말씀을 전했다. 말씀을 가르치는 장소로 꼭 와 달라고 당부했다. 아픈 사람에게는 약을 주었고 벌거벗은 사람에게는 내 옷을 입혀 주었다. 그래서 어디를 가든 언제나 빌룸(bilum)이라고 부르는 자루에 약품과 헌 옷을 몇 벌 챙겨 다녔다.

마을 사람들이 정글 아래 밭으로 내려가기 전에 만나려고 새벽에 집을 나섰다가 어둑할 때 돌아오곤 했다. 마을에 가면 야생 풀잎으로 엮어 올린 움막에 누워 거동도 하지 못하는 환자를 돌보기도 하고, 부족의 문화와 언어를 수집하여 배우기 위해 많은 시간을 부족민들과 보내기도 하기 때문이다. 마을의 움막을 찾아갈 때는 언제나 부족 남자를 대동한다. 혹시 움막에 여자만 있을 경우 밖으로 불러 내 이야기를 나누었고 아파서 누워 있는 경우 다른 움막에 사는 여자를 불러 움막에 같이 들어갔다.

선교사가 가장 주의해야 할 부분이 유언비어가 날조되도록 기회를 제공하지 않는 것이다. 그러기 위해선 언제나 공개적이며 객관적이어야 한다. 그럴 때 상호 간에 깊은 신뢰가 형성된다.

마을 사람들이 한자리에 모이면 그늘을 찾아 앉아서 말씀을 전했

마을을 찾아다니며 문화 언어 분석을 하고 말씀을 전하고 있다

다. 형제들은 피부가 검기 때문에 뜨거운 햇살을 가장 싫어한다. 나는 부족 형제들에게 그늘을 내어 주고 뜨거운 해 아래 서서 말씀을 전했다. 날씨가 건조해서 뺨에 흐르는 땀을 느낄 수도 없는데 나중에 이마를 만져 보면 하얀 소금이 묻어 있곤 했다. 하지만 비가 내리거나 바람이 불면 말씀을 전할 수가 없다. 정글에선 맑은 날이라도 오후에 자주 비가 오기 때문에 말씀을 계속 가르칠 수가 없다.

대동맥 혈관벽이 약해져서 안에서부터 점점 헐어 가는 이유를 의사에게 물었으나 정확한 원인을 알 수 없다는 대답만 돌아왔다. 그런데 호주 병원에 입원해 있을 때, 병문안 온 한 성도로부터 CD 한 장을 건네받았는데, 의사들 간의 세미나를 녹음한 CD였다. 거기서 몸에 미네랄이 부족하면 혈관벽이 약해지는 현상이 일어난다는 실험 결과가 있다는 말을 들었다.

정글의 고산 지대에는 기후 때문에 야채가 잘 자라지 않는다. 여러 가지 시도해 보았지만 소용이 없었다. 가장 먹고 싶은 것 중 하나가 야채였다. 서로 가까운 지역에서 사역하는 선교사들은 본부에 공동으로 야채를 주문하고 공동으로 비행기를 불러서 비용이 훨씬 절감된다. 하지만 우리 부족은 멀리 떨어진 곳에 있기 때문에 아무리 야채가 먹고 싶어도 단독으로 비행기를 부를 수 없었다. 또한 식수는 빗물을 받아 사용했는데, 해발 2500m에서 받는 빗물은 정제수처럼 아무런 영양분이 없었다.

뜨거운 더위로 땀이 흐를 때 미네랄이 빠져나가는 것도 몰랐거니와 부족한 영양분을 따로 챙겨 먹어야 한다는 생각도 하지 못했다. 그 결과 두 번의 대동맥류를 경험한 게 아닌가 한다. 한번 약해진 혈관은 회복되기 어렵다고 한다. 이민아 선교사는 외출할 때면 반드시 모자를 쓰고 햇살을 피해 다녀서인지 다행히 나와 같은 고생을 하지 않았다.

처음에는 우리가 사는 움막에 작은 마루를 만들어 열두 명 정도가 둘러앉아 예배를 드렸다. 천막을 쳐 보기도 했지만 바람이 불면 천막이 펄럭거리는 소리가 너무 커서 말씀을 전할 수 없었다.

그렇게 몇 년이 흐른 어느 날 마을 청년들이 찾아와 읽고 쓰기를 가르쳐 달라며 교실을 짓고 교회도 짓겠다고 했다. 그러고는 정글로 내려가 건축에 필요한 나무를 잘라 왔다. 여자들은 정글에서 '꾸나이'라는 야생 억새풀을 가져왔다. 하지만 그들의 움막과 달리 천장이 높고 넓은 예배당을 짓는 일은 간단하지 않았다. 교회를 건축하는 몇 달 동안 나는 아무 사고가 없기를 기도했다.

부족 형제들이 지어 준 움막 교회에서는 매 주일 찬양과 기도와 예배가 이어졌다. 성도들은 교실에서 성경을 읽고 쓸 수 있도록 철자 공부를 했다. 우리는 거기서 10여 년 감사와 찬양이 넘치는 예배를 드릴 수 있었다. 그러다 지붕의 야생 풀이 썩고 누수가 심해졌을 즈음 하나님은 때가 되어 새로운 미히 교회를 건축할 수 있도록 인도하셨다.

미히 교회를 건축하고 안식년을 맞아 나는 모든 것을 제자들에게

우리는 야외와 교회에서 마음껏 예배드렸다

부족 형제들이 자발적으로 교회 주위 언덕을 평평하게 하고 잔디로 가꾸었다

부탁하고 마을을 떠났다가 1년 후 부족으로 돌아왔다. 헬기가 착륙했을 때 나는 내 눈을 의심했다. 교회 주위의 산 언덕들이 더 평평하게 정리되었고 잔디가 깔려 있었으며 교회 주위로 정글에서 나무를 가져와 담장을 만들고 꽃을 심어 화단을 만들어 놓은 것이 아닌가! 교회 안으로 들어가자 물을 이용해 말끔하게 청소한 흔적이 보였다. 한 번도 어떻게 관리하라고 말한 적이 없건만 형제들은 자기 집보다 교회를 먼저, 그리고 더 정성스럽게 돌보고 있었던 것이다. 순간 울컥하며 눈물이 핑 돌았다.

지금도 나는 청소하라, 잔디 깎아라 말하지 않는다. 형제들 스스로가 필요를 느끼고 보수하고 정리하고 청소할 때까지 기다린다. 시간이 걸리긴 했지만, 지금은 토요일이면 한 부부가 교회의 잔디와 교회 안 청소를 한다.

내가 안식년으로 교회를 비운 사이 제자들은 교회의 공예배를 지키는 한편, 부족민들에게 복음을 전하고 자신들이 경험한 성령 세례를 나누었다. 더 놀라운 것은, 다른 형제들이 제자들을 본받아 동일한 경험을 하게 된 것이다. 제자들과 형제들은 하나님의 말씀의 능력과 성령의 함께하심을 경험한 간증을 나누고 또 나누었다.

부족 사람들이 구원받아 죄에서 자유함을 경험하는 구원의 감격은 온전히 주님만이 취하실 하나님의 영광이다. 그러나 구원받은 그리스도인을 만나는 감격은 성도들의 상급이라 생각한다. 그리스도인의 만남은 위로이자 격려이며 감격이다. 특히 십자가 예수 그리스도의 열정을 심령에 간직한 성도와의 만남은 이 세상을 살아가는 성도들에겐 가장 큰 상급일 것이다. 주님의 자녀들을 만나게 하시려고 하나님은 이 죄인을 또 살리셨다. 이것이 내게는 믿음의 확신이며, 응답이고, 기쁨이며, 예수 그리스도가 십자가에서 죽으시고 부활하신 증거이며, 임마누엘 하나님이 함께하시는 증거다.

'왜 저를 또 살리셨습니까?'라고 묻는 내게 주님은 교회와 성도를 통해 그 대답을 해 주셨다. 나는 부족 교회 설립만이 주님이 이 죄인을 부르신 이유라고 생각했으나, 하나님은 우리 부부를 파푸아뉴기니 미히 부족을 위하여 부르셨고 가르치셨으며 예수 그리스도의 십자가를 알게 하셨다. 이후 하나님은 파푸아뉴기니 미히 부족에서 살아가면서 가르쳐 주신 십자가를 호주와 한국, 중국, 미국, 캐나다 등을 다니며 간증하게 하시고 더 많은 교회와 성도들을 만나 영적인 교제를 하도록 하셨다. 그것은 우리에게 큰 위로였으며 부족 형제를 만나는 것만큼 감격이며 기쁨이었다.

이 죄인의 삶에 특별한 것은 사랑하는 주님의 자녀들을 우리의 자녀로 돌보게 하셨다는 것이다. 우리에게는 주님이 주신 두 아들과 딸 같은 귀한 두 며느리 그리고 세 명의 손녀가 있다. 이밖에도 하나님은 우리에게 자식처럼 귀하고 사랑스러운 한 명의 아들과 여섯 명의 딸들을 주셨다. 이 여섯 명의 딸들은 영적으로 성숙한 딸부터 이제 걸음마를 시작한 어린 영혼까지 나이가 천차만별이다. 이 딸들이 하나님의 자녀로서 말씀 안에서 자신의 정체성을 발견하고 가장 가치 있는 삶을 살아가는 그리스도인이 되기를 간절히 기도한다. 그리고 여섯 명의 딸 모두 믿음의 형제를 만나 사랑하고 사랑받으며 믿음의 가정을 이루도록 하나님께서 인도해 주시기를 기도한다.

하나님의 말씀은 일점일획도 변하지 않는다. 반면에 세상은 지금보다 더 타락하고 더 악해질 것이다. 그러나 하나님은 살아 계셔서 오늘 이 순간에도 세계 각처에서 독생자 예수 그리스도가 십자가에서 행하신 일과 언약의 말씀을 이루시며 당신의 일을 하고 계신다. 이곳 파푸아뉴기니 미히 부족의 형제들에게 하나님은 공의로우시며 거룩하시며 당신의 언약의 말씀을 성취하심을 드러내고 계신다. 하나님의 이름과 영광을 위하여. 아멘.

택하시고 부르셨다

_____ 이따오 이따오

"이따오! 이따오!"(Etao! Etao! 진리다! 진리다!)

가슴이 터질듯 한목소리로 외치며 서로 어깨동무를 하고 끌어안았
다. 추장도 추장의 어머니도 전사들도 남자들도 여자들도 가슴속에서
부터 터져 나오는 감격의 눈물을 흘리며 "이따오"를 외치며 춤을 추기
시작했다. 벌거벗은 300여 명 원주민들의 기쁨의 감격과 환희에 찬 춤
은 2시간 넘게 계속되었다. 선교사를 높이 쳐들고 행가래를 치며 마당
을 돌았다. 그들은 죽음의 공포에서 두려워하던 자신들이 오직 예수 그
리스도의 십자가 죽음과 부활로 구원되었다는 사실 때문에 기뻐했다.
저 멀리서 그 모습을 지켜보는 마크 주크(Mark Zuk) 선교사 부인의 두
눈에서 한없는 기쁨의 눈물이 흘러내렸다.

이들은 파푸아뉴기니의 목 부족(Mok Tribal)이다. 마크 주크 선교사는
40년간 목 부족 사역을 하다 주님의 품으로 가셨다. 목 부족 사람들의
모습은 한국에서 성실히 살던 우리의 삶을 송두리째 바꿔 놓는 계기가

되었다.

어느 날 이민아 선교사가 근무하던 외국인 크리스천 학교의 선생이며 동료인 NTM 선교사 마이크 슐츠(Mike Schultz)의 저녁식사 초대를 받아 그의 집에 방문했다. 식사 후 가족이 다 함께 모여 〈이따오〉라는 NTM 선교 영상을 보았다. 이전에도 선교 영상을 본 적이 있지만 영상 속의 원주민은 나와 아무런 상관이 없는 그냥 원주민일 뿐이었다. 내 주위에도 외국인 선교사들이 있었다. 그러나 나는 그들을 돕고 구제와 봉사에 동참했을 뿐 선교가 나와 상관있다고 생각해 본 적은 없었다. 피부가 하얗고 눈이 파란 외국인들이 하는 일이라고만 생각했다. 그런데 불과 20여 분 뒤 언제부터 울기 시작했는지 알 수 없지만 내 손엔 눈물 젖은 휴지가 한가득 있었다. 눈물이 흐르는데 주체할 수가 없었다. '내가 너무 감성적인가' 고개를 갸웃거리면서도 이 눈물의 의미가 무엇인지 도무지 알 수가 없었다.

마이크 슐츠 선교사는 1990년 부족 교회 설립(Tribal Church Planting)이라는 생소한 부족 사역을 알리기 위해 NTM을 통해 한국에 온 선교사였다. 슐츠 선교사 부부를 통해 나는 파푸아뉴기니의 원주민들을 처음 접했다. 그날 주체할 수 없는 눈물을 흘리게 한 그 영상을 통해서다. 외부와 단절된 원시림에서 벌거벗은 채 선교사를 두려움으로 대하던 원주민들. 말은 있으나 문자가 없는 그들을 찾아오는 사람이 없어 그때까지 복음을 들어 본 적이 없다고 했다.

선교사가 아브라함이 하나님의 명령을 따라 이삭을 번제의 제물로 바치려 했다는 성경의 이야기를 들려준 날 저녁, 부족의 추장과 청년이 선교사를 찾아와 이렇게 말했다.

"하나님은 배가 두 개가 아니라고('한 입으로 두말 않는다'는 뜻) 가르치시지 않았습니까? 왜 축복으로 주신 하나밖에 없는 아들을 죽이라고 하는지 이해가 되지 않습니다. 우리는 돼지가 많지만 그 시절에는 양이 많았다고 하니 이삭을 대신하여 양을 죽이면 안 되나요?"

이미 숫양을 준비하신 하나님을 가르치기도 전에 그들은 이렇듯 애절하게 간청했다. 앞서 배운 아벨이 하나님께 드렸던 번제물을 기억하고 있는 것일까? 그들은 예수 그리스도의 죽음 앞에서 침통해 하더니 부활하신 주님을 영접하고는 기뻐서 "이따오!"를 외치며 춤을 췄다. 그러고는 이렇게 고백했다.

"지금까지는 죽음의 공포 속에서 살았습니다. 그러나 나는 이제 두렵지 않습니다. 왜냐하면 예수 그리스도께서 나 대신 속죄하셨으므로 내가 용서 받았기 때문입니다."

그들은 하나님 말씀을 듣기 위해 먹는 것도 자는 것도 잊어버리고 선교사가 녹음해 준 성경 말씀을 들었다. 한 임산부는 임산부를 보면 남자가 부정해진다는 그들의 풍습도 무시하고 죽음을 무릅쓰고 야자수 잎으로 몸을 가리고 와서 야자수 잎을 땅에 꽂은 뒤 그 뒤에 숨어서 선교사가 전하는 말씀을 들었다.

너무나 충격적이었다. 나는 나의 죄 때문에 십자가에서 죽으신 예수 그리스도로 인해 눈물을 흘려 본 적이 있던가? 부활하신 예수 그리스도로 인해 기뻐한 적이 언제였던가? 성경 말씀을 듣기 위해 잠을 자지도 먹지도 않은 적이 있던가? 더구나 말씀을 듣기 위해 죽음을 무릅써 본 적이 있던가?

• 너희는 가서 내가 긍휼을 원하고 제사를 원하지 아니하노라 하신 뜻이 무엇인지 배우라 나는 의인을 부르러 온 것이 아니요 죄인을 부르러 왔노라 하시니라 마 9:13

• 나는 자비를 원하고 제사를 원하지 아니하노라 하신 뜻을 너희가 알았더라면 무죄한 자를 정죄하지 아니하였으리라 마 12:7

• 나는 인애를 원하고 제사를 원하지 아니하며 번제보다 하나님을 아는 것을 원하노라 호 6:6

제사를 원하지 않으신다는 주님의 말씀을 알고는 있지만 그것이 내 삶에 아무런 영향을 끼치지는 못했다. 하나님께 순종함을 전 인격적으로 동의하고 가장 소중한 최고의 가치로 삼는 것이 하나님을 경외하는 것이 아니겠는가. 하지만 나는 그때까지 한 번도 하나님과의 전 인격적인 만남을 진지하게 생각해 본 적도 없고 당연히 순종도 경외도 없었다. 그냥 종교인이었을 뿐이다.

파푸아뉴기니의 부족 사람들이 보여 준 신앙의 순전함은 나를 충격에 빠뜨렸다. 그들에게 나타난 복음의 능력으로 인해 나는 몹시 흔들리며 휘청거렸다. 십자가에 달리신 예수 그리스도의 눈물이 심령 속으로 파고들었다. 하나님을 전적으로 신뢰하지 못하는 믿음 없는 나약한 나로 인해 하염없이 울었다. 성령께서는 나의 잘못된 신앙을 회개하도록 인도하시는 동시에 마음의 눈을 열어서 주님의 눈으로 잃어버린 영혼을 바라보도록 하셨다.

식인종이며 미개한 이 원시림의 부족이 믿음의 거목처럼 보였다. 그때까지 나와 전혀 상관없던 그들이 더 이상 정글에 사는 원주민이 아니라 주님 안에서 같은 믿음의 경주를 하는 형제자매들로 다가왔다.

이때부터 내 삶에 변화가 일어나기 시작했다. 이전에는 한 번도 느껴 보지 못한 마음이 일어났다. 이 마음이 무엇인지를 정리하려고 했으나 어떤 말로도 표현할 수가 없었다. 하나님의 부르심인가 했지만 내가 감당할 일이 아니었다. 혼란스러웠다. 출근을 위해 옷장을 열면 너무 많은 옷이 부담스러웠다. 전에는 계절에 따라 아무렇지도 않게 바꿔 입던 옷이었는데 벌거벗은 원주민에 비하면 과하다 느껴졌다. 원주민들은 한 번도 신어 본 적 없다는 신발은 왜 그렇게 많은 건지….

무엇보다 나를 견딜 수 없게 한 것은 부족 사람들에겐 자기 말로 된 성경이 없다는 것이었다. 우리 집에는 우리말로 된 성경책이 무려 10권이나 있었다. 책상 위에, 책장에, 자동차에, 화장실에, 거실에 펼쳐 놓은 색 바랜 성경책. 내가 움직이는 동선마다 곳곳에 놓여 있으나 모두 전시용일 뿐이었다. 원주민처럼 하나님 말씀을 눈물 흘리며 감격하여 읽어 본 적이 없던 나였다. 읽어 보겠다는 결심은 수없이 했으나 언제나 시작만 할 뿐 끝까지 가 본 적이 없다. 나의 신앙생활은 행위로 인한 만족에 머물러 있었다.

"하나님 아버지! 이 어리석고 무지한 죄인을 용서하여 주소서!"

그날의 충격은 내 삶의 기초부터 흔들어 놓았다. 한 사람의 신앙인으로서, 한 가정의 가장이며 남편이며 아버지로서, 그리고 사회인으로서 내 삶에는 진실된 것이 하나도 없는 것 같았다. 공허한 물질만 좇으며 바쁘게 살아온 지난날이 부끄럽기만 했다.

어린 시절 만난
_____ 영적 아버지

눈을 감아도 아버지의 얼굴은 기억나지 않는다. 다섯 살 때 아버지가 돌아가셔서 '아버지'라고 불러 본 적이 없다. 그러나 중학생 때 주님을 영접하고 처음으로 하나님을 '아버지'라 부르며 기도하면서 남다른 감격을 경험했다. 나도 '아버지'라고 부를 수 있는 분이 있다는 사실에 기뻤다.

'아비 없는 홀어미 자식'이라는 말을 듣지 않으려고 어린 시절 나는 나 자신에게 얼마나 엄격했는지 모른다. 겉모습은 언제나 모범생이었다. 어느 누구한테도 물질을 빌려 본 적이 없다. 신문 배달을 하고, 공동 수돗가에서 물을 길어 높은 오르막에 사는 연세 많으신 분들에게 배달해서 용돈을 받고, 공사장에서 벽돌을 나르며 정직하게 돈을 벌었다. 그런데도 언제나 학비를 제때 못 내 교장실 문에 줄을 서는 학생 중 하나였다. 학비가 면제된다고 해서 고등학교 3학년 때 연대장을 했다. 1년 동안은 학비 걱정 말고 공부에 최선을 다하라고 주님이 주신 기회였다.

지금 생각하면 하나님 아버지는 나의 기도를 언제나 응답하시고 인도하셨다. 홀어머니와 함께 사는 참으로 가난한 삶에서 유일한 위안은 새벽 5시면 뒷산 기도처에 올라 세상을 바라보며 새벽 기도를 드리는 일이었다. 내가 의지하고 희망을 가지고 부를 수 있는 이름은 하나님 '아버지'뿐이었다. 그 시절 '하나님 아버지'를 부르며 얼마나 많은 눈물을 흘렸던가.

청년이던 1972년, 나는 이태원에 작은 사무실을 내고 길에서 매춘을 하는 자매들을 전도하여 가난하고 속박된 삶에서 구출하고자 했다. '다리'라는 간판도 붙였다. 하나님과 인간 간의 다리가 되겠다는 의미였다. 당시 빌리 그레이엄 목사와 함께 여의도 집회를 찾은 호주 선교사 로드니(Rodney)와 남아프리카 선교사 로드(Rod)와 함께 이태원 밤거리를 다니며 미국 군인들과 매춘 여성들을 상대로 전도를 했다. 내가 길거리로 전도를 나서게 된 이유는 무엇보다 소외된 형제들을 섬기는 것이 성도로서 당연히 감당해야 할 일이라고 믿었기 때문이다.

당시 서울에서 우범 지역으로 꼽히는 이태원에서도 가장 위험한 소방서부터 이태원 시장에 이르는 길에서 전도를 했다. 때로 술에 취한 미군 병사와 시비가 붙기도 했지만 자매들은 전도지를 나눠 주며 대화하려는 우리를 거부하지 않았다. 문제는 자매들의 포주가 고용한 지역 깡패였다. 포주의 눈을 피해 도망가는 자매를 데려오는 것이 그들의 임무였기 때문이다. 자매들에게 가까이 다가가 말을 걸고 전단지를 나눠 주는 것이 그들로선 위험해 보였을 것이다. 지금 생각하면 어디서 그런 용기가 생겼는지 모르겠다.

전도지를 건네주면 자매들은 목에 걸린 십자가를 보며 쓸쓸한 미소를 짓곤 했다. 때로 "누가 나를 이곳에 오도록 했는지 아세요? 목사인가요, 전도사인가요?" 하며 차갑게 응수하기도 했다. 이 자매의 비통함을 누가 짐작할 수 있을까? 어떤 자매는 이미 전도지를 받았다며 구겨진 전도지를 내밀기도 했다. 언덕 끝까지 올라가면 차가운 붉은 벽돌 교회 담장 뒤에 몸을 숨기고 있는 자매들이 있었다. 어두워서 얼굴을 감출 수 있기 때문일까, 그들은 나이가 많은 자매들이다. 남편이 상이 군인이거나 생활이 어려워 스스로 몸을 팔러 나온 자매들이다.

밝은 조명을 받으며 서 있는 젊은 자매나 어두운 그늘에 얼굴을 숨기고 서 있는 여인이나 공통점은 얼굴에 아무런 희망을 찾을 수 없다는 것이다.

그렇게 1년이 지나자 거리에 나서면 누가 처음 나온 자매인지 금방 구별할 수 있게 되었다. 이곳이 처음인 듯한 자매 곁에 다가가 전도지를 주었다. 그때 한 흑인 군인이 끼어들며 "50불" 했다. 자매는 순간 나와 군인의 얼굴을 번갈아 보며 망설였다. 그러자 미군이 "100불" 하고 외쳤다. 술에 취한 미군이 전도지를 나눠 주는 나를 상대로 장난을 치고 있었다. 내가 그의 얼굴을 무표정으로 한참 쳐다보자 "나는 미국에서는 크리스천이었습니다. 그러나 한국에서는 아닙니다. 왜냐하면 이태원이 있기 때문입니다" 하며 빙글거렸다. 나는 시비에 말리고 싶지 않아 자리를 피했다. 백인과 달리 흑인은 문제가 생기면 몰려들어 일을 더 크게 만들기 때문이다. 내가 자리를 피하자 비틀거리던 흑인 군인도 자매를 두고 가 버렸다.

다음 날 같은 시간에 그 자매를 찾았다. 고객을 그냥 보내 버려 포주에게 어려움을 당하지 않았을까 걱정했는데 별일 없었던 모양이다. 나는 조금 떨어져 서서 다른 곳을 쳐다보며 남들이 눈치채지 못하게 말했다.

"집에 보내 주마. 내일 같은 시간에 내가 길 건너에 나타나면 길을 건너오지 말고 길 아래로 내려가 세워 놓은 노란색 택시를 무조건 타라. 내가 다른 차로 뒤따라가마."

다음 날 같은 시간에 자매에게 가기 전에 택시기사에게 주소를 주며 "자매가 타면 아무것도 묻지 말고 한강대교와 성수대교를 지나 이화여대 옆에 있는 은혜원으로 가 주십시오. 제가 뒤따라가겠습니다" 하고 부탁했다. 추적을 따돌리기 위해 빠른 길보다 돌아가는 길을 선택한 것이다. 자매가 서 있는 길 건너로 갔다. 혹시 자매가 들켜서 어려움을 당하지는 않았을까, 불안한 마음에 더욱 경계를 하며 갔다. 어제와 같은 옷을 입고 가는 것이 위험한 일이지만 자매가 쉽게 알아보게 하기 위해서는 어쩔 수 없었다.

길에 들어서자 조금 있다가 자매가 머리를 숙이고 경계하며 나타났다. 바로 소방서 쪽으로 내려가는 것을 보고 따라 내려갔다. 택시는 급하게 자리를 떠나고 나는 뒤따라 은혜원으로 갔다. 은혜원은 외국인 선교사가 운영하는 구제 단체로 자매들에게 3개월간 직업 훈련을 시킨 후 스스로 살아갈 수 있도록 돕거나 고향으로 돌려보내는 일을 했다. 이태원에서 2년간 전도를 하면서 단 두 명의 자매만 구출할 수 있었다. 한 자매는 고향으로 돌아가고 다른 자매는 미용을 배워 서울에서 정착했다고 들었다.

당시 나는 왜 그런 일을 했을까? 그 영혼을 사랑해서가 아니라 어쩌면 사회와 교회에 대한 반항심 때문일지도 몰랐다. 성탄절이면 교회 담장을 타고 찬양 소리가 밖으로 새어 나왔지만 그 담장에 선 여인들을 돌보러 나온 사람은 아무도 없었다. 소외된 지적 장애인들이 사는 마을에 가도, 결핵 병원에 가도 그들을 기꺼이 돕는 손길은 없었다. 이렇게 형편없는 곳에 사람들이 방치되어 있다는 사실에 경악했다. 당시 내 심령엔 복음은 없고 분노만 가득했다. 남을 정죄하고 불평했다. 그러면서도 내 판단과 행동이 옳다고 여겼다.

일과 후 마지막 버스를 타서는 "읽어 보세요. 당신의 삶이 변할 것입니다" 하고 전도지를 승객의 무릎에라도 올려놓아야 그날 해야 할 일을 다했다고 생각했다. 토요일이면 전도지를 들고 청량리에서 춘천까지 가는 경춘선을 타고 왕복하며 여행을 가는 학생들에게 접근해 대화를 나누며 전도를 했다. 전도는 "예수를 믿으세요! 교회 가세요!" 하지 않고 내 삶을 나누는 식이었다. 나를 쳐다보지도 않거나 눈을 감고 자는 척하거나 노골적으로 싫다며 쫓아내는 학생도 있었지만, 대개는 친절하게 응대해 줬다. 기차는 목적지에 도착하기 전까지는 꼼짝없이 한곳에 있어야 하기 때문에 오랜 시간 대화를 나누며 전도할 수 있는 가장 좋은 장소였다. 나는 나의 행위를 선한 것으로 여겨 자족했다.

결혼 후 '아버지'라고 부를 수 있는 장인이 계시다는 사실이 자랑이고 기쁨이었다. 그런데 장인어른은 우리가 결혼한 지 2년 만에 주님의 품으로 떠나셨다. 당시는 집에서 장례를 치렀는데 내 손으로 아버지의 시신을 염했다. 그런데 그게 너무나 감사했다. 친부를 기억하지도 못하고 장례를 치러 주지도 못했다는 안타까움과 아픔이 있었는데, 그런 내게 하나님께서 장인의 장례를 치르게 함으로써 응답해 주신 것 같았기 때문이다.

몇 년이 지나 장마철에 큰비가 내렸을 때 친부 묘소가 있는 사무실에서 연락이 왔다. 아버지 묘가 비에 손실되었으니 이전하라는 통보였다. 나는 직접 삽을 들고 찾아갔다. 어떤 모습으로 계실까, 파고 또 팠다. 한참을 파고 내려가니 아버지의 두개골 뼈와 잔뼈들이 보였다. 나는 그것을 종이에 싸서 가슴에 끌어안고 "하나님 아버지 감사합니다" 하며 통곡을 했다. 하나님 아버지는 이렇듯 친부와 장인 두 분 모두를 정성껏 모시게 함으로써 내 마음의 깊은 소원에 응답하셨다.

나는 하나님께 기도할 때 살아 계신 아버지와 얘기를 나누듯 기도한다. 내게 하나님은 살아 계신 아버지이시다.

나는 아버지와 특별한 관계를 가지고 있다고 생각했다. 그리고 교회에선 매일 새벽 기도를 쌓고 주일 예배는 물론 교회 공동체를 위해 열심을 다했다. 신앙생활을 잘하고 있다고 스스로 만족했다. 교회 성도들은 나를 '만인의 시동생' 또는 '문 천사'라고 불렀다. 힘든 일, 더러운 일도 마다않고 열심히 섬겼기 때문이다.

하지만 내 아들들은 주일 밤이면 엄마 아빠를 목이 빠지게 기다리다 자동차 뒷자리에서 지쳐서 집에 돌아가곤 했다. 매년 송구영신 예배를 마친 새벽이면 가기 싫다는 아이들을 태우고 금식 기도원에 갔다. 아이들을 뜨거운 방에 두고 3일 동안 금식하며 하루 다섯 번 진행하는 예배에 참석한 후 "하나님! 이제 제가 금식하며 한 해를 시작하였으니 올해 우리 가정과 사업을 책임져 주십시오" 하고 하나님께 기도했다. 그때는 내 행위 위에 복을 더하여 주시기를 바라는 것이 하나님과 흥정하는 짓인 줄 몰랐다. 지금 돌이켜 보면, 나는 행위로 스스로 의로운 자였고, 하나님을 전혀 모르는 무식한 자였다.

_____ 신앙에 깃든 모순들

어느 날 미국인 친구가 30여 년을 근무하던 군대를 갑자기 은퇴하고 미국으로 돌아간다고 했다. 그는 대령으로 장군이 될 것으로 아무도 의심하지 않던 훌륭한 군인이었다. 이유를 물으니 "동성연애를 인정한 정부 밑에서는 그리스도인의 양심상 더 이상 근무할 수 없다"고 대답했다. 빌 클린턴(Bill Clinton) 대통령이 당선된 직후였다. 친구가 고국으로 돌아간다는 사실이 슬프면서도 그의 말 '그리스도인의 양심'이 자꾸 마음에 걸렸다.

'그리스도인의 양심'이라. 금방 들으면 막연하지만 깊이 곱씹어 보면 이해가 되는 듯하다. 그런데 과연 '그리스도인의 양심'이 무엇이기에 30여 년을 바친 삶의 터전을 포기하는 걸까? 그가 배운 하나님의 말씀과 내가 배운 하나님의 말씀이 다르지 않을 텐데 나는 그의 말을 금방 이해하기 어려워 혼란스러웠다. 나는 미국인 친구처럼 과연 주님을 위해 내가 운영하는 회사를 포기할 수 있을까? 결코 그럴 수 없을 것이다. 어째서 나의 믿음은 이토록 나약하단 말인가.

나는 그동안 내 생각에 옳은 대로 판단하고 행동했다. 단 한 번도 하나님의 말씀에 비추어 판단하고 선택하고 행동해 본 적이 없다. 사회생활은 물론 신앙생활도 그렇게 했다. 하나님의 말씀이 내 삶에 아무런 영향을 미치지 못했으며 내 인격에 아무런 변화도 일으키지 못했던 것이다. 양심을 통해 말씀하시는 주님의 인도를 내 세상적 유익을 위해 얼마나 자주 무시했던가. 그동안의 신앙생활은 내 만족을 위한 종교생활에 불과했다. 나의 신앙에 문제가 있음을 깨달았다.

　•하나님의 의를 모르고 자기 의를 세우려고 힘써 하나님의 의에 복종하지 아니하였느니라 롬 10:3

이 말씀은 바로 나를 두고 하시는 말씀이었다. 그로부터 7년 후 미국에 갔다가 그 친구의 집에 들렀다. 공학박사 학위도 있고 경력도 많은지라 군대를 떠난 뒤에도 잘 지낼 것으로 생각했으나 그는 놀랍게도 그동안 직장을 구하지 못하다가 한 달 전에 직장을 구했다고 했다.

"이력이 너무 높아 일자리를 구하기가 쉽지 않았습니다. 한 달 전에 한국에서 사령관으로 있다가 현재 펜타곤 사령관으로 와 있는 분을 만나 겨우 일자리를 구할 수 있었습니다."

그 친구는 그리스도인의 양심을 지키기 위해 미래가 보장된 직장을 잃고 말았다. 하지만 그는 진정 모든 것을 소유한 참된 그리스도인이요 하나님의 백성이다. 그리스도인의 양심을 따라 살려고 선택한 이 한 사람의 결정은 이 악한 세상을 변화시키는 데 아무런 영향을 미치지 못했을지도 모른다. 그러나 이 친구의 신실한 믿음으로 인해 얼마나 많은 주님의 자녀들이 진리를 사수하는 바른 결정을 하게 될 것인가? 그는 무엇보다 내 삶에 큰 영향을 끼치지 않았는가? 그는 믿음의 동지로서 언제나 내게 용기와 격려가 되는 친구다.

이 친구를 미국으로 떠나보낸 뒤 내 신앙에 문제가 있음을 알고 혼란스러워 할 즈음에 내 삶을 송두리째 변화시킨 선교 영상 '이따오'를 보게 되었다.

> *돈을 사랑함이 일만 악의 뿌리가 되나니 이것을 탐내는 자들은 미혹을 받아 믿음에서 떠나 많은 근심으로써 자기를 찔렀도다 딤전 6:10

나는 부족의 형제들보다 더 많이 누리며 살았으나 하나님의 말씀으로 인한 감격은 없었다. 나의 신앙생활은 종교 행위에 불과했으며, 내 삶은 돈에 미혹을 받아 믿음에서 떠난 삶이었다. 나는 저 벌거벗은 원주민보다 훨씬 비참한 소망 없는 죄인이었다. 나의 문제는 하나님의 말씀으로 인해 인격이 변화되지 않는 것이었다. 하나님의 말씀은 내게 지식이었을 뿐이며 그런 까닭에 그동안 행위에 집중했던 것이다. 성령께서는 이렇듯 내 실체를 깨닫게 하시고 눈물로 통회 자복하게 하셨다.

"하나님 아버지! 이 무지한 죄인을 용서하여 주소서. 지금까지 나의 의로움으로 행한 죄인을 용서하여 주소서. 언제나 말씀을 관념 속에만 가두고 행위로만 살아온 이 죄인을 용서하소서. 마음이 상한 자이오니 가까이 오셔서 구원하소서."

* 여호와는 마음이 상한 자를 가까이하시고 충심으로 통회하는 자를 구원하시는도다 시 34:18

그리고 구원받지 못한 두려움으로 기도하고 또 기도하며 오래 참으시고 관용을 베푸시는 긍휼의 하나님께 매달렸다.

"아버지, 이 죄인도 그리스도인의 양심을 소유하기를 원합니다. 진정한 나를 찾기 원합니다. 긍휼 가운데 말씀을 알게 하시고 변화된 그리스도인의 인격을 소유하게 하소서. 성령님의 도움을 구합니다. 이 죄인을 도와주소서."

* 만일 하나님이 그의 진노를 보이시고 그의 능력을 알게 하고자 하사 멸하기로 준비된 진노의 그릇을 오래 참으심으로 관용하시고 또한

영광 받기로 예비하신 바 긍휼의 그릇에 대하여 그 영광의 풍성함을
알게 하고자 하셨을지라도 무슨 말을 하리요 이 그릇은 우리니 곧
유대인 중에서뿐 아니라 이방인 중에서도 부르신 자니라 롬 9:22-24

누군가 나를 기다리고 있다

이후 일하려고 앉아도 어느 순간 부족 형제들 생각을 했다. 도무지 머릿속을 떠나지 않는 부족 형제들로 인해 파푸아뉴기니에 관한 모든 책을 구해 읽기 시작했다. 파푸아뉴기니의 역사와 정치, 경제, 사회, 문화 등 가능한 모든 것을 알고 싶었다. 한국에 있는 파푸아뉴기니 대사관이 있는지 찾아보았지만 그때는 영사관도 없었다.

그들을 만나 보고 싶은 강렬한 마음, 파푸아뉴기니의 누군가가 나를 기다리고 있다는 강한 끌림, 그곳에 가면 무엇인가 보람된 일을 할 수 있을 것 같은 기대감, 거기서라면 문제 많은 내 신앙이 교정될 것 같은 막연한 소망이 가득했다. 아직도 복음을 듣지 못하고 정글에서 죽어가는 그 영혼들을 떠올릴 때마다 애통한 마음이 되어 울며 기도했다. 정상적인 생활을 할 수 없는 지경에 이르자, 이것이 하나님의 부르심인가 궁금해지기 시작했다.

그렇게 혼란을 겪고 있던 어느 날 교회에서 만난 성도가 하나님의 부르심을 받았는지 알 수 있는 문답지가 있는데 해 보라고 했다. 하지만 아무리 생각해도 몇 장의 질의로 영혼을 구원하는 선교가 하나님의

부르심인가를 알 수 있다는 것이 어리석은 짓 같아 거절했다. 그리고 신앙생활을 새롭게 한다는 각오로 성경을 읽기 시작했다. 그러자 우리 부부에게 성령의 역사로 놀라운 변화가 일어났다.

"주여 말씀을 의지하오니 제 눈을 열어서 주의 말씀에서 놀라운 것을 보고 알게 하소서." 그렇게 기도하며 성경을 펼치고 창세기 1장 1절을 읽었을 때의 그 감격을 지금도 잊을 수 없다.

* 태초에 하나님이 천지를 창조하시니라 창 1:1

내 관념 속에 지식으로만 있던 이 말씀이 생명이 되어 나의 가치관을 변화시키기 시작했다. 하나님이 복음이셨다. 예전엔 성경의 한 구절에 불과하던 이 말씀이 나로 하여금 아름다운 산천을 바라보며 하나님의 손길에 감격하고 작은 생명체 하나도 소중하게 여기도록 변화시켰다. 모든 것이 창조주 하나님에게서 시작되었음을 믿음으로 확신하게 되었다.

* 그는 벤 풀 위에 내리는 비같이, 땅을 적시는 소낙비같이 내리리니
시 72:6

베어져 죽어 가는 풀에 내리는 비같이, 땅을 적시는 소낙비같이 이후 하나님의 사랑과 은혜의 복음을 매일 새롭게 깨닫게 되었다. 예전과 달리 모든 말씀이 나에게 하시는 준엄한 명령 같았다. 그리고 진리의 말씀은 내 영혼을 깨웠다. 구약의 생명의 말씀을 읽으며 삼위일체 하나

님은 누구이며 하나님의 뜻이 무엇인지를 깨달았다. 이전에는 성경을 읽어도 심령에 아무런 감동이 없었다. 그런데 이제는 성경에서 눈을 뗄 수가 없었다.

주의 말씀의 맛이 내게 어찌 그리 단지요 내 입에 꿀보다 더 다니이 다 시 119:103

구약 속에 이미 신약이 모두 있었다. 특히 이사야서 52:13~53:12은 예수 그리스도가 탄생하기 수세기 전(700년 전)에 기록되었으나 신약에서 성취된 십자가 사건을 현장에서 경험하는 것 같은 큰 감동을 주었다. 예수 그리스도의 죽음과 부활이 나에게 어떤 의미인지 마음속 깊이 깨달아지면서 깊은 회개가 일어났다.

하나님의 말씀이 우리 삶에 응답되었다. 하나님의 공의 앞에 십자가에서 고통 받으시는 주님이 나의 죄의 모습이었다. 피와 물을 쏟으시면서도 나의 구원을 위하여 기도하시던 주님, 십자가의 형벌이 잔인하면 잔인할수록 내가 하나님 앞에 얼마나 큰 죄인인지를 알게 하셨다. 종교적인 삶과 형식적인 신앙생활만을 하던 나를 위하여 십자가에서 고난 받으신 주님 앞에 무릎 꿇고 눈물로 기도했다.

이후 주님은 우리 마음의 눈을 뜨게 하셔서 한 번도 직접 본 적 없는 원주민들을 그리워하게 만드셨다. 예수 그리스도의 십자가 열정을 우리 부부에게 허락하셨음을 알게 하셨다. 예수님이 진리인 것을 알게 하셨다. 선교란 노란 머리에 파란 눈의 백인들이 하는 일로만 알던 우리에게 날이 갈수록 복음을 전하고 싶은 마음을 주시고 그 마음이 잃어버린 영혼에 대한 예수 그리스도의 눈물이며 십자가의 애절한 심정이었음을 알게 하셨다.

> 너희는 너희가 하나님의 성전인 것과 하나님의 성령이 너희 안에 계시는 것을 알지 못하느냐 고전 3:16

내 안에 내재하신 성령의 도움으로 죄인 됨을 깨달아 자복하는 애통함이 일어났고, 부족 형제들의 영혼을 사랑하기에 죄로 인해 죽음의 공포 속에 있는 그들을 위해 애통하며 기도하게 되었다. 그리고 하나님께서 우리가 그들에게 복음을 전하기 원하신다는 것도 알게 되었다.

> 누구든지 주의 이름을 부르는 자는 구원을 받으리라 그런즉 그들이 믿지 아니하는 이를 어찌 부르리요 듣지도 못한 이를 어찌 믿으리요 전파하는 자가 없이 어찌 들으리요 보내심을 받지 아니하였으면 어찌 전파하리요 기록된 바 아름답도다 좋은 소식을 전하는 자들의 발이여 함과 같으니라 롬 10:13-15

예수 그리스도의 죽으심과 부활의 복음이 이제는 구원받은 우리의 삶이 되었다. 이 복음을 전하는 발걸음이 얼마나 아름다운가.

> 그러나 하나님께서 세상의 미련한 것들을 택하사 지혜 있는 자들을 부끄럽게 하려 하시고 세상의 약한 것들을 택하사 강한 것들을 부끄럽게 하려 하시며 하나님께서 세상의 천한 것들과 멸시 받는 것들과

없는 것들을 택하사 있는 것들을 폐하려 하시나니 이는 아무 육체도 하나님 앞에서 자랑하지 못하게 하려 하심이라 고전 1:27-29

말씀이 우리 삶에 응답되었다. 세상에서 매우 미련하고 약한 죄인을 택하셨다. 기도하는 1년 동안 우리 부부는 하루도 빠짐없이 새벽이 될 때까지 말씀을 통독하고 읽고 묵상하며 서로 간증하고 기도하는 복된 시간을 가졌다. 하루하루가 감격이었다. 가족과 친구, 선배와 후배, 직위와 명예, 사회의 경험들을 모두 주님의 십자가 앞에 내려놓았다. 그렇게 거센 폭풍처럼 몰아치던 1년이 지나갔다.

하나님이여 내 마음이 확정되었고 내 마음이 확정되었사오니 내가 노래하고 내가 찬송하리이다… 하나님이여 주는 하늘 위에 높이 들리시며 주의 영광이 온 세계 위에 높아지기를 원하나이다 시 57:7, 11

드디어 우리의 마음이 확정되었다. 이후 내심 자랑스러운 마음으로 가족과 친구 그리고 교회에 우리가 파푸아뉴기니에 선교사로 가려 한다고 마음을 나누었다. 그런데 주위의 반응은 기대한 것과 전혀 달랐다. 홀어머니는 갑자기 몸져누우셨고 가족들은 이해하지 못했다. 친구들도 마흔이 가까운 나이에 지금까지 지켜 온 사업을 접겠다니 미쳤다고 말했다. 교회 성도들도 "나이 들어서 무슨 선교사냐?"는 반응이었다.

나의 영혼이 잠잠히 하나님만 바람이여 나의 구원이 그에게서 나오는도다 오직 그만이 나의 반석이시요 나의 구원이시요 나의 요새이

시니 내가 크게 흔들리지 아니하리로다 시 62:1-2

오직 말씀만 의지하며 기도했다. 물질적인 도움을 요청한 것도 아니고 파송예배를 바란 것도 아니었다.

> 이와 같이 주께서도 복음 전하는 자들이 복음으로 말미암아 살리라 명하셨느니라 그러나 내가 이것을 하나도 쓰지 아니하였고 또 이 말을 쓰는 것은 내게 이같이 하여 달라는 것이 아니라 내가 차라리 죽을지언정 누구든지 내 자랑하는 것을 헛된 데로 돌리지 못하게 하리라 내가 복음을 전할지라도 자랑할 것이 없음은 내가 부득불 할 일임이라 만일 복음을 전하지 아니하면 내게 화가 있을 것이로다 고전 9:14-16

사도 바울의 "내가 차라리 죽을지언정 내 자랑하는 것을 헛되게 하지 못하게 하며 복음을 전하지 않으면 내게 화가 있을 것이로다"는 고백을 가슴에 품었다. 기대와 다른 주위의 반응 때문에 날마다 눈물로 기도했다. 주변에 가슴을 열어 보일 형제가 아무도 없는 것이 너무 외롭고 힘들어 이 마음을 나눌 성도를 만나게 해 달라고 기도하기도 했다. 그런데 63빌딩에서 답답한 마음을 쏟아 놓을 사람을 만났다. 평소 알고 지내던 지인인 그는 내가 파푸아뉴기니의 선교사로 가기 위해 준비하고 있다고 하자, 깜짝 놀라며 "어젯밤 선교사로 가시려는 분을 만나게 해 달라고 기도했다"면서 잠깐 얘기를 나누자고 했다. 2시간여 그동안의 일을 나누면서 큰 위로와 격려를 받았다. 위로의 주님, 감사합니다.

이것이 옳은가?

내 집에는 내 자녀가 가득하도다!

내 식탁에 둘러앉아 먹고 마시며 나를 경배하며 나의 사랑을 나누고

있는데

희끗희끗 희어져 가는 추수 밭에 일하러 나가는 나의 자녀가 없네

세상에는 기쁨과 감사, 사랑과 은혜에 대하여 노래하는 노래들로

가득하네

그러나, 잃어버린 영혼들을 위한 노래는 어디에 있는가?

이것이 옳은가?

너는 그들의 울음을 들어야 하네

잊혀진 채 죽어 가고 있다는 것을 알아야 하네

너는 주님의 성찬에 둘러앉아 경배하며 찬양하며 축복을 말하네

그러나, 세상에 잊혀진 영혼들을 위한 노래는 어디에 있는가?

이것이 옳은가?

나를 만날 때, 너는 왜 가지 않았냐고 물으면

너는 무엇이라 말하겠는가?

나를 만날 때, 나의 자녀들의 울음을 듣지 못하였냐고 물으면

너는 무엇이라 대답하겠는가?

나를 만날 때, 내가 그들을 죽기까지 사랑한다는 것을 몰랐느냐고
물으면
너는 무엇이라 대답하겠는가?
이것이 옳은가?
Where is the song for the lost people? 아멘

차를 운전하며 가다 언제나 듣던 이 찬송의 가사가 주님의 음성으
로 들렸다. 길가에 차를 세우고 이민아 선교사와 함께 목놓아 울었다.

　　너희 마음의 눈을 밝히사 그의 부르심의 소망이 무엇이며 성도 안에
　　서 그 기업의 영광의 풍성함이 무엇이며 엡 1:18

"만약에 파푸아뉴기니로 가는 당신을 위하여 아무도 기도하지 않는다 해도 가겠습니까?"

여의도 침례교회에 선교사로 와 있던 미국인 마이클과 NTM의 마이크 슐츠 선교사가 묻는 이 말에 나는 이렇게 대답했다.

"파푸아뉴기니로 가려 함은 우리의 유익이 아니지 않습니까? 무엇을 취하려 함도 아니며 다만 나누려고 하는 것입니다. 아무리 기도해도 이 마음을 주신 분이 하나님 아버지가 분명하니 하나님만을 의지할 것입니다."

그러자 두 분이 "우리가 지금부터 당신들을 위하여 기도를 시작하겠습니다" 하고 말했다. 마이클 부부는 지금 태국에 선교사로 가 있으며, 마이크 부부는 호주에서 우리를 위하여 눈물로 기도하고 있다. 특히 마이크 부부는 한국을 떠난 후 건강 문제로 파푸아뉴기니로 가고 싶은 열정을 접어야 했다. 그는 우리를 만나기만 하면 '우리는 당신들의 발이며 일부'라고 말한다. 지금도 이 두 부부는 하나님께 순종함으로 선교사로 헌신한 우리를 위해 눈물로 기도하고 있다.

가구와 피아노는 물론 가재도구까지 하나하나 비워지자 큰아들이 물었다.

"아버지, 외국에 나가면 은행에 돈이 있어요?"

열두 살 어린 나이에도 아무것도 없이 외국에 나가는 것이 걱정이 된 모양이었다.

"아니, 아버지는 외국 은행에 돈이 없어요."

"그럼 외국에 나가면 컴퓨터 일을 계속하실 건가요?"

"아니, 이제는 돈을 벌기 위해 컴퓨터 일을 다시는 하지 않겠다고 하나님께 기도했어요."

"그럼 동생과 나는 학교를 어떻게 다니지요?"

이 질문에는 약간 망설여졌다.

"너희가 학교에 가야 한다는 걸 아버지가 잘 아는 것같이 하나님 아버지는 더 잘 알고 계신단다."

이렇게 대답을 하고도 마음이 편치 않아 속으로 하나님께 기도했다. 아들은 이제 더 이상 아버지한테 바랄 것이 없다고 생각했는지 "그럼 내 신발은 누가 사 주나요?" 했다. 나는 이 질문에 아무런 대답을 하지 못했다.

_____ 안수기도를 받고

한국을 떠나기 이틀 전 알고 지내던 목사님에게서 전화가 왔다.

"내일 새벽 다섯 시까지 우리 교회로 두 분이 같이 오세요."

왜 새벽에 부르시나 의아해하며 가난한 산동네에 자리한 교회로 찾아갔다. 마중을 나오신 목사님은 우리를 근처 해장국 집으로 데려가 아침을 사 주셨다. 아침에 먹는 해장국은 몸을 녹이고 마음을 편안하게 해 줬다. 그런 다음 우리를 당신이 목회하는 교회로 데려가셨다. 작고 오래된 건물 지하에 들어서자 퀴퀴한 지하실 냄새가 훅 끼쳤다. 철문을 열자 몇 안 되는 의자와 설교단이 흐릿하게 눈에 들어왔다. 전기 불빛은 음침할 정도로 흐릿했다.

"설교단 밑에 두 분 무릎 꿇고 앉으세요."

단상에 서신 목사님은 성경 말씀을 읽더니 설교를 하셨다. 그런 다음 단상에서 내려와 우리 부부의 머리 위에 손을 얹고 안수하고는 파송 기도를 하셨다. 우리가 선교사로 떠나려 한다는 것을 어떻게 아셨을까? 우리 부부는 설교를 들을 때도, 목사님이 기도해 주실 때도 온몸에 경련이 일어나듯 감격했다. 우리의 마음을 잘 아시는 하나님은 목사님을 통하여 안수해 주시고 위로해 주셨다. 그날 이후 25년이 지났지만 그 목사님의 생사조차 알지 못한다.

영적으로 새롭게 태어났음을 세상에 알리고 한국을 떠나고 싶었다. 우리 부부는 청담횃불교회의 송용필 목사님을 찾아가 선교사로 떠날 계획을 말씀드리고 그분에게 침례를 받은 뒤 미지의 땅, 하나님이 보내시는 땅으로 떠났다.

한국을 떠나면서 가지고 있던 모든 것을 나누기로 했다. 이민아 선교사가 "숟가락 4개만 가지고 떠났다"고 했다. 남편으로서 가장 마음 아팠던 것은 이민아 선교사가 그토록 아끼던 피아노를 처분했을 때였다. 선교사가 무슨 신용카드를 사용하겠는가 하는 편협한 생각에 나는 가지고 있던 신용카드를 모두 잘라 버렸다. 마지막으로 다이너스클럽 신용카드를 버릴 때는 약간 망설였다. 당시엔 쉽게 가질 수 있는 신용카드가 아니었기 때문이다. 그러나 그것이 교만임을 깨닫고 회개하기까지 그리 오래 걸리지 않았다.

떠나는 비행기 안에서 어느 권사님이 손에 쥐어 준 카드를 꺼내 들었다. 카드를 보는 순간 헌금이 있겠구나 기대했다. 그런데 "오직 하나님만 의지하세요"라는 글만 적혀 있을 뿐이었다. 순간 서운한 마음이 들었지만, 한국을 떠나기 전부터 하나님은 우리가 오로지 하나님만 의지하도록 인도하셨음을 떠올리고 곧 감사했다.

20년이 지난 어느 날 그 권사님을 만나 그때를 기억하느냐고 여쭤보자 "정말 빈 카드만 있었느냐?"면서 도리어 놀라워하셨다. 그분은 누구든지 빈손으로 보내는 법이 없었기 때문이다. 하나님의 뜻이었다. 만약에 우리를 정기적으로 후원하는 분이 있었다면 우리는 하나님을 만나지 못했을 것이다.

공항에는 어머니와 가족 몇 명만 나왔다. 어머니는 눈물을 보이기 싫어서 다른 사람의 머리 뒤로 얼굴을 감추셨다. 고개를 숙이고 옆으로 우리를 지켜보는 내 어머니, 그것이 내가 사랑하는 어머니의 마지막 모습이었다. 당시는 어머니를 다시는 만나 뵙지 못할 것이라고 생각하지 못했다. "어머님, 금방 돌아오겠습니다" 하고 인사하고 떠났으나 7년 뒤 어머니가 돌아가시고야 돌아올 수 있었다. 오직 하나님만 의지하며 성도들의 믿음의 기도만을 바라며 떠난 길이었다.

바다와 하늘의 주 애통함을 듣노라.

죄와 어둠에 거하는 자 구하리라.

별들을 만드신 주 어두움을 밝히리

누가 빛을 전하리 누굴 보낼까?

나, 눈과 비의 주 너희의 고통 함께했노라.

나를 멀리한 자로 탄식하네!

완악한 그 마음을 사랑으로 녹이리

누가 내 뜻 전하리 누굴 보낼까?

바람과 불꽃의 주 질병을 고치리라

너희 위해 풍성히 먹이리라

갈급한 심령 위에 양식을 채우리라

내 생명을 주리니 누굴 보낼까?

나의 주여 내니까?

주여 나를 보내 주소서.

말씀 따라 순종하리라 주의 사랑 널리 전하리!

─────────────────────── 원곡: 미국 복음 송, 가사: 이민아 선교사

주권자 하나님을 배우다

_____ 하나님이
가르치시기 원했다

호주 시드니 공항에 새벽에 도착했다. 한국과 달리 호주에선 6월이
면 추위가 시작되어 한국의 겨울만큼은 아니지만 싸늘함이 느껴진다.
공항 밖으로 나가자 호주인 교회 목사님과 성도 두 분이 우리를 마중
나왔다. 그분들의 차를 타고 1시간 30분여를 달려 시드니 외곽에 위치
한 NTM 선교사 훈련 센터로 갔다. NTM 선교사 훈련 센터는 미국 선
교사들이 30년 전 땅을 구입해 설립한 NTM의 호주 지부다. 복음이 전
혀 전파되지 못한 정글로 갈 선교사를 훈련하기 위해서인지 도시에서
멀리 떨어진 허허벌판에 있는 데다 전기기구를 일절 사용할 수 없었다.
화장실은 공용 화장실을 썼다. 기숙사는 넓은 대지에 붉은 벽돌로 올린
3층 건물이었으며 나머지 부속 건물들은 간이 건물이었다. 넓은 운동
장에는 농구대만 있었다.

이곳에서 4년간 선교 훈련을 받을 터였다. 아침 7시 30분, 간증과

기도회를 가지는 것으로 하루를 시작했다. 신학과 언어학, 음성학, 정글 적응 훈련, 정글 선교여행과 각종 기능 훈련을 마친 오후 4시 이후론 각자 맡겨진 일을 했다. 학교를 청소하고 잔디를 깎고 정원을 가꾸고 차를 고치고 집을 철거하고 짓고 수리하는 일이었다. 이것 역시 훈련의 일부였다.

정글 적응 훈련 중에 못을 사용하지 않고 줄과 정글의 나무만 이용해 일주일 안에 집을 짓고 생활하는 훈련도 있었다. 일주일 만에 집을 지어야 하는 이유는 부족 사람들이 오랫동안 짐을 밖에 두면 버리는 물건인 줄 알고 가져가기 때문이었다. 집에는 거실과 부엌, 침실, 샤워실, 드럼통으로 만든 난로 등이 모두 갖춰져야 했다. 집을 짓는 이 일주일이 우리 가족이 이곳에서 가장 행복하게 보낸 시간이었다. 가족 모두가 헌신한 경우 훈련도 가족 모두가 받았다.

정글 훈련에서 못을 사용하지 않고
비닐 천과 끈으로만 지은 집과 의자

아들 성민, 성훈이와 함께
집을 짓는 모습

물은 2km 떨어진 연못에서 지게로 길어 와 사용한다

닭을 두 손으로 잡고 울고 있는 이민아 선교사

　물은 2km 떨어진 가파른 산 아래 연못에서 길어 와 식수와 목욕물
로 사용했다. 육체적으론 힘들었지만, 두 아들은 정글에서 나무를 가져
오고 이민아 선교사는 밥을 짓고 하면서 온 가족이 한마음으로 최선을
다해 힘을 모은 이때의 시간이 참으로 행복했다. 남자는 양을 잡고 여
자는 닭을 잡아 음식을 하는 생존 훈련도 했다. 닭을 잡으려면 두 날개
를 왼손에 잡고 닭 목을 나뭇가지에 걸고 오른손의 칼로 내려친 후 두
손으로 목 없이 푸덕거리는 닭을 죽을 때까지 누르고 있어야 했다. 이

민아 선교사는 손 아래에서 전해지는 닭의 전율 때문에 목 놓아 울었다. 다른 여선교사는 닭이 죽기 전에 손을 놓아 버려서 목이 없는 닭이 이리저리 날아다녀 혼비백산한 적도 있다.

나는 양을 직접 죽였는데 왜 하나님이 양이라는 동물을 예수 그리스도의 예표로 사용하셨는지 체험적으로 알게 되었다. 양은 입을 잡고 머리를 돌린 후 날카로운 칼로 목을 찔러 죽이는데, 죽는 순간까지 염소나 돼지처럼 울지도 않고 몸을 흔들거나 반항하지도 않았다. 죽는 순간에도 순종하는 동물이 있을까? 나에게는 잊지 못할 경험이었다.

남자는 3박 4일, 여자는 2박 3일 동안 한정된 음식만으로 산악을 횡단하는 극한의 산행 훈련도 있었다. 산행이 시작되자 두 다리는 물론 온몸을 타고 근육이 뒤틀리기 시작했다. 다른 젊은 동료들은 이미 정상에 올라가 쉬고 있는데 나는 한 발짝도 걸을 수가 없었다.

"아버지, 도와주세요!"

두 손과 두 발로 기어 올라갔다. 몇 시간을 걸려 정상에 도착하자 인도하는 선교사들이 둘러앉아 나의 문제를 상의하고 있었다. 앞으로 산행할 높은 산들이 즐비한데 지금이 아니면 돌아갈 기회도 없으니 나를 돌려보내자는 게 중론이었다. 나는 둘째 아들과 함께 꼭 이 훈련을 마치고 싶으니 돌려보내지 말라고 간곡하게 부탁했다.

나로 인해 시간이 지체되는 바람에 첫날은 그곳에서 야영하기로 했다. 각자 등산 가방에 20kg의 음식을 짊어지고 왔는데 먼저 내 짐을 줄여 주기 위해 내 가방에 있는 음식으로 저녁을 해 먹었다.

다음 날 새벽 5시, 다시 산행이 시작되었다. 감사하게도 근육의 통증이 멈췄고 빠르지는 않았지만 뒤처지지 않고 산행을 마칠 수 있었다.

3박 4일의 산행 적응 훈련

가족과 함께 지은 정글 집 난로 앞에 앉아서

걸어야 하는 산길은 아직 많이 남았는데 마지막 날이 되자 비상식량은 물론 식수까지 모두 떨어져 다들 굶주림에 힘들어했다. 극한 상황이었다. 가방이 너무 무거워 식수를 버린 것이 후회막심이었다. 둘째 아들 성훈이도 배고픔과 갈증으로 더 이상 참을 수 없는지 울고 싶은 얼굴이었다. 속주머니에 비상으로 보관해 둔 육포 두 개를 건네주었다. 지난 3일간 우리는 낮에는 덥고 밤에는 짐승 똥을 피해 텐트를 친 다음 깊은 산속 추위에 떨면서 잤다. 화장실이 없는 산속에서 대소변을 해결하기 위해 산속을 헤매고 다녀야 했고, 계곡을 만나면 선교사 훈련생들과 함께 발가벗고 들어가 목욕을 했다. 그 긴 여정을 함께한 성훈이가 육포를 받아 들고 맛있게 먹는 모습이 어찌나 사랑스럽고 자랑스러운지 눈물이 났다.

"성훈아 조금만 더 참아라. 하나님 아버지가 기뻐하신단다."

다음 날 새벽 다섯 시, 드디어 산행을 모두 마쳤다.

신학과 음성학, 언어학 그리고 정글 훈련 등은 복음을 전혀 들어 보지 못한 부족 사람과 함께 살면서 저들의 문자를 만들어 성경을 번역하여 그들의 언어로 복음을 전하는 선교 사역에서 참으로 중요한 훈련이었다.

어느 날 한국신학대학교 총장이 학교로 찾아와서 내게 이곳의 교과과정을 가르쳐 달라고 하셨다. 한국의 신학생들은 극소수만 선교사로 헌신하는데 이곳의 학생들은 대다수가 정글의 선교사로 헌신하는 비결이 궁금하다는 게 그 이유였다. 그때 나는 이렇게 말해 주었다.

"아무리 신학을 배우고 훈련을 잘 받아도 선교사들이 그 때문에 정글의 선교사로 헌신하는 것 같지는 않습니다. 선교사들은 오직 하나님만을 전적으로 신뢰하고 의지하도록 생활 속에서 자연스럽게 훈련됩니다. 선교 훈련 중에 결코 성령을 소멸하는 일이 없도록 오직 믿음으로 인내하고 기다리며 순종하는 훈련이 자연스럽게 경험되는 것입니다. 학교에 지어 놓은 농구장도 선교사들이 기도하며 인도하심을 기다리며 수년에 걸쳐 만들었다고 들었습니다."

오직 하나님만을 의지하는 삶은 진정한 겸손을 소유한 성도가 결실한 열매다. 당시 경험한 선교 훈련은 사역 현장에서 귀하게 적용되고 있으며 부족 사역을 이루어 가는 데 큰 유익이 되고 있다.

속사람이
변해야 산다

선교사가 되기 전에 내 삶에서 물질은 생존 수단이자 가장 소중한 가치였다. 물질을 잘 관리하는 것이 지혜였다. 그러나 하나님은 거룩한 하나님의 전신 갑주를 입고 가치관을 바꾸기를 원하셨다(엡 6:10-19). 물질관뿐 아니라 세상에서 얻은 지식과 세계관도 바꾸기를 원하셨다. 세상에 속한 가치관은 교육으로는 결코 변하지 않으며 바뀌지도 않는다. 인간은 고난이 없이는 결코 알지 못하는 죄의 본성을 가지고 있다. 죄인의 의지와 신념으로는 결코 영적 싸움을 할 수가 없는 것이다. '하나님만 의지하겠다'는 결단이 얼마나 교만에서 나온 것인지 깨닫게 하셨다.

50불이라도 여유가 생겨 아이들 학용품 구입을 위해 모아 두면 다음 달 그 돈을 쓰지 않으면 안 되는 일이 반드시 생겼다. 처음에는 워낙 물질이 부족하니 일어나는 일이라고만 생각했다. 하지만 번번이 예상치 않은 일이 일어나서 두 손을 비게 만드는 바람에 계획을 세울 수가 없었다. 가계부를 작성하고 규모 있고 계획성 있게 생활하는 것이 바른 것이라고 배우고, 습관으로 그렇게 살던 우리로선 매 순간 빈손이 되는 상황을 견디기 힘들었다. 말과 생각으로는 "오직 하나님만을 의지합니다" 했지만 실제로는 매일이 힘들었다. 학비는 물론 생활에 기본적으로 필요한 생활용품을 구하기도 어려웠다. 어려서 경험한 가난한 삶도 도움이 되지 않았다. 더 견디기가 힘들었다. 나의 의지와 신념으로는 불가능한 일이었다.

이러한 어려움은 우리만 겪는 게 아니었다. 대다수의 학생과 선교사의 삶도 마찬가지라는 것을 그들의 간증을 통해 알 수 있었다. 일용할 양식을 위해 기도하지 않으면 안 되었다.

그런데 가까운 이웃으로부터 도움의 손길이 왔다. 센터 주위에 있던 대형 슈퍼마켓에서 유통기간이 지난 모든 생필품과 각종 음식을 보내 준 것이다. 모든 선교사와 훈련 학생들이 훈련을 받는 동안 슈퍼마켓의 도움으로 살았다. 특히 쌀이 너무 고마웠다. 다른 빵 가게에서는 매주 토요일 저녁 식빵을 더 만들어서 팔지 못한 다른 빵과 함께 선교센터로 보내 주었다. 그리고 농장에서는 비바람에 떨어진 과일을 보내 주었다.

슈퍼마켓에서 선교센터로 보내는 물품은 땅에 묻거나 파기해야 하는 것이 원칙이지만 주인의 깊은 배려로 4년간이나 공급 받을 수 있었다.

"아버지, 참치가 먹고 싶어요."

작은아들이 참치를 좋아하지만 사 줄 형편이 아니었다. 기도로 구하던 어느 날 순서가 되어 음식을 가지러 식품창고에 갔다가 참치 깡통이 눈에 들어왔다. 습관적으로 유효기간을 살펴보니 아직 남아 있었다. 어찌된 일까? 자세히 살펴보니 깡통 아래가 찌그러져 있었다. 누군가 실수로 떨어뜨려서 찌그러진 깡통이 팔리지 않자 유효기간이 지난 것으로 처리되어 있었던 것이다. 참치 깡통을 들고 돌아오면서 기도에 응답해 주신 주님께 감사했다. 이후로도 매주 손에 참치 깡통 한두 개를 들고 돌아왔다. 누군가를 통해 참치를 진열대에서 떨어뜨리게 하신 주님의 은혜였다.

유효기간이 지난 쌀에 있는 까만 쌀벌레는 햇빛 아래 놓아서 쌀벌레가 기어 나오게 하면 되었다. 어린 시절 어머니한테 배운 지혜였다. 햅쌀 같은 맛과 향기도 없고 오래 된 냄새가 났지만 그래도 쌀밥을 먹는 게 어딘가 했다. 그런데 밥이 식으면 죽처럼 변했다. 하나님이 광야에 내려 주신 만나처럼 먹을 만큼만 음식을 하는 지혜가 필요했다.

우리는 식사할 때마다 날마다 일용할 양식을 공급하시는 주님의 은혜를 깨달았다. 우리의 필요를 미리 아시고 공급하셔서 돌보시는 주님을 발견하므로 언제나 감사하며 지냈다.

한국을 떠나면서 "학교는 누가 보내 주느냐"고 묻던 큰아들에게도 하나님은 섭리 안에서 인도해 주셨다. 호주에 도착 후 알게 된 사실이지만, 부모가 유학생 비자를 갖고 있을 경우 자녀의 공립학교 학비가 면제되었다. 하지만 한 번도 영어로 대화해 본 적이 없는 아이들에게 내가 해 줄 수 있는 게 아무것도 없었다.

어느 날 우리의 사정을 알게 된 NTM 선교사가 중고등학교에서 부설로 운영하는 영어학교에 아이들과 함께 갔다. 학교장은 정규 수업 전에 영어 공부를 할 수 있도록 기꺼이 아이들을 1년간 받아 주겠다고 했다. 그리고 교복과 책가방을 살 수 있는 쿠폰과 교과서, 전철카드 등 학업에 필요한 모든 것을 주며 학교에 오라고 했다. 주위 사람들이 어느 학교에서도 이런 일은 없었다며 놀라워하면서 이 일을 행하신 하나님께 감사했다. 그렇게 아이들은 호주에 도착하고 일주일 만에 학교에 다닐 수 있었다.

"아버지 이리 와 보세요!"

아이들이 다급하게 나를 불렀다. 내가 다가가자 아이들은 손가락으로 자신의 신발을 가리키며 "하나님이 아버지와 우리의 기도를 응답하신 줄 몰랐어요!" 했다. 아이들은 그동안 한국의 가족들이 생일과 크리스마스 선물로 보내 준 것들을 무심코 가지고 있다가 그날 비로소 자신들의 기도가 응답된 것을 알고 감격하며 기뻐했다. 그것도 신발이 각각 세 켤레였다. 떠나오기 전에 염려하고 걱정하던 것들을 하나님께서 이미 응답해 주셨음을 알고 나서부터 아이들은 센터 생활에 잘 적응해 갔다.

뼈아픈 월급봉투

망설이고 망설이다가 아이들의 학용품을 사기 위해 학교가 추천하는 시골 복숭아 농장에서 일을 했다. 농장 주인이 드러내 놓고 인종차별을 한 것은 아니지만, 백인들은 과일을 따거나 그늘에서 과일을 닦는 등 쉬워 보이는 일을 시키고, 피부색이 다르고 검은 머리의 뉴질랜드 원주민인 마오리족 청년과 나에게는 말똥을 치우게 했다. 무더위에 냄새까지 지독하니 감당하기가 쉽지 않았다. 정오쯤 되자 더 이상 참을 수 없었던지 아니면 굴욕을 느꼈던지 마오리족 청년이 소리를 지르며 삽을 던져 버리고 나가 버렸다. 주인이 와서 내 눈치를 살폈다. 내가 이곳에 온 것은 아이들의 학용품을 사기 위해서였다. 참아야 했다. 냄새와 힘든 일은 나에게 문제가 되지 않았다. 한국에서 몸 쓰는 일을 해 본 적이 없어서 육체적으로 너무 힘들었지만 나는 포기하지 않았다.

며칠 후 주인은 35℃가 넘는 무더위에 노란색 비닐 옷을 입고 밭에 나가 농약을 뿌리라고 했다. 안경에 하얀 농약 가루가 날아와 붙어서 앞을 보기가 힘들었다. 눈과 피부도 따가웠다. 밤에 기숙사로 돌아가면 어지러움을 느꼈다.

그러고 나서 주인은 개간을 한다며 넓은 들판에서 돌 치우는 일을 시켰다. 포클레인 변속기어를 1단으로 고정시키고 천천히 뒤따라오는 포클레인 위에 돌을 주워 올리라는 것이었다. 트럭은 운전자 없이 혼자서 움직이고 돌을 주워 던지는 나는 허리 한 번 펼 틈이 없었다. 몇 분 뒤 개간지 끝으로 트럭과 내가 도착하면 농장 주인은 멀리서 삼륜 오토바이로 달려와 "돌을 버리고 올 때까지 돌을 모아 놓으라" 하고는 트럭을 몰고 갔다.

첫날 농장에 갔을 때는 나도 이민아 선교사도 농장 사정을 몰라 점심을 가져가지 않았다. 점심시간이 되자 몸은 지치는데 끼니조차 없어서 너무 힘들었다. 지쳐서 그늘에 앉아 있는 나를 발견하고 다른 학생이 다가와 옆에 앉으며 "같이 점심을 먹자"면서 자신이 가져온 작은 과자 2개를 건넸다. 그가 가져온 점심은 과자 4개가 전부였다. 과자를 손에 쥐고 간절히 기도했다. "아버지, 이 학생을 돌보아 주세요. 아무리 가난해도 가난 때문에 믿음을 잃지 않도록 인도해 주세요." 놀랍게도 과자 2개로 허기를 잊을 수 있었다.

목이 말라 주인집 대문을 두드렸다.

"실례합니다."

농장 주인 여자가 창문 커튼 뒤에서 얼굴을 살짝 보이며 "왜 왔느냐"고 물었다. "목이 말라 마실 물을 좀 주셨으면 합니다" 하자 여인은 "물통 가져오세요" 하며 커튼 뒤로 들어가 버렸다. 순간 내가 너무 초라하고 비참했다. 비록 고용된 일꾼이지만 나를 이렇게 대할 수가 있는가? 내 옷차림이 거지보다 나을 것이 없다 해도 나도 인간이 아닌가? 따져 보고 싶었지만 먼저 목이 마른 걸 해결해야만 했다. 물병으로 쓸만한 것을 찾아다녔다. 농장 어디에도 없었다. 더러운 물로 말라 버린 냇가를 지나다 빈 페트병을 발견하고 내려갔다. 오래전에 버려진 더러운 병이었다. 더러운 물로 그 병을 여러 번 씻은 후 농장 주인집을 다시 찾았다.

"실례합니다!"

주인 여자는 내가 온 줄 알고 나에게 병을 들고 있으라고 한 후 주전자 물을 쏟아붓기 시작했다. 나는 병을 먼저 씻고 싶어 "잠시만요" 했지만 여인은 못 들은 체했다. 여인의 얼굴은 아주 더러운 사람을 대하듯 일그러져 있었다. 치욕감에 물병을 던져 버리고 농장을 떠나 버릴까도 했지만 보란 듯이 여인 앞에서 더러운 병에 든 물을 벌컥벌컥 마셨다. 돌아서면서 눈물이 났다. '울지 말자. 지면 안 된다. 악한 것들이 나를 시험하는 것이다. 분노를 참자! 이겨야 한다. 아버지, 이 죄인을 지켜 주세요. 보내셨으니 지켜 주십시오. 사랑하는 아내와 아이들을 지켜 주십시오.'

그날 저녁 돌아오면서 차를 운전하지 못할 만큼 울었다. 주님은 내게 인내의 한계를 가르치시고 있었다. 그러나 2주 만에 나는 쓰러지고 말았다. 고된 노동을 몸이 따르지 못해 몸져눕고 말았다. 농장에 연락을 하고 쉬었다.

"하나님 아버지, 가족을 위해 일하는 것이 잘못입니까? 아버지 저를 도와주십시오. 다시는 돈을 벌지 않겠다고 하고 돈을 위해 일한 저를 용서해 주십시오. 힘든 일보다 굴욕을 더 감당할 수가 없습니다. 제가 예수 그리스도의 보혈로 구원받은 하나님 아버지의 자녀라면 인도하고 계심을 알게 하소서. 아버지, 죄인에게 무엇을 가르치려고 하십니까? 감당하기가 어려우니 도와주세요. 자존심 하나 다스리지 못하는 믿음 없는 이 죄인을 긍휼히 보시고 용서하여 주세요. 아버지, 더욱더 훈련에 최선을 다하고 순종하겠습니다. 도와주세요. 아버지 뜻에 합당하지 않으면 우리 가족을 한국으로 돌아가게 하시고 아니라면 아이들을 가르칠 수 있는 필요한 물질을 채워 주세요. 이 부족한 아비의 소원입니다."

한국을 떠나면서 작은 물질도 선을 위해 나누고 신용카드를 잘라버린 것이 얼마나 교만이었는지 주님은 깨닫게 하셨다. 내 소유라고 남에게 믿음 없이 나눠 주었으나 그것은 자기만족에 불과한 교만이었다. 무가치한 세상의 것을 포기하겠다고 신용카드를 잘랐으나 나는 아무것도 포기하지 않았으며 포기할 능력도 없는 죄인이었다.

"주님 앞에서는 아무것도 내려놓을 수 없는 죄인입니다. 아무것도 포기할 수 없는 죄인입니다. 아무것도 희생할 수 없는 죄인입니다. 교만을 용서하여 주소서."

주님을 위해 무엇을 포기한 것 같으나 포기할 수 없는 자, 무엇을 내려놓은 것 같으나 내려놓을 수 없는 자, 무엇을 희생하는 것 같으나 희생할 수 없는 교만한 자임을 주님은 깨닫게 하셨다.

며칠 뒤 농장 주인으로부터 2주간의 주급이 든 봉투를 받았다. 그 자리에서 망설이지 않고 '반송'이라고 쓴 뒤 농장 주인에게 돌려보냈다.

> 그리스도를 위하여 너희에게 은혜를 주신 것은 다만 그를 믿을 뿐
> 아니라 또한 그를 위하여 고난도 받게 하심이라 빌 1:29

주님은 죄인에게 예수 그리스도를 위하여 고난을 허락하셨다. 그리고 죄인에게서 일어난 어떤 행위도 자랑치 못하게 하시고 오직 십자가의 예수 그리스도를 만남이 얼마나 감격스러우며, 십자가의 사건이 얼마나 놀라운 것인 줄을 알게 하셨다. 그리고 그 감격, 그 기쁨을 가슴 가득히 안겨 주셨다.

> 예수께서 이르시되 나는 생명의 떡이니 내게 오는 자는 결코 주리지
> 아니할 터이요 나를 믿는 자는 영원히 목마르지 아니하리라 요 6:35

하나님의 말씀이 생명수로 목마르지 않게 하셨으며 생명의 떡은 물론 육신의 필요도 매 순간 응답하셨다.

_____ 아무것도 염려하지 말고

"간장이 없어요!"
이민아 선교사의 말을 듣고 저녁에 기도했다.

"주님, 간장이 필요합니다."

다음 날 교회에서 한 집사님을 만났는데 그분이 작은 누런 봉지를 내밀며 "선교사님, 왜 제가 이것을 샀는지 모르겠습니다. 교회에 오면서 선교사님 생각이 나서 그냥 상점에 들러 사게 되었어요. 다른 것도 많은데…" 하며 부끄러워하셨다. 작은 봉투를 건네받으며 '아! 간장이구나' 생각했다. 짐작한 대로 작은 간장 한 병이었다.

"집사님! 살아 계신 하나님이 저에게 우리를 항상 감찰하고 계심을 가르치고 계십니다. 부끄러워하지 마세요."

언제나 교회에 올 때면 자동차의 기름을 확인한다. 때로 돌아올 기름이 없어도 예배를 드리기 위해 교회에 가면 때로는 장로님이 때로는 권사님이 부끄러운 듯 손을 잡고 건네주시는 작은 헌금을 받아 들고 주유소로 달려가곤 했다.

"왜 내가 이 무거운 것을 사 왔는지 모르겠습니다. 쌀이 필요하신가요?"

평소 수박이나 음료를 들고 오시던 장로님이 그날따라 쌀 10kg을 땀을 흘리며 옮기셨다. 이틀 뒤 목사님이 또 쌀 10kg을 가지고 오셨다. 졸지에 우리 집에 새 쌀이 20kg이나 생겼다.

"여보! 아직 우리가 먹을 쌀이 일주일 분이나 있는데 지금 당장 저 많은 쌀이 필요하지 않으니 나누면 안 될까요?"

이민아 선교사가 쌀 10kg을 들고 나가 다른 선교사의 기숙사 문 앞에 놓고 왔다. 다음 날 아침 기도 시간에 그 선교사가 앞에 나와 눈물을 흘리며 말했다.

"지난 3일간 우리는 빵과 우유가 없어서 기도하였습니다. 그런데 오늘 아침 주님이 쌀을 보내 주셨습니다."

더 놀라운 일은 목사님이 쌀을 가져오시고 나서 일주일 뒤 선교센터로 식품을 보내 주던 슈퍼마켓 주인이 찾아와 이제 더 이상 도와줄 수 없게 되었다고 말했다. 이유는 기부 받은 음식을 먹고 몸에 이상이 생기면 보험회사에서 아무런 보상을 받을 수 없게 된다고 정부가 경고를 했다는 것이다. 그래서 지난 4년간 많은 선교사와 학생들이 도움을 받던 식품 기부가 중단되었다.

> 그러므로 내가 너희에게 이르노니 목숨을 위하여 무엇을 먹을까 무엇을 마실까 몸을 위하여 무엇을 입을까 염려하지 말라 목숨이 음식보다 중하지 아니하며 몸이 의복보다 중하지 아니하냐 공중의 새를 보라 심지도 않고 거두지도 않고 창고에 모아들이지도 아니하되 너희 하늘 아버지께서 기르시나니 너희는 이것들보다 귀하지 아니하냐 마 6:25-26

정글 적응 훈련이 끝날 무렵 외부 인사들에게 훈련 장소를 공개하게 되었다. 교회들이 도시에서 멀리 떨어진 시골의 정글을 찾아와 선교사들이 어떻게 정글에서 살며 적응하는지를 함께 경험하는 프로그램이었다. 그런데 전날 정글에 임시로 지은 우리 집에 음식이 떨어졌다. 우리 가족이 내일부터는 굶어야 하는 상황이었다.

그런데 전에 쌀을 가져오신 장로님이 또 기숙사도 아니고 이 먼 곳까지, 더구나 차에서 내려 몇 km를 걸어서 10kg짜리 쌀자루를 어깨에 메고 올라오셨다. "내가 이 무거운 것을 왜 가져왔지?" 하면서.

지금까지 우리 가정에 쌀이 부족한 적은 없다. 한 번도 교회와 성도들에게 쌀이 필요하다고 말씀드린 적도 없다. 우리 가족의 필요를 아시는 주님이 예비하고 인도하신 일이었다.

한국에 계신 어머니가 아프시다는 소식을 들었다. 주머니에는 80불밖에 없었다. 한국에 갈 비행기 표를 살 여건이 아니었다. 어머니는 신앙인이면서도 내가 왼쪽 눈에 다래끼가 생기면 오른쪽 발바닥에 '지평'(地平)이라고 써 주시며 "괜찮을 거야!" 말씀하시곤 했다. 혼합주의 신앙을 보이시는 어머니가 과연 구원의 확신을 가지고 있으며 진짜 그리스도인이 되셨을까 궁금했다. 그리고 아들로서 어머니에게 할 수 있는 일이 이것밖에 없어서 어두운 밤, 선교센터의 정원을 돌며 녹음기에 어머니에게 보내는 편지를 녹음하기 시작했다. 편지는 나도 모르게 어머니에게 전하는 복음의 설교가 되었고 어머니의 구원을 위한 아들의 간절한 간구요 기도가 되었다.

그렇게 결국 찾아뵙지 못하고 어머니는 몇 년 뒤 주님의 품에 안기셨다. 언젠가 들려올 소식이라고 생각했지만, 막상 소식을 듣고 보니 멍하니 서 있을 수밖에 없었다. 선교사들이 찾아와 위로하며 안아 주었는데 그 순간 나도 모르게 다리에 힘이 빠지면서 주저앉아 버렸다. 눈물이 주체할 수 없이 흘렀다.

선교사들은 딱한 우리를 위해 비행기 표를 마련해 한국에 다녀오게 해야 한다고 의논했다. 이민아 선교사가 "문성 선교사만 가면 됩니다. 나는 가지 않아도 됩니다" 하며 그들의 부담을 덜어 주려 했다. 이때 파푸아뉴기니 선교사로 떠나기 위하여 준비 중인 트레버 번(Trever Bun) 선교사 부부가 찾아와서 "민아, 당신도 한국으로 가야 합니다. 성은 어머니 때문에 가지만 성에겐 당신이 필요합니다" 하고 말했다. 그러면서 수표를 내밀며 비행기 표를 구입하는 데 얼마가 필요한지 여기에 적으라고 했다. 백지 수표였다. 어쩔 줄 몰라 망설이고 있는데 내 손을 잡고는 "나와 같이 여행사로 가자"고 재촉했다.

여행사에서 비행기 표를 구입하려고 트레버 선교사가 자기 카드를 내밀자 카드에 잔고가 없다는 메시지가 떴다. 당황한 선교사가 어딘가 전화하더니 잠시 후 입금되었다며 비행기 표를 샀다. 그 돈은 그를 후원한 교회가 보내 주기로 한 선교헌금이었다.

그렇게 우리는 한국으로 떠날 수 있었고, 장지로 가기 직전에 도착했다.

"할머니가 그렇게 보고 싶어 하던 아들이 이분입니까? 어머님이 돌아가시기 전에 치매가 심했는데 아들 얘기만큼은 언제나 또렷하게 하셨어요. 아들이 왔다며 문을 열라고 하곤 했죠."

이웃 할머니가 나를 보고 이렇게 말하더니 어머니가 마지막 순간까지 손에 꼭 쥐고 있던 사진을 건네주었다.

"어머님이 돌아가신 후에 손에 무엇인가 쥐고 있어서 펴 보니 아들 가족의 사진이었어요."

가슴이 찢어지듯 아팠다. 하지만 내색하지 않았다. 그 대신 어렵사리 어머니의 장례식에 참석하게 해 주신 주님께 감사했다.

외부와 고립되고 단절된 정글에서는 전화도 라디오 전파도 잡히지 않는다. 본부와 하루 세 번 통신하도록 되어 있는 특수무전기가 생명선이다. 만약 본부는 연락이 되지 않으면 비상헬기를 보내 선교사의 안전을 확인한다. 그런데 우리가 정착하고 나서 1년 동안은 무전기가 없었다. 6000불이나 하는 고가였기 때문이다. 불특정 다수에게 생명선인 특수무전기를 구입할 수 있도록 기도해 달라고 편지를 써서 보냈더니 어느 날 한국에 있던 미국인 친구에게서 편지가 왔다.

"당신의 기도 제목을 읽었습니다. 나는 가지고 있는 돈이 없습니다. 그런데 왜 내가 무전기를 보내 줘야겠다는 강한 마음이 드는지 나도 모르겠습니다. 기도하던 중에 주님이 나를 택하여 이 일을 하라고 부르신다는 것을 알게 되었습니다. 그래서 미국의 친구들과 교회에 당신의 사역과 기도 제목을 보내려고 합니다. 하나님께서 필요를 채우시기를 기도하겠습니다."

몇 주 후 사역을 끝내고 본국으로 돌아가는 선교사가 30년간 사용하던 특수무전기를 2000불에 판다는 광고가 나왔다. 특수무전기는 선교사가 떠날 때나 중고로 구입할 수가 있었다. 그런데 며칠 후 본부에서 연락이 왔다. 미국에서 헌금이 도착했다는 것이다. 놀랍게도 한국에 있던 미국인 친구를 통해 2000불이 송금된 것이다. 지금 우리가 사용하는 무전기가 바로 그것이다. 선교사의 기도 편지를 받고 주님이 자신을 통해 이 일을 행하려 하신다는 것을 알고 헌신한 신실한 믿음의 형제를 알게 하심을 감사드린다.

어느 날 큰아들이 아르바이트하던 중 안갯길에서 교통사고를 내는 바람에 상대 보험회사로부터 1750불의 청구서가 날아왔다. 하지만 우리는 보험에 들지 못했기 때문에 고스란히 현금으로 지불해야 했다. 감당하기에는 큰 금액이었다. 그런데 이 일이 일어나기 일주일 전에 목사님 부부가 기숙사를 찾아와서 선교헌금이라고 봉투를 내밀었다.

"그동안 아내가 재봉 일을 해서 제가 공부할 수 있었어요. 이제 공부가 끝나 재봉틀을 팔았는데, 기도 중에 선교사님 생각이 나서 선교헌금을 하기로 했습니다."

그 목사님에게 전화했다.

"목사님이 주신 선교헌금을 다른 목적으로 사용해도 되겠습니까?"

나의 설명을 듣고 목사님은 "구하기 전에 너희에게 있어야 할 것을 하나님 너희 아버지께서 아시느니라"(마 6:8)는 말씀이 자신을 통해 응답된 것에 매우 기뻐했다.

전화를 끊고 봉투에서 돈을 꺼내 세기 시작했다. 마지막 장을 세는 순간 가슴이 두근거려 나도 모르게 돈을 바닥에 봉투째 던지면서 소파에 주저앉았다. 정확하게 필요한 1750불이 들어 있었던 것이다. 전에도 여러 번 이런 경험을 했지만 심령에 두려움이 일었다.

사람의 행위가 자기 보기에는 모두 정직하여도 여호와는 마음을 감찰하시느니라 잠 21:2

하나님께서 나의 생각과 마음을 언제나 감찰하고 계시다는 생각에 두려움이 일어났다. 이전에 느껴 보지 못한 마음이었다. 나에게 속한 마음과 생각이라고 얼마나 마음대로 하였던가. 성경을 읽을 때도 내 의지로 읽고 성령의 도움을 구하지 않았다. 눈으로만 글을 읽고 머리로는 다른 생각을 하기도 했다. 기도할 때도 입으로는 기도하면서 마음과 생각은 한눈을 팔기도 했다. 기도가 응답되어도 우둔하여 알지 못하고 지나간 날이 얼마나 많았던가. 설사 안다고 해도 응답으로 주신 선물(gift)에 더 관심이 있지 않았던가.

전능하신 하나님의 감찰하심 앞에서 내가 어찌할 도리가 없는 죄인임을 다시금 알았다. 하나님의 감찰하심이 얼마나 두려우며 은혜로운 것인지를 깊이 묵상하게 되었다.

오직 각 사람이 시험을 받는 것은 자기 욕심에 끌려 미혹됨이니 욕심이 잉태한즉 죄를 낳고 죄가 장성한즉 사망을 낳느니라 약 1:14-15

하나님의 손길과 성령의 인도하심은 조금만 관심을 가지고 바라보면 알 수 있고 느낄 수 있는 것이었다. 그러나 우둔한 죄인은 욕심에 미혹되어 세상의 방법으로만 생각하곤 했다. 그때마다 주님은 우리 삶에 구체적으로 개입하여 인도하시고 가르치셨고, 우리는 주님의 임재 앞에서 하나님을 온전히 신뢰하지 못한 죄를 눈물로 자복해야 했다.

그날 이후 묵상과 기도 시간이 늘어나기 시작했다. 그리고 무의식 중에 지내는 일상을 말씀에 비추어 민감하고 섬세하게 통찰하게 되었다. 아침에 떠오르는 태양을 바라보며 묵상하고 기도하는 시간은 우리 삶에서 가장 소중한 시간이 되었다. 하나님의 감찰하심 안에서 죄를 회개하고 예수 그리스도를 만나는 기쁨은 우리에게 자유함을 선사했다.

아무것도 염려하지 말고 다만 모든 일에 기도와 간구로, 너희 구할 것을 감사함으로 하나님께 아뢰라 그리하면 모든 지각에 뛰어난 하나님의 평강이 그리스도 예수 안에서 너희 마음과 생각을 지키시리라 빌 4:6-7

지난 25년간 하나님은 우리를 사랑으로 감찰하셨다. 십자가의 주님을 알게 하셨고 죄인을 긍휼로 인도하셨으며 은혜 안에 있게 하셨다.

> 곧 헛된 것과 거짓말을 내게서 멀리 하옵시며 나를 가난하게도 마옵시고 부하게도 마옵시고 오직 필요한 양식으로 나를 먹이시옵소서 혹 내가 배불러서 하나님을 모른다 여호와가 누구냐 할까 하오며 혹 내가 가난하여 도둑질하고 내 하나님의 이름을 욕되게 할까 두려워 함이니이다 잠 30:8-9

주님은 물질이 너무 부족하여 넘어지지 않게 하셨고 너무 많아 교만하게도 하지 않으셨다. 우리의 필요를 미리 아시고 일용할 양식으로 채우셨다. 오직 영광과 존귀를 받기 원하시는 주님은 우리 삶의 중심이며, 원동력이며, 감격이시다. 기도에 응답하시지 않을 때에도 인내하며 오직 하나님만을 의지하는 믿음에 이르게 하셨다.

주권자
하나님을 만나다

전날 밤까지도 농구장에서 친구들과 땀을 흘리며 농구를 하던 둘째 아들에게 갑자기 이상이 생겼다. 아침에 자기 방 문을 열고 나오는데 팔과 손이 의지와 관계없이 흔들리고, 걸음도 이상하고, 얼굴도 창백했다. 신발끈을 매지 못하고 땀을 흘리는 것을 보고 두려움이 엄습했다. 종이와 연필을 주고 "이름을 써 보라"하자 한 글자도 쓰지 못했다. 원을 그려 보라 하자 역시 손가락이 의지와 다르게 움직였다. 갑작스런 일에 둘째 아들을 끌어안고 눈물을 쏟았다.

종합병원에 가서 일주일간 각 분야 전문의로부터 검사를 받았다. 검사 결과 심장에 작은 구멍이 있지만 큰 문제는 아니라고 했다. 두꺼운 의학책을 펼쳐 놓고 "30년 전에 의학계에 보고된 적이 있는데 문화충격이 원인인 것 같다"고 설명했다. 다른 검사는 모두 정상이었다. 하지만 둘째 아들은 여전히 힘들어했다.

"혹시 류머티스성 열(Rheumatic Fever)이 발생하면 심장마비가 올 수도 있으니 성인인 스물한 살이 될 때까지 페니실린을 매일 먹이세요."

의사는 큰 봉투 가득 약을 처방해 주었다. 집에 돌아왔는데 기도밖에는 할 수 있는 게 아무것도 없었다.

심장마비가 올지도 모른다니 아이한테서 눈을 뗄 수가 없었다. 중국인 한의사를 불러 침도 맞히며 "학교도 가지 말고 네가 좋아하는 것만 해. 건강하기만 해 다오"하고 아들을 위로했다. 자녀가 아프고 보니 그동안 이래라저래라 잔소리하던 때가 얼마나 감사한지 몰랐다.

"아버지! 왜 우리 아들입니까? 아이를 정상으로 돌려주십시오. 우리를 부르셨으니 아이들을 돌봐 주셔야 하지 않습니까? 고쳐 주셔야 합니다."

아무리 기도해도 응답이 없었다. 힘들어하는 아들을 바라보며 하나님을 원망하며 울었다. 외국인 동료들은 아이를 돌보는 것이 하나님의 뜻일지 모르니 한국으로 돌아가라고 권했다. 한국의 가족들도 선교사가 된다더니 아이를 불구자로 만들 셈이냐며 당장 한국으로 돌아오라고 했다. 마치 사방이 막힌 어두운 터널에 들어가 있는 듯했다. 한 달째 금식하며 애걸했으나 아무런 변화도 없었다. 허탈한 마음으로 무심코 책상 위를 보았는데 기도 제목이 적힌 종이가 눈에 들어왔다.

구체적이고 자세하게 적힌 기도 제목을 찬찬히 읽어 내려가다가 이 모든 기도 제목이 내 생각과 내 유익을 위한 것임을 깨달았다. 내 유익을 위해 하나님을 제한하는 죄를 범하고 있었음을 알았다. 기도가 응답되면 감사와 기쁨이 충만해서 그날 하루는 "나의 하나님, 나의 보호자, 나의 지원자" 하고 찬양했다. 그러나 기도가 응답되지 않으면 의기소침해져서 '그리 아니하실지라도 나중에 응답해 주시겠지' 하고 스스로 다독였다.

'그리 아니하실지라도'가 누구의 고백인가. 다니엘의 친구 사드락과 메삭과 아벳느고가 "왕이여 우리가 섬기는 하나님이 계시다면 우리를 맹렬히 타는 풀무불 가운데에서 능히 건져내시겠고 왕의 손에서도 건져내시리이다 그렇게 하지 아니하실지라도 왕이여 우리가 왕의 신들을 섬기지도 아니하고 왕이 세우신 금 신상에게 절하지도 아니할 줄을 아옵소서"(단 3:17-18) 하고 바벨론의 느부갓네살왕에게 말하는 중에 한 말이 아닌가. 그들이 죽고 사는 것은 하나님께 있으니 죽는다 해도 우상에게 절대 절하지 않겠다고 말하고 있다. 이 엄청난 믿음의 고백 중에 나온 이 말을 나는 나를 위로하는 말로 사용했던 것이다.

언제나 나의 의지와 생각과 지식과 경험을 따라 나의 유익을 좇아 기도했다. 나의 인격과 교양이 선을 만들어 낸다고 생각했다. 종이에 '하나님의 인격'을 적어 놓고 설명해 보려고 했다. '전능' '거룩함'을 적고는 내 지식과 경험으로는 도무지 설명할 수 없다는 걸 알았다. 소위 우리가 말하는 기적은 하나님 편에선 일반적이고 보편적인 일일 것이다. 진정 하나님이 죄인에게 전능하심을 드러내신다면 인간은 심장이 멈추거나 터져 버릴 것이다. 일점무오한 하나님의 거룩함을 이 세상의 언어로 어떻게 표현할 수 있을까.

이것이 인간의 한계다. 그리고 그것이 인간이 죄인이라는 증거다. 죄로 인해 하나님과 관계가 단절된 인간, 바로 나다. 아들을 고쳐 달라던 기도는 나 자신의 죄악 됨과 하나님을 지식과 관념 속에 제한한 죄를 드러내고 있었다. 말로만 "주권자 하나님을 의지합니다" 했던 것을 회개했다. 하나님은 나의 회개를 들으시고 주권자 하나님으로 나를 만나 주셨다. 내게 전적으로 하나님을 신뢰하며 의지하는 믿음을 허락하셨다.

* 여호와를 경외하는 것이 지식의 근본이거늘 미련한 자는 지혜와 훈계를 멸시하느니라 잠 1:7
* 여호와를 경외하는 것이 지혜의 근본이요 거룩하신 자를 아는 것이 명철이니라 잠 9:10
* 여호와를 경외함이 지혜의 근본이라 그의 계명을 지키는 자는 다 훌륭한 지각을 가진 자이니 여호와를 찬양함이 영원히 계속되리로다 시 111:10

"아버지! 이 죄인을 용서하여 주소서! 하나님을 경외하는 것이 지식과 지혜의 근본이라 하셨으니 이제라도 하나님을 인격적으로 알기 원하나이다. 경외하기를 원하나이다. 창조주이시니 주의 뜻대로 하소서."

하나님을 모르고 지은 죄가 파도처럼 몰려와 통곡하며 자복했다. 이후 홍해와 같은 고난을 만나면 '홍해를 피하게 하소서, 홍해를 갈라 주소서' 하고 기도하던 우리 부부의 기도가 달라졌다.

> 고난 당한 것이 내게 유익이라 이로 말미암아 내가 주의 율례들을 배우게 되었나이다 시 119:71

"아버지 우리의 삶에 홍해가 필요하다면 홍해로 인도하시고, 홍해와 같은 고난을 당했을 때 그 환란 중에 살아 계신 아버지를 만나 고난이 유익임을 알게 하시고 기쁨을 주소서. 아들을 고치시든지, 불구자로 두시든지 오직 이 아들을 통하여 하나님의 이름과 영광이 나타나기를 소망합니다. 병든 아들을 데리고 한국으로 돌아가는 것이 하나님의 뜻이라면 한국으로 돌아가겠습니다. 있으라 하시면 여기 있겠습니다. 하나님을 저의 생각과 지식과 경험으로 제한한 죄인을 용서하소서. 죄인인 우리의 소망이 하나님이 원하시는 것이 되게 하소서."

십자가 예수 그리스도의 발아래 세상이 있다. 그리고 물질을 최고의 가치로 알고 살아가는 세상에 속한 영혼들이 있다.

> 그가 죽으심은 죄에 대하여 단번에 죽으심이요 그가 살아 계심은 하나님께 대하여 살아 계심이니 롬 6:10

주님은 죄인은 한 가지 고통도 감당하기가 힘든데, 과거 현재 미래를 관통하는 세상의 모든 고통을 짊어지고 갈기갈기 찢기신 예수 그리스도가 그의 발아래 있는 세상을 위해 지금도 중보하시는 것을 묵상하게 하셨다. 내가 얼마나 무지한 죄인인지를 알게 하셨다.

> * 이에 예수께서 이르시되 아버지 저들을 사하여 주옵소서 자기들이 하는 것을 알지 못함이니이다 하시더라 그들이 그의 옷을 나눠 제비 뽑을새 눅 23:34

주님은 우리가 "자기들이 하는 것을 알지 못"하니 용서해 달라고 기도하셨다. 그런데 우리가 무엇을 알지 못한다는 것일까?

이 말씀을 붙들고 2주간 묵상하며 기도했다. 죄인은 삼위일체 하나님을 알지 못한다. 하나님의 말씀을 모르기 때문에 구약에 약속된 메시아가 예수 그리스도라는 사실을 알지 못한다. 죄인은 자신의 생각과 감정과 편의를 따라 하나님을 만들어 내고는 그를 안다고 착각할 뿐이다. 인간이 생각하는 하나님은 하나님의 본래 모습과 다르다. 죄인은 자신의 제한된 지식과 경험을 가지고 하나님을 제한하기 때문이다. 죄인은 본능을 뛰어넘을 능력이 없다. 죄인은 자신이 알고 있는 지식과 경험 안에서만 사고한다.

하나님은 누구이신가? 세상의 어떤 언어로도 하나님의 속성과 인격을 표현할 수가 없다. 세상의 지식과 경험 밖에 계신 분이기 때문이다.

하나님이 누구인지도 모르니 신앙생활을 해도 성화가 되지 않는 것은 당연하다. 기도가 응답되지 않는 것이 당연하다. 하나님이 누구인지도 모르면서 행한 모든 신앙의 행동이 어찌 믿음의 일이겠는가?

* 심령이 가난한 자는 복이 있나니 천국이 그들의 것임이요 마 5:3

하나님을 알기를 갈구하는 심령의 가난함이 없이 어찌 자신의 죄로 인하여 애통할 수 있겠는가?

* 애통하는 자는 복이 있나니 그들이 위로를 받을 것임이요 마 5:4

하나님은 죄를 싫어하시고, 죄를 반드시 심판하시며, 죄인은 영원히 지옥의 형벌을 받게 된다.

* 예수께서 이르시되 네가 어찌하여 나를 선하다 일컫느냐 하나님 한 분 외에는 선한 이가 없느니라 막 10:18

하나님은 우리가 선이 없는 죄인이기 때문에 죽는다는 것에 관심을 가지고 계시다. 그래서 독생자 예수 그리스도를 이 세상에 보내셨으며 십자가에서 죽게 하시고 부활하게 하셨다. 하나님은 매 순간 내 안에 회개와 자복이 일어나게 하시고 내가 소망이 없는 죄인임을 고백하게 하셨다.

이 같은 회개를 하게 하셔서 십자가의 예수 그리스도를 믿게 하시고 시험에 100점을 받아 부모에게 자랑하고 싶어 하는 어린아이와 같은 심령이 되게 하셨다. 고난을 통해 주님을 얻었기에 고난이 유익이었음을 '아멘' 하게 하셨다. 삶 속에서 겪는 외로움과 슬픔은 오히려 기도로 무릎 꿇게 하여 성령의 인도를 알게 하시고 십자가의 사건이 얼마나 놀라운 것임을 알게 하셨다. 그 감격, 그 기쁨을 주체할 수 없었다.

어느 날 아침 둘째 아들이 방에서 나오는데 정상으로 돌아왔다는 것을 직감적으로 알 수 있었다. 걷는 것도 정상이었고 혈색도 좋아졌고 평안해 보였다. 병원에 가서 며칠에 걸친 검사를 다시 했다.

"그때 데려온 아이가 이 아이가 맞습니까?"

의사는 고개를 갸웃거리며 모든 것이 정상이니 이제 더 이상 약이 필요 없다고 했다. 할렐루야! 하나님은 아들을 온전히 치유해 주셨다. 집으로 돌아와 아들과 앉아 이야기를 나누었다. 생각해 보니 아이들이 학교생활에 적응하느라 스트레스를 많이 받았던 것 같다. 언젠가 아이가 학교에서 돌아와 한 말을 떠올려 보니 참으로 마음이 아팠다.

"아버지, 하나님께 참으로 감사해요. 한국말이나 영어나 숫자가 똑같아요."

영어로 소통하는 교실에서 낯익은 숫자를 보고 너무 반가웠던 아이. 아이는 "선생님, 화장실에 다녀오겠습니다" "몸이 아프니 집에 연락해 주십시오" 같은 말을 영어로 적어 필통에 넣고 다녔다. 그런데 어느 날 아이는 나의 예상과 다른 말을 했다.

"아버지, 학교생활은 힘들지 않았어요. 아버지를 아는 한국의 지인들이 아버지 어머니를 잊어 가는 것 같아서 힘들었어요. 학교에서 돌아올 때마다 우편함을 열어 보았는데 처음에는 많이 오던 편지가 시간이 지나면서 줄어들고 이제는 몇 달이 되어도 편지가 없는 것을 보고 많이 힘들었거든요."

순간 이 아이가 다 자랐구나, 감격했다. 하지만 한편으로는 내 아이가 부모의 보호 아래 철없이 순진하고 착하게 자라기를 바랐는데 그렇지 못하는 것이 마음 아팠다. 아이들 앞에선 절대 힘든 내색을 하지 않았건만 아이들은 우리를 헤아리고 있었던 것이다. 우리야 하나님의 부르심을 따라 고난을 인내한다지만, 아이들은 아무런 선택 권한도 없이 부모를 따라와 자신들의 의지와 관계없는 환경이 얼마나 힘들고 어려웠을까?

"아버지! 아이들의 심령을 돌봐 주시옵소서. 부모의 삶에 자긍심을 가질 수 있도록 보살펴 주시옵소서. 부모인 우리에게 하나님만을 전적으로 신뢰하며 의지하는 믿음과, 겸손으로 아이들을 돌볼 수 있도록 지혜를 허락하여 주시옵소서."

며칠 후 병원에서 청구서가 날아왔다. 하단에 있는 금액이 먼저 눈에 들어왔다. 3800불, 감당할 수 없는 금액이었다. 다시 자세를 가다듬고 찬찬히 서류를 읽었다. 놀랍게도 '모든 병원비가 처리되었으니 사인만 해서 보내라'고 했다. 도대체 누가 우리를 대신해 병원비를 지불했단 말인가? 병원을 찾아가 사정을 알아봤다.

우리의 간증을 들은 회교도인 수석 담당 의사가 자신의 진료비를 받지 않겠다고 서명하자 나머지 6명의 의사들도 모두 뒤따라 서명을 하여 청구 금액이 다 처리되었다는 것이다. 병원을 나서며 마음 깊은 곳에서 잔잔한 두려움과 함께 기쁨과 감사가 물결을 일으켰다.

"하나님은 하나님이십니다."

지금도 우리를 감찰하시는 하나님, 이성과 지성과 마음과 생각과 행동을 다하여 하나님만을 전적으로 온전히 신뢰하며 의지하기를 원하시는 주님, 우리를 온전한 믿음으로 성숙시키기 위하여 인도하시는 주권자 하나님, 아이를 통하여 죄인 된 우리 부부에게 주권자 하나님을 의지하는 믿음을 허락하시고 모든 것을 아들이 아프기 전 상황으로 되돌려 놓으신 주님께 영광을 올려 드린다.

> 내가 궁핍하므로 말하는 것이 아니니라 어떠한 형편에든지 나는 자족하기를 배웠노니 나는 비천에 처할 줄도 알고 풍부에 처할 줄도 알아 모든 일 곧 배부름과 배고픔과 풍부와 궁핍에도 처할 줄 아는 일체의 비결을 배웠노라 내게 능력 주시는 자 안에서 내가 모든 것을 할 수 있느니라 빌 4:11-13

얼마나 놀라운 하나님의 인도이며 돌보심인가! 오늘도 소망 없는 죄인인 우리에게 하나님이 누구인지를 가르치시고 기쁨으로 자족하게 하시는 전능하신 주권자 하나님을 찬양하며, 하나님의 이름과 영광이 미히 부족 교회에서 일어나기를 기도한다. 마틴 로이드 존스 목사님은 만약에 우리가 하나님이 누구인지를 조금이라도 안다면 기도할 때 감히 "친애하는 하나님(Dear God)이라고 절대 말할 수 없을 것이다"라고 했다.

> 형제들아 내가 그리스도 예수 우리 주 안에서 가진 바 너희에 대한 나의 자랑을 두고 단언하노니 나는 날마다 죽노라 고전 15:31

아버지! 이 죄인 또한 날마다 죽기를 소망하나이다.

잊힌 영혼, 나의 미히 부족

부족 형제를 찾아서

영화나 말로만 듣던 원주민과, 파푸아뉴기니의 도시에서 느끼는 원주민과, 정글 부족에 들어가서 대하는 원주민은 느낌이 너무나 다르다. 그래서 파푸아뉴기니에 도착하면 언어 훈련은 물론 정글 적응 기간이 1-2년간 주어진다.

파푸아뉴기니의 공용어인 피진(Pidgin) 시험을 4차까지 통과한 후에야 비로소 부족 조사가 허락되었다. 떠나기 전날 밤 잠을 설치며 침낭과 비상 장비, 약간의 비상 음식과 언어 분석에 필요한 자료를 준비하면서 흥분도 되고 설레기도 하고 한편으로 두렵기도 했다. 이민아 선교사는 최초로 부족 조사를 따라가는 여자 선교사였을 것이다. 그만큼 힘들기 때문이다. 그래서인지 이민아 선교사한테는 옹골찬 결의가 느껴졌다.

스무 살에 결혼한 후 바로 파푸아뉴기니에 와서 50년을 지낸 미국인 선교사 짐 테너(Jim Tanner)와 함께 찾아간 곳은 아와 부족(Awa Tribe)이

짐과 핸더슨 그리고 조종사와 함께

영적 두려움으로 살아가던 아와 부족 사람들

걸어서 게와 부족으로

트럭을 타고 게와 부족을 찾아가는 모습

다. 아와 부족은 미국인 선교사 마이크 핸더슨(Mike Henderson)이 사역하는 아지아나 부족(Agiana Tribe)과 인접해 있는 곳으로 14년 전에 발견되었으나 그때까지 선교사가 들어가지 못했다.

우리는 5명이 타는 경비행기를 타고 아지아나 부족이 있는 곳으로 40분간 날아간 뒤 다시 소형 헬기로 갈아타고 아와 부족을 향했다. 해발 2400m가 넘는 산악 지역이라 소형 비행기를 착륙시킬 만한 평지를 찾기가 어려워 몇 번을 돌아야 했다. 원주민의 움막도 경사진 산 중턱에 겨우 세워져 있었다. 겨우 찾은 작은 평지에 착륙했으나 헬기가 비스듬하게 내려앉아 위험해 보였다. 다른 곳과 달리 산 아래에는 나무들이 있지만 산 능선과 원주민의 마을에는 나무가 없었다. 물도 풍족하지 못했다. 벌거벗은 원주민들은 다른 부족도 마찬가지이지만 질병과 굶주림 그리고 옴(scabies) 벌레의 공격으로 온몸에 성한 곳이 없었다.

"가지 마세요. 우리는 오랫동안 선교사를 기다렸습니다."

간단한 언어 분석을 마치고 떠나려는 우리를 원주민이 붙잡았다. 병든 사람처럼 힘없이 무표정하게 우리를 바라보던 그들을 가끔 생각한다. 아와 부족은 아직도 선교사를 기다리고 있다.

그런 다음 게와 부족(Kewa Tribe)을 찾았다. 중형 승합차로 8시간을 달려 하겐(Hagen)이라는 도시에 이른 다음 차를 갈아타고 6시간을 달리면 멘디(Mendi)라는 도시에 닿는다. 게와 부족은 여기서도 멀리 떨어진 곳에 있다.

멘디에서 안내자를 만나 빌린 트럭에 짐을 싣고 비포장도로가 이어지는 산악 지역으로 들어갔다. 마침 폭우가 쏟아졌다. 기름을 나르던 낡은 트럭이라 검은 기름이 차 바닥에 묻어 있어서 자리에 앉지도 못하고 서서 하늘에서 쏟아붓는 비를 맞으며 몇 시간째 흔들리며 고통스럽게 갔다. 그나마도 나중에는 트럭이 고장 나는 바람에 짐을 지고 산행을 해야 했다. 이미 선불로 돈을 받아서인지, 정말 트럭이 고장 났는지는 모르지만 운전기사가 더 이상 갈 수 없다고 버틴 까닭이다.

아직도 갈 길이 먼데 정글은 어두워지기 시작했다. 작은 손전등을 의지해 폭풍우 속을 몇 시간째 걸었다. 배도 고프고 너무 많이 지쳐서 걷기가 쉽지 않았지만 폭풍우 속에서 비박할 수도 없었다. 이민아 선교사는 흔들리는 트럭에서 멀미를 해서 더 힘들었다. 서로 격려하며 걷는데 폭이 30여 미터가 되는 큰 강이 나타났다. 안 그래도 폭우 소리가 컸는데 모든 것을 집어삼킬 듯이 거세게 흐르는 강물 소리가 두려움을 증폭시켰다. 다리가 있을 만한 곳을 뒤졌으나 보이지 않았다. 그러다

폭우와 어두움 속에서 나타난 상류 강물

폭우 속 두려움으로 건넜던 줄 다리

길 양쪽을 줄로 이어 만든 출렁다리를 발견했다. 가장 먼저 원주민 안내자가 건너기로 했다. 그 뒤로 두 명의 미국인 선교사와 이민아 선교사가 건너고 마지막으로 내가 건너기로 했다.

양쪽 손으로 줄을 잡고 한 줄로 된 다리를 건넜다. 맨발인 원주민 안내자는 잘 걷는데 산행을 위해 정글화를 신은 우리는 비로 젖은 줄이 미끄러워 걸을 수가 없었다. 양쪽 줄을 잡고 힘들게 걸어 중앙까지 갔는데 다리가 심하게 흔들렸다. 저 아래로는 폭우로 불어난 강물이 흐르는 소리가 정글을 흔들고, 줄다리는 몸을 흔들어 대서 아무것도 생각할 수가 없었다. 흔히 이런 상황이라면 선교사들이니까 "주님! 두려움을 없게 하시고 담대하게 건널 수 있도록 도와주십시오. 두 손과 두 발에 힘을 주시고 다리를 건너갈 수 있도록 도와주세요!" 하고 기도한 뒤 담대하게 폭풍우를 헤치고 갔다는 얘기를 기대하겠지만, 경험해 보니 그것은 소설이나 영화에서나 가능한 얘기였다. 기도는커녕 하나님을 기억해 내지도 못했다. 줄다리가 곧 뒤집힐 것 같은 죽음의 두려움이 덮쳐서 아무것도 생각할 수 없었다. 오직 살아야 한다는 생각밖에는 없었다.

바로 그때 안내자가 "하늘을 보시오(고누 아가오, Konu agao)"라고 소리쳤다. 우리는 다 같이 하늘을 바라보았다. 그런데 너무나 신비하게도 좌우로 흔들리던 줄 다리가 점점 멈추는 것이 아닌가! 이때다 싶어 정신없이 다리를 건넜다. 다리를 건넌 후 손이 따스해서 살펴보니 양쪽 손이 쇠줄에 찢어져 피가 흐르고 있었다. 그제야 내가 안전하다는 것을 확인하고 깊은 숨을 쉬며 "주님! 감사합니다" 하고 기도했다. 안내자의 "하늘을 보시오"는 시련이 닥쳤을 때 환경이 아니라 주님을 바라보라는 의미였을 것이다. 얼마나 지혜롭고 복음적인가? 그의 말대로 하나님이 정하신 물리 법칙에 따라 흔들리던 다리가 흔들리지 않았다. 그날 나는 죄인은 극도로 죽음의 공포나 절망과 좌절을 만나면 본능적으로 하나님을 찾을 능력이 없다는 것을 알았다. 이것이 본능에 따라 살아가는 우리의 한계다.

상황은 다르지만 이민아 선교사도 같은 죽음의 공포를 경험했다. 제자들과 함께 정글을 7시간 걸어 구사(Kusa)라는 마을을 찾아갔을 때였다. 산이 험해서 계곡을 내려가는 데만 꼬박 4시간이 걸렸다. 외부인인 우리 같은 하얀 사람이 처음 들어가는 곳이었다. 힘차게 흐르는 마시(Masi)강을 손과 손을 맞대 인간 밧줄을 만들어 강을 건넜다. 그런데 도착하고 보니 우리가 선 곳은 산사태가 난 계곡 위였다. 산사태로 길도 없어진 데다 지반이 약해져 똑바로 서서 걸을 수가 없었다. 발을 디디면 작은 조약돌들이 주룩주룩 무너져 내려서 두 손과 두 발로 기어갔다. 길 한쪽은 낭떠러지였는데 20여 미터 아래로 흐르는 강물에는 산사태로 떨어진 날카로운 돌들이 물과 함께 흰 거품을 내며 굴러갔다.

우리는 돌이 굴러떨어지는 산 위를 대각선으로 올라가야만 했다. 두 명의 제자가 발가락을 이용해 맨발로 조심스럽게 올라갔다. 평생을 맨발로 살아온 형제들은 발가락을 이용해 잡기도 하고 나무와 바위를 타기도 한다. 등산화를 신은 이민아 선교사도 중간쯤 올라갔다. 그런데 간신히 손가락으로 잡고 있던 작은 바위가 무너져 내리자 두려워서 그만 멈추고는 목을 놓아 울기 시작했다. 등산화를 신은 발은 무너져 내

이민아 선교사를
부축하여 올라가는 제자들

리는 자갈 때문에 더 위험했다. 엉엉 울고 있는 이민아 선교사에게 제자 셋이 급하게 올라가 이민아 선교사의 손과 발을 잡았지만 이미 두려움으로 근육이 굳어 버린 이민아 선교사는 꼼짝도 못 했다.

"이내! 이민아 선교사가 떨어지면 당신이 이민아 선교사를 안고 먼저 떨어져요!"

먼저 올라가 있던 이내(Ine)라는 제자의 아내 주니(Zuni)가 이렇게 말하자 이내가 이렇게 대답하는 게 아닌가.

"그래, 나도 그렇게 하려고 생각했어!"

자기는 죽어도 이민아 선교사는 살려야 한다는 것이다. 부족 형제들은 이렇게 우리를 자기 생명보다 더 사랑한다. 세 제자가 도와주자 목놓아 울던 이민아 선교사가 얼마 후 울음을 그치고 조심스럽게 움직이기 시작했다. 그렇게 정상에 도착하고 나서야 웃으며 "주님, 감사합니다" 하고 기도했다. 그렇게 찾아간 구사 부족 원주민들은 평생 처음 보는 하얀 사람의 퉁퉁 부어오른 두 다리를 잡고 안타깝게 비벼대며 울었다.

주님은 우리에게 죽음의 공포가 어떤 것인지를 작은 경험을 통하여 가르쳐 주셨다. 이 경험은 지금도 부족의 형제들에게 복음을 전하는 데 큰 도움이 되고 있다.

칠흑처럼 캄캄한 밤 8시에 겨우 게와 부족에 도착했다. 이 부족은 외부의 침략을 막기 위해 일부러 냇가를 따라 걸을 뿐 길을 만들지 않는다고 한다.

추장이 마을 한가운데에 있는 자신의 움막에서 모닥불을 피우고 우리를 기다리고 있었다. 비에 젖은 옷을 말릴 수도 없었고 갈아입을 옷

조용하고 아름다운 게와 마을

게와 마을에서 부족민들과 함께

도 없었다. 허름한 움막 안은 연기와 냄새로 가득했다. 장작을 태운 그을음으로 천장과 벽은 온통 검은색이었다.

냄새나는 한 움막에 4명의 선교사가 침낭을 깔고 잠을 청했다. 한밤중에 벽 쪽에서 잠을 자던 이민아 선교사가 악 소리를 지르며 벌떡 일어났다. 잠자는 동안 천장을 타고 오던 쥐가 얼굴로 떨어졌던 것이다. 자다가 얼굴과 몸 위를 무엇이 돌아다니는 것 같아 손전등으로 비추자 바퀴벌레들이 우리의 몸 위를 돌아다니고 있었다. 아침이 되어 일어나자 이민아 선교사의 온몸이 빈대와 비슷한 피를 빨아먹는 붉은 벌레

실망하는 추장

(Red Bug)에 물려 불긋불긋했다.

"주위를 돌아보세요. 당신 눈에 보이는 모든 산과 땅이 나의 것인데 이곳에 머문다면 어느 곳이든지 원하는 곳을 다 내어 주겠소."

아침에 우리를 찾아온 추장이 만약 내가 자신의 움막을 원한다면 그것도 내어 주겠다며 같이 살자고 말했다. 추장은 아내가 10명이나 되는데 최근엔 열여섯 살의 딸 같은 여자와 결혼을 했다.

"당신이 죽으면 누가 아내를 돌보라고 그렇게 많은 여자와 결혼하였느냐"고 물으니 대부분의 남자들이 도시로 나간 뒤 부족으로 돌아오지 않아서 마을에 여자가 너무 많다고 했다. 실제로 눈대중으로도 남자가 많지 않다는 걸 알 수 있었다. 우리는 그곳에서 3일간 머물며 그들의 언어와 문화를 조사하고 마을을 떠났다. 추장은 크게 실망하여 떠나는 우리를 보지 않으려고 머리를 숙이고 있었다. 언제나 그 추장의 애절한 모습을 생각하며 기도한다.

이외에도 토까노(Tokano), 지와까(Jiwaka) 부족민들을 만났다. 아직도 부족에는 선교사가 들어가지 못해 복음을 듣지 못하는 형제들이 많다.

토까노와 지와까 부족 마을 형제들

정글에서 태어나고,
살고, 죽는 사람들

　언제나 정글 속을 날아가는 경비행기 코디액의 굉음은 우리를 긴장
하게 한다. 산악 지역의 심한 바람으로 동체는 좌우상하로 심하게 흔
들린다. 나도 모르게 기도하고 있는 모습을 발견하게 된다. 저 아래 녹

색의 정글 속에는 또 다른 삶이 있다. 깊은 흙탕물의 강과 절벽 때문에 고립되고 단절되어 외부의 문화와 접하지 못하고 살아가는 식인 문화를 가졌던 부족민들이 있다. 지금도 문화 분석을 위해 식인 문화에 대해 물어보면 흥분된 얼굴로 어떻게 사람을 먹었는지를 이야기한다. 지금은 그 문화에서 멀어졌지만 아직도 사람의 맛을 기억하고 있다. 끝없이 넓은 정글 속에 32개 씨족 약 2만 명이 원시 상태로 살아간다. 그 중심 부분에 우리가 사역하는 코라 마을이 있다. 그들은 파푸아뉴기니의 876개 부족 언어 중 하나인 미히 언어를 사용하는 부족이다.

파푸아뉴기니의 고산 언어는 세계 약 6400개 언어 중 가장 문법적으로 어려운 언어 중 하나로 분류된다. 말소리는 있지만 글을 쓸 수 있는 문자가 없어 기록 문화가 없다. 세종대왕이 한글을 만드시기 전의 우리나라와 같다. 미히 언어는 우리가 선교하면서 글자를 만들어 미히 언어라고 명명한 후 2015년 8월 파푸아뉴기니 국회에 정식으로 부족 언어로 등재했다.

부족민들은 자기들이 태어난 날과 나이를 알 필요를 느끼지 않기에 자기 나이를 아는 사람이 없다. 숫자도 5까지만 센다. 1을 이끼가(Ikika), 2는 라갈레(lagale), 3은 2와 1(라갈레 이끼가)을, 4는 2와 2(라갈레가고 라갈레가고)를, 5는 내 손 하나(Ikika nada)다. 5이상은 문장으로 말을 풀어 길게 표현해야 한다. 하루가 몇 시간인지, 일주일, 한 달이 며칠인지, 1년이 몇 달인지, 날짜와 시간의 개념이 없다. 옛날의 우리나라처럼 낮에 보자고 하면 만나는 시간이 낮이다.

자연에 순응해 아침 해가 떠오르는 새벽에 일어나고 해가 질 무렵이면 움막에 들어가 잠을 잔다. 자신들의 나라가 파푸아뉴기니인지도 모르고, 자신들이 사는 곳이 파푸아뉴기니의 어느 지점에 있는지도 알지 못한다. 지형적으로 외부와 단절되고 고립되어 있었기 때문에 21세기에 신석기 문화를 사는 곳이다. 부족민은 씨족 단위로 정해진 땅에서 살아가며, 땅을 지키기 위해 가끔 부족 전쟁을 하기도 한다.

움막은 산 능선을 따라 짓고 살며 문은 한쪽 방향으로 하나만 만든다. 능선 위에 집을 짓는 것은 적이 침략했을 경우 위를 선점함으로써 적을 방어하기 쉽기 때문이며, 움막의 문도 한쪽만 지키기 위함이다. 또한 정글에는 말라리아 모기와 야생 멧돼지, 뱀이 많은 데다 습하고 늪이 많아서 산꼭대기 능선에서 산다.

부족 전쟁이 나면 남자들은 싸우고 여자들은 어린아이들을 손에 잡히는 대로 데리고 도망간다. 뒤처지거나 엄마를 놓치면 사내아이들은 죽음을 면치 못한다.

이들은 정글에서 태어나 정글에서 자라고 결혼하여 아이를 키우고 죽어 간다. 피부색은 원주민 특유의 검은색으로 아프리카 원주민보다는 밝은 색이다. 머리카락은 꼬불꼬불하여 더운 지방에 사는 사람의 특색을 보인다. 정글과 자연에 적응하지 못하면 살아남지 못한다. 몸이

32개 씨족이 살고 있는 미히 부족 정글

악령을 믿고 영적 두려움에 살아가는 부족민들

약하면 죽기 때문에 불구자는 거의 없고 살아 있는 경우에도 수명이 짧다.

남녀 모두 키나 몸집이 크지는 않지만 남자는 어려서부터 잔근육이 아주 잘 발달되어 강인해 보인다.

나무 위를 올라갈 때는 나무 기둥을 타고 올라가기보다 가지를 잡아당긴 후 반동을 이용해 나무 위로 단숨에 점프하여 날아가듯 올라간다. 밤낮으로 산행을 하거나 정글에서 사냥을 하며 살아가는 데 놀라운 적응력을 보인다. 여인들은 전통적으로 힘든 모든 잡일을 하기 때문에 강인하다. 남녀 모두 눈과 귀가 발달해서 밤에도 빠르게 산행을 하며 우리에게는 들리지도 않고 보이지도 않는 비행기를 멀리서 보거나 소리를 듣고 비행기가 온다고 전해 준다.

조상 때부터 불을 다루는 솜씨가 대단하고 아직도 대나무를 비벼서 순간적으로 불을 만들어 사용한다. 밭을 만들 때는 화전민처럼 나무를 모두 자르고 불을 피운다. 바람이 불면 큰불이 되어 산을 통째로 태우는 경우도 있지만 바람의 방향과 불길을 보고 따라다니며 잡는다. 그들은 어느 곳에 가든지 어떤 일을 하든지 간에 옆에 불을 크게 피워 놓는다.

움막은 기둥을 세운 뒤 '뺏뺏'이라고 부르는 갈대와 같은 풀을 엮어 벽을 막고 지붕은 꾸나이라고 하는 풀을 올려 비를 막는다. 옛날 한국의 초가집과 비슷한데, 강한 산바람이나 비를 막아 주지는 못해서 매년 남자들이 움막을 다시 짓는다. 움막에는 방이 따로 없고 중앙에 모닥불을 피우고 땅 위에서 잠을 잔다. 요즘은 우리 집을 따라서 움막 안에 마루를 만들거나 움막 아래에 네 기둥을 박아 땅 위로 움막을 높게 지어 땅에서 올라오는 습기를 피하기도 한다. 우리가 처음 이 마을에 정착

대나무 칼과 사용하던 돌도끼

코라 마을 부족민의 움막

푸루를 쓰고 뿔뿔을 입은 여인들

했을 때, 어떤 부족 형제는 활과 화살, 대나무 칼을 만들며 연마한 돌을 도끼처럼 사용하고 있었다. 그는 철로 된 칼과 도끼를 처음 만져 본다고 했다. 부족민들은 움막 안에 돼지와 개, 닭을 키우고 그들과 함께 자고 먹고 한다.

처음 부족 형제들을 만났을 때 여자들은 '뿔뿔'(pulpul)이라는 것으로 아래만 가리고 있었다. 나무껍질을 벗겨 방망이로 두들겨 부드럽게 한 다음 말려서 가늘게 찢어 치마처럼 엮어서 입는다. 머리에는 비와 햇빛을 피하기 위해 '푸루'(furu)라는 것을 쓰는데 나무껍질을 말려 두드려서 부드럽게 한 것이다. 때로는 돗자리처럼 깔고 위에서 잠을 자거나 덮고 자기도 한다. 남자들은 '탕켓'이라고 부르는 나뭇잎으로 앞을 가렸다. 우리가 추위를 피하라고 옷을 나누어 준 이후로는 만들기 힘든 뿔뿔과 푸루를 만들어 입는 부족 사람은 거의 없다.

남녀노소 모두 신발을 신어 본 적이 없기 때문에 그들의 발은 신발

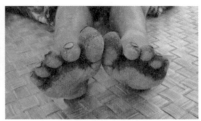

잔근육이 발달해 강인한 모습의 부족 전사들　　부족민들의 발

을 신는 우리와 달리 옆으로 넓적하며 발가락이 발달되어 있다. 그래서 산행이나 나무를 오를 때 손가락처럼 사용한다. 발바닥은 마치 코끼리 발 같다. 그러나 사람의 발이라 트고 갈라져 있어 언제나 통증을 호소한다. 정글에 맹수는 없지만 맹독을 가진 뱀과 멧돼지가 많고, 무룩이라고 부르는 타조 크기의 카소와리가 있는데 모두 맹수여서 잘못 사냥하면 크게 다칠 수 있다. 다른 지역에 많은 악어는 없다. 세계에서 가장 아름다운 새가 많은 새의 천국이다.

부족 사람들은 남자와 여자의 일을 정확히 나누어 하는데 이는 영적인 문제와도 직결되어 있다. 남자들은 집을 짓거나 사냥 외에는 하는 일이 별로 없다. 가끔 멧돼지를 잡아도 가족을 위해 고기를 집으로 가져오는 일 없이 정글에서 남자들끼리 먹고 만다. 남자들은 남자의 집을 지어서 여자들은 결코 들어올 수 없도록 법을 만들고는 그곳에서 이루 말할 수 없는 행동을 한다.

예전에 남자아이가 자라면 성인식을 했는데, 그 행태가 매우 잔인했다. 콧구멍 양쪽에 대나무로 구멍을 뚫고 대나무를 끼어서 코고리를 하고, 대나무 껍질을 길게 벗겨 콧구멍과 입 속에 깊게 밀어 넣어 모든 것을 토해 내도록 위아래로 흔든 다음 나중에 입에서 하얀 것이 나

멧돼지 사냥을 하는 부족 전사들

카소와리

밝게 보이는 산능선이 200여 명이 살던 마을이다

오면 어머니의 젖이 나왔다며 이제 어른이 되었다고 했다. 뿐만 아니라 담대함을 기른다면서 물속에 집어넣고 숨이 차서 나오려 하면 대나무로 밀어 넣기를 반복해 거의 기절하고 나서야 꺼내 주었다. 마지막으로 남자의 집에서 남자 어른이 가르치는 부족의 법도와 풍습을 배워야 했다. 그러나 법도와 풍습이 도덕적이거나 선한 것이 없다. 부족에서 남자의 권위는 절대적이었다.

한번은 옆에 사는 씨족의 노인이 어린아이를 가슴에 안고 남자의 집에 들어와 있는 것을 보고 한 남자가 이상하게 생각했다. 왜냐하면 노인에게는 자녀가 여자만 있고 남자가 없었기 때문이다. 그래서 확인해 보니 노인이 안고 있는 아이는 여자아이였다. 그러자 노인이 떠난 그날 밤, 부족의 남자들이 모여 규칙을 위반한 그 노인의 씨족 사람들을 모두 죽이기로 결정했다. 그런 다음 한밤중에 온몸을 검정 칠하고 손에 활과 화살을 쥐고는 노인의 마을로 쳐들어가 200여 명을 학살했다. 이들의 활쏘기 실력은 날아가는 새도 잡는 신기에 가까웠다. 노인의 마을 사람들 중 일부는 높은 절벽에서 와기강으로 뛰어내려 죽고, 일부는 살아 다른 정글 속으로 달아났다고 전해진다.

정글에 있는 우리 집에서 산을 바라보면 그때의 마을과 움막 터가 보이는데 당시의 긴박감과 공포가 느껴지는 듯하다. 미히 부족은 언어로 분류한 이름이지만 실제로는 코라 부족이라고 한다. 코라는 영어적인 표현이며 실제로는 골라(Gola)라고 하는데 그 뜻은 '피'다. 이곳은 바로 '피의 마을'이다. 땅과 생존을 위해 얼마나 많은 부족 전쟁을 일으켜 피를 흘렸으면 이름이 피의 땅이겠는가?

몸이 기억하는 식인 맛

그리스도인이 된 성도들을 다른 종교(이슬람교)로부터 보호하기 위해 이 부족의 주식인 '미히'(Mihi: 고구마)에 착안해 부족 이름을 지었다.

이곳 사람들은 양철로 된 어떤 식기도 없다. 대나무 칼로 대나무를 마디에 따라 잘라 그릇처럼 사용한다. 긴 대나무 통에 작은 구멍을 낸 뒤 물통으로 사용한다. 대나무 통에 고기나 차코(chako) 잎을 넣고 모닥불 위에 굴려 가며 익혀서 먹는다.

멧돼지와 타조처럼 생긴 무룩과 각종 산짐승들, 쥐나 뱀과 도마뱀

대나무통에 음식을 넣어 불에 익혀 먹는다

대나무 줄로 불을 피우는 모습

식인 문화를 이야기해 준 하니 포 노인

식인 문화 속에서 살아온 부족 형제

잡아먹은 사람의 손가락으로 목걸이를 만들어
목에 걸고 있던 것을 전시한 것(고로까 전시장에서)

그리고 각종 벌레 등 움직이는 모든 것을 먹는다. 이들은 새를 보고 예쁘다고 생각하기보다 어떻게 잡아먹을까 궁리한다. 여기서 살면서 알게 된 사실은, 벌레는 메뚜기와 맛이 비슷하고, 쥐는 토끼 고기와 비슷하며, 도마뱀은 닭고기와 비슷하다. 주식은 고구마이며 얌(yam), 타로(taro), 타삐옥(tapiok) 등 뿌리 음식과 옥수수를 모닥불 재 속에 넣고 구워서 먹는다. 요즘은 우리가 도와줘서 재배한 호박과 각종 콩을 먹는다.

모든 음식은 결코 날것으로 먹지 않는다. 고구마를 날로 먹으면 죽는다고 생각한다. 우리가 고구마를 날로 먹으면 놀라서 말린다. 고구마 줄기나 잎도 먹지 않는다. 우리가 쌀을 날로 먹지 않는 것과 같다.

우리가 돼지고기와 소고기의 맛을 구분하는 것처럼 미히 부족의 많은 형제들은 사람 고기의 맛을 기억한다. "남자보다는 여자가 더 맛있어요. 팔과 다리가 더 맛있어요" 한다. 구시 마을에 사는 포(Hani Fo) 노인이 "사람 발뒤꿈치가 그 어떤 고기보다 맛있다"고 신이 나서 말했다. 어떤 형제는 땅에 묻은 시신을 파서 먹은 적도 있다고 했다.

부모의 시신을 마리타(marita)라는 나무 위에 올려놓으면 여자들이 마치 경쟁하듯 대나무 칼을 손에 들고 와 각 부위를 잘라서 대나무 통 속에 넣고 불에 구워서 먹는다. 그러면 시신의 가족이 자신의 부모를 존경한다는 의미로 잘 먹어 주어 감사하다면서 돼지를 잡아 마을 사람들에게 나누어 준다. 어떤 형제는 나중에 먹으려고 사람 손을 움막 천장에 매달아 놓았다가 손목 쪽을 입으로 물고 당기자 손가락이 움직이며 자신의 뺨을 때려서 놀라 활로 쏜 뒤에 잘라서 먹었다고 했다.

형제들은 흥분해서 이런 얘기를 했다. 리보레 마을의 한 형제는 나를 보면 "하얀 사람이 죽으면 한쪽 다리를 먹겠다"고 말하곤 했다. 섬뜩한 이야기이지만 과거 배고픔과 존경심으로 식인을 한 그들의 문화를 잘 알기에 그 말에서 나를 향한 그의 사랑을 느낀다.

지금은 사람을 먹지 않는다. 물론 식인 문화가 완전히 없어졌는지는 알 수 없다. 그래서 나는 밤에 부족 형제들이 고기를 주면 먹지 않고 두었다가 낮에 확인한 후 먹는다.

질병으로 죽어 가는
_____ 부족민들

정글 사람들은 말라리아, 이질, 장티푸스, 성병, 임질, 에이즈(HIV), 각종 피부병과 질병으로 죽거나 예기치 못한 자연사고, 또 부족 간의 전쟁으로 죽어 가고 있다. 병원도 약국도 없으므로 어느 누구도 의료 혜택을 받을 수 없다. 어린아이들은 감기만 걸려도 고열로 죽는다. 그들이 기댈 곳은 오로지 선교사밖에 없다.

고열로 아기가 찾아오면 심장은 뛰고 있지만 이미 눈동자가 멈추고 입과 혀가 굳어져 약을 먹일 수가 없다. 차가운 물로 목욕을 시키는 등 갖은 방법을 다 써 보지만 의식이 돌아오지 않는다. 열이 나면 몸이 추워 떨게 되는데 부모가 무지해서 모닥불 가까이로 데려가는 바람에 아기가 더 위험해진다. 그렇게 잃어버린 많은 아기들을 생각하면 가슴이 아프다.

부족에서 병든 사람을 치료하려면 많은 위험이 따른다. 열이 난 아기들은 해열제만 먹여도 30분 뒤에 뛰어다닌다. 그러나 함부로 약을 사용할 수가 없다. 만일 무당이 치료한 아이라면 더 조심해야 한다. 아이가 약을 먹고 치료되었다면 무당보다 더 신통한 무당이 왔다며 선교사를 우상화한다. 이 경우 약은 하나님이 지혜를 주셔서 사람들이 개발한 치료제이며 선교사와는 아무런 관련이 없다고 설명해 줘야 한다. 선교사가 병을 치료하면서 가장 조심해야 하는 부분이다. 한편, 선교사는 정식 자격증을 소지한 의사나 간호사가 아니므로 약과 주사를 사용할 때 매우 조심해야 한다. 그러다 사망 사고라도 나면 사역을 계속할 수 없는 경우가 생기기 때문이다. 가족들이 선교사가 사람을 죽였다고 끈질기게 배상을 요구하는 경우도 있다.

몸이 약해지면 말라리아 증상이 몸 안에서 다시 일어난다. 비장이 럭비공만큼 크게 부풀고 높은 열과 통증으로 고통을 겪다가 죽게 된다. 부족 여인의 약 80퍼센트가 성병으로 통증을 호소하고 있고, 많은 신생아들이 갑자기 이유 없이 죽기도 한다. 어떤 환자는 발뒤꿈치가 없어진 채 찾아와서는 밤새 쥐가 자신의 발뒤꿈치를 파먹었다고 했다.

부족 형제들의 평균 수명은 40~45세가량이다. 몇 달 만에 네 명의 아기가 죽고 세 명의 어른이 죽어서 온 마을이 4개월 동안 울음소리로 가득한 적도 있다.

병이 나면 부족의 병 치료사를 부르는데 그를 '다 알리나 바나'(Dalina vana)라고 부른다. 나무 껍질을 이용해 각종 약재를 만드는 사람이라는 뜻이다. 다 알리나 바나는 입으로 나무껍질과 짐승의 고기를 씹어 자기 침과 함께 환자에게 먹인다. 전혀 위생적이지 않다. 물론 병도 낫지 않는다. 하지만 죽음이 임박했다고 생각하면 아직도 많은 사람들이 옛날부터 행해진 이 치료에 의지한다. 부족 치료사는 거짓으로 시술한 대가로 약속한 돼지를 받아 간다. 사정이 이렇다 보니 선교사인 우리가 가져간 약으로 그들을 돕기엔 한계가 있다.

부족민들은 죽은 사람의 혼이 자신을 알아보지 못하게 하려고 온몸과 얼굴에 흙을 바르고 땅을 뒹굴며 운다. 죽은 사람의 혼이 자신을 알아보면 죽인다고 믿기 때문이다. 그들은 때로 일주일, 때로 한 달 동안 움막에 죽은 시신을 두고 밤낮으로 몸부림치며 운다. 시체 썩는 냄새가 온 마을에 진동하지만 상관하지 않는다.

질병으로 죽음의 공포 속에 살아가는 부족 형제들

정글 의사가 자기 침으로 약을 만들어 보고 있다.

얼굴에 흙을 바르고 공포를 감추는 노인

어떤 이유로 사람이 죽었는지 원인을 찾는다며 죽은 사람의 배를 가르는 경우도 있고, 혹은 주술로 죽었다고 믿고 주술을 건 사람을 찾아다녀서 마을이 뒤숭숭해진 경우도 있다. 가장 가슴 아픈 것은 죽어가는 아이나 형제들을 바라보면서 아무것도 할 수 없을 때다. 처음 부족 사람들이 죽었을 때는 죽은 사람이 있는 움막을 찾아가 가족과 함께 슬퍼하며 아픔을 같이했다.

• 즐거워하는 자들과 함께 즐거워하고 우는 자들과 함께 울라 롬 12:15

그러나 세월이 지나면서 주위의 많은 사람들이 질병과 사고로 죽자 우리의 눈물도 언제부터인가 말라 버렸다. 언제나 함께 울 수도 없는 제한된 사랑이었다.

> *내가 사람의 방언과 천사의 말을 할지라도 사랑이 없으면 소리나는 구리와 울리는 꽹과리가 되고 내가 예언하는 능력이 있어 모든 비밀과 모든 지식을 알고 또 산을 옮길 만한 모든 믿음이 있을지라도 사랑이 없으면 내가 아무것도 아니요 내가 내게 있는 모든 것으로 구제하고 또 내 몸을 불사르게 내줄지라도 사랑이 없으면 내게 아무 유익이 없느니라 고전 13:1-3

밤에 움막을 밝힐 석유 등잔, 성냥과 죽은 사람을 덮을 천, 관을 만들 톱, 못과 망치, 해와 비를 피할 수 있는 천막 등 장례에 필요한 모든 것을 챙겨 주면서도 마음은 냉랭해서 습관적으로 움직였다.

어느 날 이민아 선교사가 망자의 가족에게 이것저것을 챙겨 준 뒤 방에 들어와서는 목 놓아 울었다. 기도 가운데 주님이 "너는 그들이 필요한 모든 것을 주었다고 하지만 사랑 없이 주었다!"는 마음을 주셨기 때문이다. 친부모 친형제 혈육도 아닌 이 부족 사람들의 죽음 앞에서 한 방울의 진정한 사랑의 눈물도 흘릴 수 없는 소망 없는 죄인임을 깨닫게 하시는 말씀이었다.

부족의 남자들은 대다수가 담배, 대마초와 마약을 한다. 각자 숲속에서 재배해서 만든다. 부족 사람들에게 대마초는 그들의 삶과 밀접한 관계가 있다. 부족 전쟁이 일어나면 전사들은 모닥불에 둘러앉아 밤새 마약을 한다. 마약으로 죽음의 공포를 떨어내지 않고는 죽을지도 모르는 싸움에서 활을 쏠 수가 없기 때문이다. 열 살가량부터 친구들과 어

마리화나(대마초)로 중독된 얼굴과 눈빛

울려 대마초를 배운다. 눈동자는 흐려지고 얼굴과 입이 검게 변하며 하고 싶은 말도 제대로 못하게 된다. 생각을 집중하지 못하는 것이다. 위험한 것은 마약을 하면서 어떤 일이든지 두려움 없이 행동으로 옮긴다는 것이다. 청년들은 그런 환상과 행동을 즐기면서 정글 속에 방치되어 있다. 아무도 청년들을 막지 못한다.

어느 날 마약을 한 청년이 정글의 우리 집을 찾아왔다. 청년의 얼굴을 보자 마약을 하고 왔다는 것을 직감적으로 알 수 있었다. 눈에 초점이 없고 입술과 얼굴이 검게 변해서 "나도 하얀 여자를 사고 싶다. 돼지 몇 마리를 주면 살 수 있느냐?"고 물었다. "저 산속의 돼지를 모두 가져와도 하얀 여자는 살 수 없다"고 하자 청년은 실망한 듯 머리를 흔들며 자기 마을로 돌아갔다.

주술의 공포에
사로잡힌 사람들

부족 사람들은 영적으로도 언제나 죽음이라는 공포와 두려움에 시달리고 있다. 마살라이(Masalai)와 상금아(Sanguma)라고 부르는 악령을 믿으며, 고레우(koleu)라는 무당이 있어서 모든 것이 주술사에 의해 이루어진다고 믿는다. 밤에 바람이 심하게 불면 대나무 가지가 탕탕 부딪치며 소리를 내는 데다 대나무 잎을 스치는 바람 소리가 음산하게 들린다. 그러면 사람들은 악령이 왔다며 두려워서 밤에 나가지 않는다. 마살라이는 사람이 죽으면 그 죽은 사람을 데리고 가는데 죽은 사람의 혼이 그 가족을 다시 데리고 간다고 믿는다. 그래서 사람이 죽으면 그 죽은 사람의 손에 가족의 머리카락을 잘라서 쥐어 준다. 이미 가지고 갔으니 데리러 오지 말라는 의미다.

식인 문화가 없어진 지금은 시신을 매장하는데 긴 대나무로 구멍을 만들어 무덤 속 관으로 바람이 통하도록 한다. 죽은 사람의 영이 무덤을 자유롭게 드나들라는 의미다. 그렇게 하지 않으면 가족 중에 누군가가 병들어 죽는다고 믿는다. 만일 가족 중에 아픈 사람이 생기면 무덤을 파헤쳐 구멍을 만든다. 밤에 마살라이가 와서 아내를 데려가려고 해서 밤새도록 아내의 허리를 잡고 악령과 씨름했다는 무용담을 늘어놓는 사람도 있다.

초상집에서는 사람들이 모두 얼굴과 온몸에 흙칠을 해서 죽은 사람의 혼이 자신들을 알아보지 못하게 한다. 그들의 죽음에 대한 두려움과 공포는 우리로선 가늠하기 힘들 만큼 매우 크다.

정글에서는 새벽부터 밤까지 사회 활동도 없고 공동체 생활도 없다. 오직 먹고 생식하며 미신으로 두려워하고 서로 훔치고 속이고 싸우고 죽이며 산다. 내일을 향한 계획도 희망도 없다. 살아 있으니 살아가는 것이다.

마살라이와 상금아를 두려워하는 부족민들

망자로부터 자신을 보호하기 위해 온몸에 흙을 바른다

상금아는 주로 악령이 든 여자들로 미히 부족과 가까우나 언어가 다른 친부(Chinbu) 부족에 많이 산다고 전해지고 있다. 그래서 그 지역에서 태어나 미히 부족으로 팔려 온 여자들을 상금아라고 오해하는 경우가 종종 있다. 특정한 도구를 사용할 때도 친부에서 온 여자가 먼저 만지고 다른 사람이 사용하면 병에 걸리지 않는다며 상금아의 미신적 권위를 인정한다. 우리가 나누어 준 비누도 친부에서 온 여자에게 먼저 만지게 한 다음 사용했다.

부족 사람들과 상금아 사이가 항상 우호적인 것은 아니다. 만약 마을에 사람이 이유 없이 죽거나 남녀 사이에 문제가 생기면 상금아가 장난을 친 것이라고 해서 한 여자를 상금아라고 지목해 죽이기도 한다. 마을의 한 여인은 남편이 죽고 다른 남자와 불륜 관계에 있었는데, 마을에 아기가 죽고 어려운 일이 겹치자 마을 청년들이 그 여자를 상금 아라고 지목해 땅에 박은 통나무에 밤새 묶어 두었다. 다음 날 청년들이 긴 칼로 그 여인의 목을 치려는 순간, 여인이 피하여 가까스로 목숨을 구했다. 그런 뒤에도 청년들은 여인의 손발을 묶어 움막에 가두어 두었다. 그날 밤 여인은 결박을 풀고 위험을 무릅쓰고 친부 부족으로 달아나 목숨을 구했다.

고레우(무당)에게 여자를 훔쳐 간 사람을 찾아 달라고 하면 대나무 가지를 손에 들고 신내림을 한다. 신이 내리면 온몸을 흔들며 눈이 변한다. 손에 쥔 대나무 가지를 심하게 흔들면서 마을 이곳저곳을 찾아다닌다. 그러다 고레우가 누군가의 이름을 부르면 그는 한마디 변명도 못하고 범인으로 취급된다.

고레우는 쥐의 혼이 환자의 몸에 들어와서 병이 생겼다면서 환자의 눈을 감기고 머리를 심하게 흔든다. 만약에 쥐의 혼을 보면 환자가 죽는다면서 가족한테도 머리를 숙이게 하고 환자의 머리에서 쥐의 혼을 두 손으로 감싸고 뽑아내는 흉내를 한다. 쥐의 혼을 멀리 던져 버리는 흉내를 하고는 혼을 빼냈다고 말한다. 그 대가로 환자의 가족들에게 돈이나 돼지고기를 받는다. 악령이 하는 일은 모두 거짓이며 속임수라는 것을 잘 알 수 있다.

도둑이나 살인자를 찾을 때는 가지고 있던 사람의 해골을 마당 한가운데 나무 위에 꽂아 놓고는 "도둑이나 살인자가 해골을 만지면 즉사한다"고 겁을 준다. 그러고는 사람들이 지켜보는 가운데 한 사람씩 해골을 만지도록 한다. 이때 도둑이나 살인자가 두려워서 고백하곤 한다.

미히 부족 사람들은 태양이나 달 등을 신으로 섬기지 않으며 종교의식도 없다. 하지만 자연현상도, 생활에서 일어나는 모든 일도 주술사에 의해 이루어진다고 믿는다. 그런데 이 주술사가 누구인지는 아무도 모른다.

부족 사람들은 특정한 주술사가 있는 것이 아니고 어떤 사람이든지 주술을 이용해 남에게 해를 끼칠 수 있다고 믿는다. 태양과 달이 뜨고 지는 것도, 건기에 비가 오지 않는 것도, 우기가 되어 비가 와도 모두 주술사가 주술을 걸어 일어난다고 믿는다. 부족 전쟁으로 사람이 화살을 맞고 죽어도, 벼락을 맞아 죽거나 사고로 죽어도, 병에 걸려 아파도, 다쳐서 상처가 나도 주술사의 짓이라고 믿는다. 젊은 남녀가 서로 사랑을 해도 주술을 걸어 여자의 정신을 빼앗아 갈 수 있다고 믿는다. 좋은 일이든 나쁜 일이든 누군가 주술을 부려 일어난 일이라 믿기 때문에 시시비비를 가리지 않는다. 불행한 일을 당했을 경우, 오랜 동안 관계가 나빴거나 적이라고 생각하는 사람을 주술사로 지명해 배상을 요구하거나 전쟁을 일으켜 죽이곤 한다.

한번은 부족 전쟁으로 두 명의 청년이 화살에 맞아 죽었다. 그러자 청년의 가족들이 얼마 전 상대 마을을 다녀온 세데오(Sedeo) 노인이 상

우리 부족으로 피신 왔던 세데오 노인

대편 부족에게 청년의 물품을 전해 주어 그것으로 적들이 주술을 걸었다면서 노인을 죽이려 했다. 다행히 노인이 사전에 이 계획을 알아차리고 코라 마을로 도망쳐 와 10년을 피하여 살았다. 어려서부터 친한 친구 집을 다녀오곤 하던 세데오 노인이 졸지에 주술사로 지목되어 마을을 떠나 살아야 했던 것이다. 노인은 우리와 함께 지내며 복음을 듣고 구원받았고 죽기 전에 자기 마을로 가 하나님 품으로 돌아갔다. 우리는 하나님의 섭리를 가늠할 수 없다.

한번은 제자 이내의 부인 주니가 말라리아로 오랫동안 병석에서 일어나지 못했다. 마을 사람들이 찾아와 상금아가 주술을 걸어 죽을 것이라고 이구동성으로 말했다. 주니의 얼굴은 죽음을 앞둔 사람처럼 검은색이 짙었고 오랜 투병 생활로 몸이 말랐다.

"주니는 주술에 걸린 것이 아닙니다. 주니는 말라리아에 걸려 고열과 통증으로 아파하고 있으며 몸은 병과 싸우고 있는 중입니다. 우리의 목숨은 하나님께 속해 있습니다. 주술사는 아무런 능력이 없으며 당신들을 속일 뿐입니다. 만약 주니가 죽어도 그것은 주술에 의한 것이 아니라 말라리아 때문이며, 주니는 예수 그리스도를 믿고 구원받은 사람으로서 하나님 나라에 가게 될 것입니다."

내가 이렇게 설명해도 부족 사람들은 믿지 않는 눈치였다. 그래서 내가 제안했다.

"여러분! 주술사를 찾아가 이 하얀 사람에게 주술을 걸라고 하십시오. 그리고 내가 병이 들어 죽는지 안 죽는지 확인해 보십시오!"

그러자 부족 사람들은 나를 말리며 말했다.

"그렇게 하지 마십시오! 주술사가 당신을 죽일 것입니다. 당신은 정말 바로 죽을 것입니다."

"여러분이 주술사를 믿고 주니가 죽을 것이라고 믿는다면 하얀 사람에게도 주술을 걸어 보십시오."

그러자 부족민 한 명이 일어나 말했다.

"만약에 주니가 죽으면 주술사가 이긴 것이고 살면 하나님이 이기신 것이니 두고 봅시다."

나도 이렇게 도전했다.

"만약에 내가 병에 걸리지 않고 죽지 않는다면 여러분은 나의 말을 믿고 들을 것이며 만약에 내가 병에 걸려 죽게 된다면 내가 거짓말을 하는 것이니 나의 말을 믿지 말고 마을에서 쫓아내십시오!"

마을 사람들은 두려운 얼굴로 서로 쳐다보며 하나둘 집으로 돌아갔다. 기도하며 일주일을 보냈다. 주니는 꾸준히 약을 복용해 건강을 되

주술사를 두려워하며 찾아온 마을 사람들

분장을 하고 춤을 추는 여인들

밤새도록 머리를 흔들어 악령을 부르며
춤을 추는 남녀들

찾았다. 나 또한 아무런 질병에 걸리지 않았다.

"주술사에게 주문을 걸라고 말하였습니까?"

나의 질문에 아무도 대답하지 않았다. 며칠 후 제자들이 말하기를
"만약에 주술을 걸어 하얀 사람을 병들어 죽게 하면 하얀 사람의 영이
자신들을 죽일 수 있기 때문에 두려워서 아무도 주술사에게 주술을 걸
라고 말하지 못했을 것"이라고 했다.

마을 사람들은 지금도 그때 이야기를 하며 하나님은 강하시다고 말
한다. 그러나 지금도 무슨 일이 일어나면 주술을 건 사람을 찾기 위해
며칠 혹은 몇 달을 모여 상의하고 때로는 싸우거나 전쟁을 한다. 분명
하게 원인을 알 수 없을 때는 그동안 관계가 좋지 않았던 사람이나 씨
족을 지목하여 돼지로 배상을 요구하는데, 서로 싸움으로 끝나거나 잘
못 지목하여 배상을 요구하면 억울한 누명을 쓴 상대가 배상을 다시
요구하니 긴장과 갈등이 끊어지지 않는다.

부족 남녀가 움막에 모여 서로 쳐다보며 밤새도록 머리를 좌우로
흔들며 춤을 춘다. 모든 사물의 혼을 부르는 노래는 움막에 피워 놓은
뜨거운 모닥불과 함께 열기를 더한다. 시간이 지날수록 그 열기는 더

뜨거워지고 몸놀림은 격렬해진다. 정신이 혼미해지도록 춤을 추다가 남녀가 박자를 맞추어 서로 손바닥을 치며 머리를 위아래로 흔들기도 한다. 밤이 깊어지면 사탕수수를 나누어 먹는다. 여자들은 남자들의 무릎 위에 걸터앉아 춤을 춘다. 바라보기가 민망한 이 몸짓은 새벽이 되어야 멈춘다. 춤을 추던 남녀는 서로 손바닥을 손가락으로 만져 서로의 의사가 전달되면 쌍을 이루어 정글 속이나 움막으로 사라진다. 이 춤은 '머리를 흔든다'라는 춤인데 남녀의 유일한 유희이며 탈선의 방법이다. 때로는 며칠 동안 마약에 취해 춤을 추고 노래를 부르기도 한다.

또 다른 공포, 루브세게

부족에는 루브세게(Luvusege)라고 부르는 무서운 풍습이 있다. 마을에서 여자를 훔쳐 가는 등 언제나 문제를 일으키는 사람이 있으면 여러 명이 그 한 사람을 죽이기로 결정하는 것을 말한다. 몇 명이 몰래 작당한 후 그 한 사람을 유인해 독침으로 죽이고 땅에 묻어 버리는 것이다. 며칠 뒤 가족이 그를 찾으러 마을을 방문하면 누구도 그 사실을 발설하지 않는다. 만일 이 사실을 발설할 경우, 그는 나머지 사람들에게 똑같은 방법으로 죽임을 당하게 된다. 그렇다 보니 루브세게에 참여했거나 남에게 나쁜 일을 한 사람은 잠을 잘 때도 활과 칼을 가까이에 두고 만일의 사태에 대비한다.

"하얀 사람! 어젯밤에 내가 한 사람을 죽였습니다. 루브세게가 왔다 갔는데 한 명을 칼로 쳐서 죽인 것 같습니다."

날이 밝자마자 청년이 두려운 얼굴로 나를 찾아왔다. 그리고 피가 묻은 긴 칼을 보여 주었다. 자신이 루브세게에 참여한 후 그 사실을 누설하였고 다른 사람들이 자신을 죽이려고 왔다는 것이다. 그 청년은 단 하루도 편히 지내지 못했다. 언제라도 도망가기 쉽도록 움막에 마루를 만들고 마루 가운데 땅을 파서 비상구를 만들어 놓았다.

"선교사님! 오늘 밤 마을에 큰 전쟁이 일어날 것 같아요!"

무알레라는 청년이 흥분된 얼굴로 찾아왔다. 우리 마을에 태어나면서부터 머리는 노란색이고 피부는 하얀색인 사람이 있다. 서로 다른 세 마을에서 몇 주 사이를 두고 여인들이 아기를 낳았는데, 놀랍게도 세 아기 모두 노랑머리에 하얀색 피부를 가지고 태어났다. 마을 사람들이 수상히 여기다 이 세 아기의 아버지가 바로 우리 마을의 그 사람이라는 걸 알았다. 마을 남자들이 루브세게를 결정했다. 그는 물론 그의 가족 중 모든 남자를 죽이기로 한 것이다. 루브세게를 결정한 사람들이 대마초를 피우고 춤을 추며 밤이 오기를 기다리고 있다는 소식을 듣고 하얀색 피부 청년의 가족 모두가 친척이 있는 다른 마을로 도망을 가 생명을 구할 수 있었다.

이런 일은 부족에서 자주 일어난다. 사람이 죽어도 도시의 경찰이 오지 않는다. 경찰이 온다 해도 마을 사람이 사실을 은폐하기 때문에 진실을 밝히기가 쉽지 않다. 사실을 누설했다간 보복을 당할 것이기 때문이다.

온몸에 흰색과 검정, 붉은색을 칠하고 머리는 새털로 분장을 하고 탕켓이라는 풀로 아래를 가린 뒤 두 명의 남자가 한 조가 되어 대나무로 만든 피리를 불며 마을 움막을 찾아다니는 것을 '가미바'라고 한다.

루브세게의 악한 관습으로 서로의 목숨을 위협하는 부족 사람들

피리를 불며 가미바를 하는 부족민

움막의 여자들은 이 대나무 피리 소리를 들으면 등을 돌려 앉아 머리를 땅에 묻어야 한다. 어린 딸이 있다면 가슴에 파묻고 그렇게 해야 한다. 만일 여자가 소리 나는 쪽을 쳐다보거나 새의 악령이 아니라 남자들의 피리 소리라고 하면 어린아이라도 목을 졸라 죽여 강에 버린다. 피리 소리가 움막 가까이 오면 여인은 움막에 있는 고기를 집어 손만 문 밖으로 내밀어 고기를 던져 주며 새의 영을 위로해야 한다. 남자들

은 이렇게 여자들을 속여 가져온 고기를 남자의 집에 가져와 대마초를 피우며 먹고 밤새도록 큰 모닥불에 둘러앉아 머리를 좌우로 흔들어 노래하며 춤을 춘다. 대나무 피리는 서로 호흡을 맞추어 부는데 마을마다 부는 방법이 다르다.

소리만 들어도 누구의 새 소리인지를 알 수 있다. 피리를 잘 부는 남자는 자부심이 강하다. 지금은 여자들이 피리 소리가 악령의 소리가 아니라 남자들이 자신들을 속여 고기를 빼앗아 가는 것인 줄 알게 되어 사라졌지만, 지금도 남자들은 자신의 솜씨를 뽐낼 때 피리를 분다.

이렇듯 부족 사람들은 질병과 죽음의 공포를 미신으로 해석하며 살아가고 있다. 그들이 느끼는 죽음의 공포는 얼마나 큰 것일까, 나는 가늠하기 어렵다. 오직 동물적 근성만 남아 있는 이들에게도 과연 도덕과 윤리가 있을까? 이들의 삶을 알수록 인간의 무지와 타락한 죄성이 얼마나 무서운 것인지를 알게 된다.

인천에 있는 선교 100주년 기념탑 아래에는 아펜젤러 목사가 1885년 4월 5일 제물포항에 내리면서 드렸던 기도문이 새겨져 있다.

"오늘 사망의 빗장을 부수시고 부활하신 주님께 간구하오니 어두움 속에서 억압을 받고 있는 이 조선 백성에게 밝은 빛과 자유를 허락하여 주옵소서."

선교사들의 눈에 비친 조선 사람은 죽음의 공포에 두려워 떠는 영혼들이었다. 한 여선교사가 "제물포항에 내릴 때 한 명의 조선 청년이 다가와 가방을 들어 주었다. 그 청년의 긴 머리는 언제 감았는지 모르게 냄새가 나고 도포인지 긴 옷을 걸쳤는데 회색인지 흰색인지 알 수가 없었다. 그 청년이 내 가방을 들어 뭍에 가져다 놓았는데 나는 그 가방을 다시 손으로 선뜻 잡을 수가 없었다"라고 했던 고백을 기억한다.

얼마 전 우리의 모습이다. 기꺼이 자기 삶을 주었던 선교사들이 있었기에 오늘 우리는 구원을 받고 복음을 아는 기쁨을 누리고 있다. 수많은 순교자들의 피를 통해 오늘 이 성경이 내 손에 올 수 있었음을 기억하라고 성경책에 붉은색을 칠했다고 들었다.

"부족에서 집을 짓고 밭을 갈고 살아가려고만 한다면 가지 마십시오. 그들은 당신들을 필요로 하지 않습니다. 그러나 복음을 전하기 원한다면 지금 빨리 가십시오. 그들은 오직 복음만을 필요로 합니다."

50여 년을 부족에서 사역한 원로 선교사의 권면이다. 파푸아뉴기니에는 아직도 복음을 전하는 사람이 없어 수많은 부족이 복음을 듣지 못하고 있다. 어떤 곳은 10~20년 동안 선교사가 오기만을 기다리고 있다. 선교사를 위해 비행장을 만들어 놓고 기다리는 곳도 있다.

이웃 부족에서 작은 하나님의 집을 만든 뒤 십자가를 세우고는 우리더러 와 달라고 한다. 부족의 머릿수만큼 나뭇가지를 짧게 잘라 내어 놓으면서 "이만큼 많은 사람이 있습니다. 우리 마을에 와서 하나님의 말씀을 가르쳐 주십시오" 하고 간청한다. 그러나 보낼 선교사가 없다. 부족 사람들에게는 복음이 필요하다. 그들은 복음을 듣지 못하고 죽음의 공포에서 죽어 가고 있다.

"오! 살아 계신 아버지시여, 나약하고 소망 없는 죄인을 예수 그리스도의 십자가 은혜로 구원하시고 부르시고 보내셔서 부족 형제들에게 복음을 전하는 도구가 되게 하심을 감사합니다. 죽음의 공포 속에서 살아가는 형제들이 속히 복음을 듣고 구원받아 죄에서 자유함을 누리게 하소서. 그들 가운데 하나님을 경배하며 찬양하는 참된 예배가 일어나게 하소서."

    딸이 첫 번째 월경을 시작하면 부모는 딸을 풀잎 하나 걸치지 않은 벌거숭이 몸으로 작은 움막에 가두어 놓는다. 움막의 틈새로 고구마는 넣어 주면서 물을 주지 않는다. 일주일이나. 물을 마시면 더 심하게 월경을 한다고 생각하기 때문이다. 안타까운 마음에 어머니가 남들 몰래 작은 대나무통 물컵을 겨드랑이에 끼고 가서 딸에게 주기도 한다. 그렇게 일주일이 지나면 부모는 결혼한 남자든 아직 결혼하지 않은 청년이든 마을의 남자들을 초청한다.

    딸은 깨끗이 목욕하고 머리에는 아름다운 새의 깃털을 꽂고, 가슴에는 짐승의 가죽과 털을 달고, 목에는 돼지 이빨로 만든 목걸이나 나무 열매로 만든 장신구를 달고 풀잎으로 만든 치마를 입는다.

    이렇게 새털과 꽃잎으로 단장한 뒤 딸은 움막으로 들어가 앉는다. 그러면 건장한 마을 남자 몇몇이 긴 등나무 줄기를 들고 움막 지붕 위로 올라가 지붕을 뚫고 줄기를 움막 안으로 내린다. 그리고 신호와 함께 움막 안의 여자와 줄다리기를 한다. 지붕 위의 남자들이 줄을 잡아당겨 여자의 힘이 세다고 말하면 여인의 값이 돼지 3~4마리까지 올라간다. 남자들이 여자의 근력을 확인한 후 여자의 값을 정하는 것이다.

    여자들은 첫 월경이 끝난 딸을 가운데 세우고 춤을 추며 마을 이곳

저곳을 돌아다니며 남자들에게 딸을 선보인다. 아버지는 집에서 키우던 돼지를 잡고 음식을 만들어 마당에 벌여 놓는다. 딸은 찾아온 손님에게 돼지고기를 조금씩 나눠 주며 인사를 한다. 그리고 친한 가족에게는 직접 입에 넣어 주며 친분을 과시한다. 파푸아뉴기니에서 결혼은 여자를 돈과 동물(돼지, 염소, 양, 닭)을 주고 삼으로써 성사된다. 부족에서는 멧돼지의 수로 여자의 가치가 정해진다. 아버지 가족 중 한 사람이 마을의 모든 남자들에게 경고를 한다.

"내 딸에게 손대지 마라. 만일 손을 대면 돼지로 보상을 해야 한다."

이렇게 경고하는 것으로 월경 파티의 모든 순서가 끝난다. 마을 사

남자들에게 선을 보이는 소녀

첫 월경 후 분장을 한 자매들

등나무 줄기로 여자의 완력을 확인한다

람들에게 자기 딸이 결혼할 준비가 되었음을 알리는 행사인 것이다.

이 풍습은 조금씩 다르긴 하지만 파푸아뉴기니의 도시에서도 행해지는 결혼 행사 중 하나다. 젊은 남녀가 서로 좋아하거나 서로 손가락으로 손바닥을 문질러 호감을 표시하면 부모 몰래 정글로 간다. 혼자서 다른 마을로 가 버리는 여자아이도 있는데 이 경우 임신을 하고 3~4개월 후 돌아와도 아이의 아버지가 누구인지 모른다. 아버지는 딸이 해산할 때를 기다렸다가 아이와 마을 남자의 얼굴을 하나씩 비교하여 가장 닮은 사람을 찾아서 아이와 딸을 주고 돼지를 받는다.

아버지의 아이를 낳은 딸이 있는가 하면, 아버지가 이 마을 저 마을로 딸을 팔러 다니는 경우도 있다. 서로 소개하고 얼굴을 보거나 완력을 확인하는 것뿐 아니라 움막에서 같이 지내다 마음에 들지 않으면 멧돼지를 잡아 여자 가족에게 주면 그만이다.

약간의 돈과 돼지 두세 마리에 남자에게 팔려 간 여자는 이때부터 전혀 다른 삶을 살게 된다. 서로 좋아해서 결혼하는 경우도 있지만, 일단 돈으로 여자를 산다는 것 자체가 여자를 물건으로 취급하게 만든다.

남편이 죽어서 슬퍼하는 부족 여인

손가락을 자른 부족 여인들

딸을 팔아 받은 돈과 돼지는 그 부모가 결코 손대지 못한다. 외삼촌 혹은 아버지의 형제들이 나누어 먹고 가져간다.

값을 받고 팔려 간 여자는 남자가 재산권을 포기하고 여자를 버리지 않는 한 아무리 싫어도 그 남자를 떠날 수가 없다. 남편이 죽어도 떠날 수가 없다. 친척들이 십시일반 도와 여자의 값을 지불했기 때문에 그 집의 소유물인 것이다. 삼촌들이 결혼의 대가로 받은 돼지와 돈을 다시 내어 주지 않는 한 여자는 그 집에서 자유로울 수 없다. 또한 여자가 아기를 낳으면 남편은 아기 머리 수만큼 돼지를 잡아 대가를 지불해야 한다. 아내가 다치거나 죽어도 대가를 지불해야 한다. 그렇다 보니 돼지가 없는 남자는 결혼을 할 수가 없다. 그리고 여자는 인권은커녕 종보다 못한 삶을 살게 된다.

부족의 여인들 중에는 손가락 끝마디가 없는 여인이 많다. 어느 나이 많은 여인은 엄지를 제외한 모든 손가락의 끝마디가 없다. 사랑하는 사람과 결혼하고 싶은데 남자 쪽에 돼지가 없어 부모가 반대하면 여자는 칼로 손가락을 잘라 자신의 의사를 표시한다. 남편이 때리거나 구박하면 속상하고 화가 나서 손가락을 자른다. 누명을 쓰면 결백함을 보이기 위해 손가락을 자른다. 자녀가 죽으면 슬픔을 달래느라 손가락을 자른다. 부모가 죽어도 손가락을 자른다. 남편이 죽어도 손가락을 자른다. 손가락을 자르지 않으면 가족이나 이웃이 와서 슬퍼하지 않는다고 비난해서 손가락을 자르지 않고는 배길 수가 없다.

여인의 눈물과 애처로운 삶을 표현하는 방법이 자기를 학대하는 것이라니! 나이 많은 여인의 잘려 나간 손가락을 보면서 가슴이 너무 아팠다. 여자들은 손가락을 자른 후 흐르는 피를 대나무 통에 받치고 와

남자처럼 근육질의 몸매를 가진 부족 여인들　　　나무를 해서 6시간을 올라오는 여인

서는 치료해 달라고 한다. 단번에 잘려 나가지 못한 손가락의 경우 통증을 호소하기 때문에 내가 직접 잘라야 할 때도 있었다. 피가 솟구치는 손가락을 지혈하고 상처를 감싼 후 항생제를 손에 가득 쥐어 주면서 이들의 삶을 자유롭게 하실 분은 예수님밖에 없음을 고백하며 마음속 깊이 기도한다.

많은 부족의 여인들은 도시로 나가 본 적이 없다. 정글에서 태어나 정글에서 자라고 남자에게 팔려 가서 정글에서 살다가 죽어 간다.

아침이 되면 여인들은 고구마를 재 속에서 구워 가족을 먹인 뒤 돼지를 끌고 정글 속을 헤치며 밭으로 내려가 일을 한다. 힘들고 어려운 일은 모두 여인의 몫이다. 남자는 절대로 여자의 일을 도와주지 않는다. 그들은 남자가 여자의 일을 하면 죽는다고 생각한다. 산에서 밭을 만들 때 남자가 나무를 자르지만 그것을 치우고 화전을 일구는 일은 여자가 한다. 고구마를 심고 수확해서 집까지 가져온 뒤 굽는 것도 여자가 한다.

집을 지을 때 기둥에 쓸 나무를 정글에서 자르는 일은 남자의 몫이지만 무거운 기둥을 가져오는 일은 여자의 몫이다. 정글에서 뗄감을 가져

무거운 짐을 지고 움막으로 가고 있는 여인　　　산에 살아 산멧돼지와 같다고 말하는 여인들

오는 일도 여자의 일이며, 지붕을 덮는 꾸나이라는 야생 풀을 정글에서 가져오는 일도 여자의 일이다. 남자는 가져온 나무와 풀로 집을 짓는다.

그렇다 보니 여인의 팔뚝은 사내들의 근육처럼 단단하고 종아리는 굳어서 멧돼지 다리 같다. 나무껍질을 두드려 엮어 만든 빌룸이라는 자루에 고구마를 가득 넣어 머리에 지고 그 위에 땔감을 올린 데다 목에 아기를 목마 태워 다니기 때문에 목이 통나무 같다. 머리는 무거운 짐에 눌려 골이 파여 있다. 그러고도 한 손에는 물을 넣은 대나무 통을 들고 다른 손엔 저녁에 불에 익혀 먹을 나물이 든 대나무 통을 들고 있다.

"나는 산에 살아 산멧돼지요, 산에서 먹이를 찾아 사는 산멧돼지요, 이렇게 산에서 살다 움막으로 돌아가는 나는 산멧돼지라네."

여인들의 웃음 섞인 노래 속에는 슬픔과 고통과 아픔이 있다. 뒤따라오는 남자의 손엔 활과 화살만 있을 뿐이다.

부족 사람들에게 멧돼지는 커다란 자산이다. 남자가 정글에서 새끼 돼지를 생포하여 자기 여자에게 주면 여자는 그 새끼 돼지를 가슴에 안고 자신의 냄새로 길들여 가며 키운다. 한쪽 가슴으로는 자기 아이에게 젖을 먹이고 나머지 가슴으로는 새끼 돼지에게 젖을 먹여 키운다. 아기는 돼지와 함께 먹고 자고 놀며 형제처럼 자란다. 한가히 쉴 때

문화적 천대와 차별 속에서 사는 여인들　　　　같이 자란 돼지와 함께 놀고 있는 아이

면 여인의 품에 앉은 돼지 몸에 있는 벌레를 잡아 입에 넣고 이로 깨물어 죽이며 정성으로 키운다. 돼지가 커서 어미 돼지가 되어도 움막에서 사람과 함께 자고 산다. 추위를 피하기 위해 돼지를 끌어안고 자는 경우도 있다. 돼지는 낮에는 하루 종일 정글을 다니며 긴 주둥이로 땅속의 벌레를 잡아먹거나 남의 고구마밭에 들어가 고구마를 파헤쳐 먹는다. 저녁이 되면 마을로 돌아와 마을에 앉아 있는 여인들 중에서 자기를 돌보아 준 여인을 냄새로 정확히 찾아가 마치 아기처럼 여인의 무릎을 베고 자리에 눕는다. 돼지는 부족 여인의 삶의 일부분이며 돼지를 잘 키우면 좋은 여자라는 칭찬을 받고 남자들의 자랑거리가 된다.

　저녁이 되어도 돼지가 정글에서 움막으로 돌아오지 않으면 여인들은 특유의 소리를 내어 자기가 키우는 돼지를 부르며 정글 속을 헤맨다. 이렇게 돼지를 자식처럼 3~4년 키우면 남편은 그중 2~3마리를 가져가서 다른 여자를 사 온다. 돼지와 헤어질 때면 여인은 자식을 잃은 것같이 큰 소리로 한없이 운다. 돼지를 잡아 잔치를 할 때면 자신이 키운 돼지고기는 절대 먹지 않는다. 여자는 남편에게 거절의 의사를 표현할 수 없는 것이다.

우리 부족의 남자 중에는 5명의 여자를 둔 사람도 있지만 다른 부족에서는 10명의 여자를 둔 사람도 있다. 만약에 돼지가 많아서 같은 날 두 여자를 사서 결혼하면 마을 청년의 부러움을 산다. 놀라운 것은 두 여자와 결혼해도 움막을 두 개 짓지 않는다는 것이다. 한 움막에서 같이 살아간다. 때로는 여러 가족이 한 움막 안에서 같이 사는 경우도 있다. 칸막이가 있거나 따로 방이 있는 것도 아니다.

우리가 부족에서 청년들을 돕기 위해 처음으로 시작한 일이 결혼하면 부모에게서 독립해 움막을 따로 지을 수 있도록 못이나 연장을 주는 것이었다. 지금은 움막을 따로 짓는 청년들이 많아졌다.

여러 여자가 한 남자와 가정을 이루고 살아가는 것만큼 고통스러운 일도 없을 것이다. 부족 여자들도 남편을 사랑하며 다른 여자를 질투한다. 그러니 남편이 다른 여자를 데려오면 여자들 사이에 큰 싸움이 일어난다. 이때 남편은 결코 싸움에 끼어들지 않는다. 싸우고 또 싸워 여자들이 서로 지쳐 포기하게 되면 같이 살아가는 것이다. 한번은 여자들끼리 싸우다가 입이 찢어져서 꿰매 달라고 온 여인도 있었다. 또 어떤 여인은 엄지손가락을 심하게 물려 핏줄이 끊어져서 피가 통하지 않아 손은 물론 팔까지 검은색으로 변하고 썩은 냄새를 풍기며 찾아오기도 했다. 심지어 서로 싸우다 칼에 찔려 죽기도 한다.

한번은 자신이 자식처럼 키운 돼지로 남편이 새 여자를 데려오자 여자가 자기 아기를 깔고 앉아 목 졸라 죽인 일도 있었다. 얼마나 분노했으면 그랬을까. 그러자 남자가 여자를 나무로 때리고 모닥불 속에서 타는 뜨거운 나무로 지지고 칼로 쳐서 큰 상처를 냈다. 어떤 남자는 활로 쏘기도 한다. 이런 폭력으로 여자가 죽어도 남자는 돼지 몇 마리를 여자 쪽 집에 지불하면 그만이다. 아무도 여자를 도와주지 않는다. 울고불고해도 여자의 말을 들어주는 사람이 없다.

히 아가이(Hi Agai)는 '달을 보았다'는 뜻으로 월경을 의미한다. 여인들은 월경을 하면 정글로 가거나 움막 속 대나무로 짠 마루에 넓은 나뭇잎을 깔고 올라앉아 일주일간 나오지 못한다. 여인의 피를 보면 남자들이 병이 들어 죽거나, 피가 마르고 근육이 뒤틀려 활을 쏠 때 빗나가 부족 전쟁에서 죽는다고 믿기 때문이다. 그래서 아기를 낳을 때도 여인들은 다른 여자들과 정글로 들어가 임시 움막을 짓고 그곳에서 아기를 낳는다. 남자는 결코 여인을 따라가지 않는다. 살아서 돌아오면 다행이고 돌아오지 못하면 정글에서 죽는 것이다. 여인들은 월경을 하면 정글의 습한 돌 위 혹은 나무 아래서 자라는 부드러운 녹색 이끼를 떠서 길게 말아 사용하거나 그냥 앉아 지낸다.

이렇듯 불결한 위생 때문에 대부분의 여인들이 질병에 걸려 고통을 호소한다. 식수와 목욕물을 계곡에서 길어 와야 하므로 남녀 모두 잘 씻지 않아 임질과 같은 성병에 자주 걸린다. 이런 질병에 걸린 중에도 여인들은 아기를 낳는다. 여인이 원하지 않는 임신을 하게 되면 아기를 지우려고 나무에서 뛰어내리거나, 땅에서 뒹굴거나, 손으로 자신의 배를 때리지만 효과가 없다.

부족 전쟁이 일어나 남편이 죽으면 또 다른 비참한 삶이 기다리고 있다. 남편의 옷을 목에 걸고 몇 달을 지내면서 목욕도 못하고 움막에서 나오지도 못한다. 장례를 치른 남편 가족의 슬픔이 가라앉으면 장례식에 찾아온 사람들을 불러 돼지를 잡아 먹여야 한다. 그런 뒤 밖에 나올 때는 남자들더러 과부 가까이에 오지 말라는 뜻으로 발목에 방울을 차서 소리를 내야 한다. 그리고 2~3년간은 어두운 색이나 검은색 옷을 입고 지내야 한다. 2~3년 뒤 과부가 된 여자가 가족에게 자신이 키운 돼지를 잡아 먹인 후에야 비로소 검은색 옷을 벗을 수 있다.

그날 이후 여자는 다시 결혼할 수 있지만 남자 쪽 가족의 허락 없이는 다른 곳으로 갈 수 없다. 가족 안의 다른 남자와 결혼할 수 있다는 의미다. 우리 마을의 한 여인은 젊은 남편이 죽자 시아버지가 이 며느리를 사서 시아버지의 아이를 낳았다. 남자 집안의 다른 형제에게 싼값으로 팔리면 그 대가는 외삼촌들이 다시 가져간다. 만일 다른 마을로 팔려 가면 그 대가를 죽은 남자의 가족이 가져간다.

부족 여인들에겐 권리가 없다. 누군가의 소유물로만 살아간다. 고통과 눈물과 분노와 질투와 시기심이 뒤엉킨 삶이다.

이렇듯 정글에는 최소한의 인격적인 대우, 인권이 없다. 교회사적으로나 현재에도 복음이 들어가지 않은 곳에서는 성차별이 심각하다. 부족 여인들의 삶을 안타깝게 지켜보면서 복음만이 능력이며 희망이며 소망임을 확신하게 된다.

담배나 마약을 하는 여인들

친구가 될 때 복음은 복음이 된다

_____ 부족 사람들이 지어 준
우리 집

우리가 코라 마을에 정착하기로 결정하고 마을을 찾아갔을 때 두 씨족의 세 가족이 우리를 서로 자신의 씨족 가까이 있게 하려고 했다. 하얀 사람이 자기 씨족과 가까이 있는 것이 더 큰 도움이 되리라고 생각한 것 같다. "우리 집을 지을 땅을 보여 달라"고 하자 세 가족이 서로 상의하더니 먼저 파무띠 다우니(Famuti Dauni) 가족이 우리를 자신들의 움막으로 데려갔다. 너무 협소해서 교회는 물론 집도 지을 수 없을 것 같았다. 두 번째 가족이 우리를 안내한 곳은 계곡의 경사진 땅으로 역시 어떤 집도 지을 수 없는 곳이었다. 세 번째 가족이 보여 준 땅은 계곡 아래라 습하고 주위의 산이 높아 그늘진 땅이었다.

내가 높고 넓은 곳을 보여 달라고 하자 산 능선을 따라 넓고 마른 땅으로 안내했다. 땅속에 바위가 있어서 밭으로는 쓸 수 없는 땅이었다.

"이 땅을 우리가 사용해도 되겠습니까?"

내가 묻자 세 가족의 표정이 달라졌다. 왜냐하면 이 땅은 오랫동안 코라 씨족과 리보레 씨족의 경계선으로 자신들의 할아버지 때만 해도 서로 죽이고 싸운 부족 전쟁의 역사가 있는 곳이었다. 상단은 리보레, 하단은 코라 마을의 땅이었다. 원래 지금의 추장인 아모라(Amora)의 아버지 오파나(Ofana)의 땅이었는데, 그가 다른 사람들에게 땅을 나누어 주면서 몇 가족이 씨족을 이루어 살게 되었다. 그러나 여러 번의 부족 전쟁으로 많은 가족이 죽게 되었고 두 씨족에게는 아픔이 있는 경계의 땅이었다. 지금도 두 씨족 간에 긴장이 생기면 이 땅을 사이에 두고 서로 대치한다.

한 씨족 안에 집을 짓고 생활하면 더 안전하고 가족처럼 사역할 수 있겠지만 많은 사람을 접하고 만나기 위해서는 이곳이 가장 합당해 보였다. 더구나 우리가 사역할 대상이 코라와 리보레만이 아니라 32개 씨족 약 2만 명의 부족민들이었다. 그러나 그때까지만 해도 그렇기 때문에 우리 사역에 어떤 어려움이 닥칠 것이라고는 생각하지 못했다.

예전에 적이었기 때문일까? 부족 사람들은 문화적으로 다른 씨족 간에는 결코 협력하거나 일을 같이하지 않는다. 그들을 하나님의 말씀으로 하나되게 한다는 것이 인간의 지식과 노력으로는 불가능하다는 것을 깨달았다. 부족 사람들에게 물질 이단주의가 있다는 것을 지식으로만 알았을 뿐 실제로 문화가 다른 부족민들의 삶에서 그것이 어떻게 나타나는지는 몰랐다.

처음으로 추장과 부족 사람들의 허락을 받고 부족에 들어갈 때, 가장 중요한 것은 부족민들에게 선교사가 지낼 움막을 지어 달라고 요청하는 것이다. 그 이유 중 가장 먼저는 문화 충격을 주지 않기 위함이다.

교회 설립과 제자 양육이 목적이기 때문에 무엇보다 부족 사람과의 관계가 중요했다. 선교사가 처음부터 그들과 전혀 다른 양식의 집을 짓고 살면 서로 간의 신뢰를 쌓는 데 전혀 도움이 되지 않을 터였다. 또 다른 이유는 그들이 직접 움막을 지어 주면 우리를 가족으로 받아들일 뿐 아니라 부족 전쟁이 일어나도 보호해 주겠다는 뜻이 되기 때문이다.

필요한 크기의 집터를 나뭇가지로 사방에 꽂아 표시해 주고 우리가 지낼 움막을 지어 줄 때까지 기다렸다. 부족민들이 움막을 짓기 시작한다는 소식을 듣고서야 찾아가 같이 집을 짓기 시작했다. 많은 사람들이 즐겁게 지었지만 그 가운데 긴박한 긴장이 흐르고 있다는 것은 몰랐다. 우리가 집을 짓고 있는 땅이 코라 씨족 관할이기 때문에 리보레 사람들은 단 한 사람도 참여하지 않았다. 우리가 코라 지역을 정착할 땅으로 정하자 리보레 사람들의 마음이 불편해졌다.

그리고 집을 짓는 데 참여한 많은 코라 사람들이 우리가 보상해 줄지도 모른다는 기대감을 갖고 있다는 것도 몰랐다. 그래서 서로 집을 짓겠다고 하다가 결국 한 사람이 어떤 청년의 등에 활을 쏘아 폐가 다쳐 죽어 가고 있다는 것을 나중에야 알았다. 우리가 이 사실을 알면 마을을 떠나 버릴 수도 있고, 그동안 움막을 짓던 대가도 받지 못할 수 있다고 생각해 아무도 우리에게 말해 주지 않은 것이었다.

응급 비행기를 불러 청년을 도시 병원으로 이송했다. 청년은 치료가 끝난 후 부족으로 돌아온 뒤에도 폐에 계속 물이 고여 고생했다.

집을 다 짓고 나자 마을 사람들이 우리 집으로 많은 음식을 가져왔다. 그러고는 집 짓는 과정에서 싸운 두 사람을 세우고 서로 악수하게 하고 악수한 두 사람의 손 아래로 음식과 고기를 전하며 서로 화해하

정글 산 능선을 따라 형성된 코라 마을

해지기 전의 코라 마을

음식을 가져와 화해를 하는 형제들

게 했다. 그들이 이렇게 한 것은 부족의 풍습이기도 하거니와 우리에게 다시는 싸우지 않을 것이며 그 마을에 긴장이 없다는 것을 보여 주기 위함이기도 했다. 상대가 거의 죽을 뻔한 싸움이 큰 어려움 없이 마무리된 것이다. 그리고 지금까지 어떤 대가도 요구하지 않고 있다. 그런데 이런 일은 처음 있는 일이라고 했다. 주님은 우리가 이 마을에 잘 정착할 수 있도록 부족민들을 붙들고 계셨다.

선이 없는 죄인이 어찌 거룩하신 하나님의 말씀을 듣기 위하여 모이거나 알고자 하겠는가? 부족민들은 우리를 하나님 말씀을 듣기 위해 받아들인다고 했지만 그들의 관심은 하얀 사람에게 받을 물질과 유익에 있었음을 차츰 알게 되었다.

집은 순조롭게 지어졌다. 사각 모양으로 지붕에는 꾸나이라는 야생

그리움과 추억이 있는 우리 움막

부족에 정착하여 6년을 살았던 움막

움막 안 드럼통 난로에 앉아 커피를 마시며

억새풀을 엮어 올리고 그 위에 비닐 천막을 덮어 겨우 비를 피하는 집
이었다. 뻿뻿이라는 갈대 같은 것으로 돗자리처럼 만들어 벽을 막았다.
바닥은 흙바닥으로 그냥 두면 말라서 먼지가 일어나기 때문에 밑에 천
막을 깔고 그 위에 대나무로 돗자리처럼 짜서 덮었다. 움막 안은 양쪽
으로 벽을 막아 한쪽은 침실로 다른 쪽은 손님 방으로 사용했다. 세 명
정도는 여유롭게 잘 수 있는 크기였다. 가운데는 한쪽에 드럼통으로 만

빗물을 받기 위해 만든 빗물 받이　　　　드럼으로 만든 오븐으로 빵을 굽는 모습

든 난로를 설치해 물을 끓이고 고구마나 옥수수를 구워 먹었다. 다른 쪽은 책상을 만들어 사무실로 쓰고 부엌은 안쪽에 설치했다. 부엌 뒤에 창문을 만들어 정글 숲이 보이게 하였고 양쪽 방에도 작은 창문을 만들어 햇빛과 공기가 들어오게 했다.

　잠시 도시에 다녀왔을 때 우리 움막의 지붕에다 사람 머리 형상을 두 개나 만들어 올려놓은 것을 발견했다. 마치 악령의 집 같은 느낌이 들어서 보는 순간 없애 버렸다. 밖에다 작은 움막을 만든 다음 석유 드럼통으로 캠프 오븐을 만들고 나무로 불을 피워 빵과 과자를 구워 먹었다. 움막은 사람이 살기 위한 곳이었지만 상상할 수 없이 많은 쥐와 날아다니는 바퀴벌레가 득실거렸다. 쥐를 몰아내려고 한때 고양이를 키운 적도 있다. 하지만 고양이는 쥐를 몰아내기는 했지만 정글에서 잡은 쥐를 집 안으로 물고 들어오기도 해서 감당할 수가 없었다. 그래서 고양이는 부족민에게 나누어 주었다. 차라리 쥐와 함께 지내는 것이 스트레스를 덜 받을 것 같았다.

　1년이 지나자 털마이츠라고 부르는 하얀 벌레들이 천장의 서까래 나무를 파먹으면서 나무에서 가루가 떨어졌다. 그로 인해 온몸이 가렵

코라 마을의 추장 아모라 오파나

고 천식과 알레르기로 호흡이 불편했다. 천장의 서까래 나무를 투명 비닐로 막았더니, 쥐들이 비닐 천장에 집을 짓고는 배를 드러내고 오줌과 똥을 싸고 돌아다녔다.

그럼에도 움막 생활은 우리 인생에서 정취와 낭만이 있는 가장 아름다운 시간이었다. 불편했지만 우리는 불평하지 않았다. 도리어 불편한 만큼 하나님과의 교제가 더 깊어졌다.

부족민들에게 문화 충격을 주지 않으려고 살기 시작한 움막은 6년이 지나서야 양철 지붕을 올린 집으로 바꿀 수 있었다. 이민아 선교사의 친구인 신실한 목사님을 통해 하나님이 허락하신 집이었다.

식수로 쓸 물은 바깥에다 넓은 비닐을 사방에 기둥을 박아 세운 다음 비를 받아 사용했다. 하지만 비가 많이 오거나 폭우가 내리면 무너져 내려 물을 받을 수가 없었다. 그래서 옆에다 땅을 파고 바닥에 비닐을 깔아 빗물을 받았다. 하지만 낮에 아이들이 몰려오면 먼지가 일어나 식수로 사용할 수 없거니와 비가 내리지 않는 건기에는 아이들의 놀이터가 되고, 우기에는 어린아이가 빠질까 염려돼 얼마 못 쓰고 덮어 버렸다. 나중에 양철판을 몇 장 사와 작은 사무실을 집 옆에 만들고 양철 지붕에서 내려오는 빗물을 작은 탱크에 받아 사용했다.

화장실도 처음에는 정글에 땅을 파고 이용했다. 하지만 이민아 선교사가 위험해 보여 집 가까이에 재래식 화장실을 만들었다. 그러나 호기심 많은 부족 어른과 아이들은 우리 집은 물론이고 작은 집 화장실까지도 대나무 틈새를 벌려 보기 일쑤였다.

부족의 아이들이 가장 궁금해하는 것은 하얀 사람이 저 집에서 무엇을 하는지, 특히 부족민들에겐 없는 화장실에서 우리가 무엇을 하는지였다. 양철지붕으로 빗물을 안정적으로 받게 된 뒤로는 집 멀리 깊은 구덩이를 파고 파이프를 연결해 사무실 옆에 도시의 변기를 들여와 수세식 화장실을 만들었다. 그리고 밤에도 안전하게 사용할 수 있도록 집과 화장실 사이의 통로에 칸막이를 하고 문을 연결하여 사용했다.

추장 아모라 오파나는 하나님의 집과 선교사의 집을 짓도록 자기 땅을 내어 주며 크신 분(Bikpela: 공용어로 하나님)을 위하여 사용하니 참 기쁘다고 말했다. 그리고 그 땅을 싸움이 없는 자유의 땅이라고 불렀다. 그 땅을 사이에 두고 리보레 마을과 코라 마을이 전쟁을 했기 때문이다. 물질을 가장 소중하게 생각하고 반드시 대가를 받는 코라 부족 사람으로선 결코 상상하기 힘든 일이었다.

우리 움막 집을 지을 때 키가 큰 무당이 찾아와 "당신이 가르칠 하나님의 말씀을 나도 듣고 싶다"면서 매일 집 짓는 일을 돕겠다고 찾아왔다. 사람들은 그를 키가 크다고 해서 '키 큰 사람'(에께바나, Eke vana)이라고 불렀다. 그러던 어느 날 저 아래 정글에서 여인의 큰 울음소리가 들리면서 사람들이 올라왔다. 에께바나가 정글에 갔다가 큰 나무에서 떨어진 굵은 나뭇가지에 머리를 맞아 그 자리에서 죽었다는 것이다. 내일 보자던 그가 다음 날 아침에 우리 움막으로 오지 않고 왜 정글로 혼자 갔다가 그런 참변을 당한 것일까? 하나님 말씀을 듣고 싶다던 에께바나의 말이 생각나 안타깝기도 하고 저쪽 산 마을에서 밤새도록 우는 가족의 울음소리로 우울하기도 했다. 그리고 혹시라도 주술을 믿는 부족 사람들이 하얀 사람들이 들어와서 이런 참사가 일어났다고 생각해 집 짓는 일을 중단하거나 두려워서 떠나가면 어떡하나 하는 걱정도 되었다. 기도할 수밖에 없는 상황이었다.

하지만 그의 죽음을 놓고 웅성거리는 무리도 있긴 했지만 움막을 완성할 때까지 아무도 그 일을 문제 삼지 않았고, 이후론 큰 소동 없이 집을 완성할 수 있었다. 하나님, 감사합니다.

_____ 정글의 하루

새벽 다섯 시 반쯤이면 에사라(esara)라는 벌레가 운다. 새벽을 알리는 것이다. 마을과 정글에서 울려 오는 에사라의 울음소리로 새벽에 잠을 깬다. 지난 저녁에 정글 계곡으로 들어와 있던 구름이 계곡은 물론 높은 산들을 모두 덮어 버렸다. 아침이 되어 햇살이 나타나면 구름은 정글 밖으로 물러난다. 산을 덮고 있던 구름이 떠나고 나면 계곡마다 하얀 구름이 가득하다. 햇살로 따뜻해진 공기는 계곡의 구름을 안고 산 위로 밀려 올라온다.

해발 2500m의 산에서 습한 구름을 안고 있는 바람을 가슴 가득 들이마시노라면 이토록 아름답고 웅장한 자연을 창조하신 하나님 품에 안기는 것 같아 가슴 벅차게 감격스럽다. 때로 폭풍우를 머금은 검은 구름이 바람을 타고 높은 산 마을에서 내려와 계곡마다 머물다가 폭우로 변하여 내린다. 하늘이 열린 듯 밤새도록 쏟아지는 폭우는 양철 지

아름다운 코라 마을의 전경

붕을 때리며 더 격렬해진다. 그러면 두려움을 느끼는 동시에 저 빗물을
받아 담고 싶다는 충동이 일어난다. 천둥과 번개가 산 밑에서 또는 바
로 옆에서 치면 두려움에 얼굴을 가리고 땅에 주저앉게 된다. 6개월간
의 우기에는 거의 매일 비가 내리고 6개월간의 건기에도 일주일에 한
번은 영락없이 폭우가 몰아친다. 하나님의 위엄 앞에 숨을 죽인다.

파푸아뉴기니의 북쪽은 지진대가 크게 자리 잡고 있어서 수시로 지진
이 일어난다. 우기에 더 심해져 일주일에 서너 번은 진도 3~4의 지진이
온다. 걸어 다닐 때는 잘 느끼지 못하지만 의자에 앉아 있으면 몸이 상하
좌우로 흔들린다. 미히 부족에게 작은 지진은 생활의 일부가 되었다.

지금까지 미히 부족에서 경험한 가장 큰 지진은 진도 7.5로 한밤중
인 새벽 3시에 시작해 20여 분간 온 산과 마을을 강력하게 흔들어 놓았
다. 겨우 의자를 잡고 일어섰지만 의자가 심하게 흔들려서 한 발자국도
움직일 수 없었다. 벽에 걸린 물건이 떨어지고 책상 위와 책꽂이에 있

강한 지진으로 엉망이 되어 버린 방

큰 지진에도 우리가 무사한 것을 기뻐하는 부족 형제들

던 책과 물건들도 쏟아졌다. 유리로 만든 것은 모두 깨졌다. 칠흑처럼 캄캄한 밤에 일어난 혼란은 큰 두려움을 일으켰다. 아무것도 할 수가 없었다.

정글에는 나무가 많지만 혹시 산사태가 일어날지도 몰라 온 신경이 곤두섰다. 우리 집 뒤로 멀지 않은 곳에 수십 미터의 절벽이 있고 그 아래로 강이 흘렀다. 마을의 움막들도 절벽 가까이에 있었다.

지진은 20여 분 계속되다가 멈추는 듯했다. 하지만 그것으로 끝난 게 아니었다. 무려 100여 차례에 걸쳐 강력한 여진이 있었다. 지진이 약해지고 새벽이 되자 마을 사람들이 우리를 찾아왔다. 어느 누구도 두려움에 쉽게 입을 열지 못했다.

"혹시 산사태가 일어난 곳이 있습니까? 다치거나 어려움을 당한 사람이 있습니까?"

다행히 오래된 움막만이 기울어지는 피해를 입었고 산사태도 없었다. 다친 사람도 없었다. 마을 사람들은 오히려 우리가 걱정되어 몰려왔다. 우리 집에서 뭔가 깨지는 소리가 크게 나서 걱정했다고 했다. 마을 사람들의 삶은 단순해서 그릇도 식기도 없다. 그들에겐 벽에 걸어 놓을 것도 높은 곳에 올려놓을 것도 없었다. 설사 있더라도 땅에 놓아 두었다. 유리 제품은 더더욱 없었다. 신발을 신지 않는 부족 사람들과 아이들이 발을 다칠까 염려되어 깨진 유리 제품을 망치로 잘게 부숴 부족 재래식 화장실에 버렸다.

이후로도 2개월 후에 진도 6.5가, 7개월 후에는 진도 7.0의 지진이 왔지만 마을에는 큰 피해가 없었다.

맑은 아침이면 나뭇잎마다 맺힌 수정 같은 이슬을 산새와 병아리들이 찾아와 마신다. 노아 이전의 비가 없던 시절에 하나님이 식물을 어떻게 키우시고 짐승을 돌보셨는지 절로 깨달아지는 풍경이다. 밤새 스산하게 춥던 몸을 녹이기 위해 움막마다 모닥불을 피워서 마을은 마치 불이 난 것처럼 연기로 가득하다. 야생 풀잎으로 덮은 움막의 지붕 틈새로 연기가 올라오는데 한 폭의 그림이 따로 없다. 돼지도 개도 닭도 사람도 모두 모닥불 주위에 둘러앉아 장작불에 고구마를 구워 재를 탈탈 털어 가며 달게 먹는다.

새벽이면 목소리가 더 잘 전달되기 때문에 마을과 마을 사이를 잇

멧돼지를 잡아 나무에 묶어 놓은 모습

는 전령과 같은 부족민들이 높은 소리로 소식을 전달하면 남자들은 활과 화살을 만들고 여인들은 품에 있던 돼지를 정글 속으로 보내며 하루를 시작한다.

부족에서는 어떤 것도 규칙적이지 않다. 배고프면 먹고, 자고 싶으면 잔다. 일도 하고 싶으면 하고, 싫으면 하지 않는다. 어디에도 얽매이지 않는다. 본능에 따라 살아갈 뿐이다. 여인들은 돼지와 함께 정글로 내려가 밭을 돌보며 지낸다. 남자들은 풀어 놓아 키우는 멧돼지 혹은 야생 멧돼지가 고구마밭을 망가뜨리지 않도록 밭에 담장을 친다.

뜨거운 햇살의 낮이 지나면 서쪽 하늘을 물들이는 붉은 노을과 쌍무지개가 녹색의 산과 하얀 구름과 함께 한 폭의 그림을 그려 놓는다. 숲속에서 하루 종일 긴 주둥이로 땅속의 벌레를 잡아먹던 돼지를 부르는 여인의 목소리가 들리고, 여인의 뒤를 졸졸 따르는 돼지의 꿀꿀거리는 소리가 들린다. 어미 돼지는 새끼 돼지를 데리고 마을로 돌아와 여인의 무릎에 머리를 대고 눕는다. 정글에서 사냥을 하던 남자들도 때로는 산돼지를 잡아 나무에 두 다리를 묶고 어깨에 메고 올라온다. 여인

아름다운 쌍무지개와 밤하늘의 달무리

들이 하루 종일 재 속에 묻어 두었던 불씨를 파내어 입으로 바람을 불어 불씨를 살려 내면 움막 위로 다시 연기가 피어오른다.

정글 아래 밭에서 힘들게 가져온 고구마를 대나무 칼로 껍질을 벗기고 재 속에 파묻으면 돼지와 개도, 여인과 남자와 아이도 다시 모닥불가로 둘러앉는다. 그렇게 재 속에서 익은 고구마를 달게 먹은 뒤 하나 둘 모닥불 옆에 자리를 잡고 잠을 청한다.

밤이 되면 도시에서는 볼 수 없는 큰 달이 두둥실 떠오르고 수많은 별들이 정글의 밤하늘을 빼곡하게 수놓는다. 아름다운 은하수는 저절로 창조주 하나님을 경배하게 한다.

벌거벗은 그리스도인

밤이면 어디에서 왔는지 반딧불이들이 마을과 숲속을 날아다닌다. 별을 '에떼니'(eteni)라고 하는데 반딧불이도 '에떼니'라고 부른다. 부족 사람들은 반딧불이를 밤에 별이 목이 말라 물 먹으려고 숲으로 내려왔다가 간 것으로 이해하기 때문이다. 아침 이슬은 별들이 내려와 오줌을 누고 간 것이라 해 '별의 오줌'이라고 부른다. 자연과 더불어 살아가는 부족민들의 생각은 이렇듯 시적이다.

부족민들은 하루하루 변하는 자연의 흐름을 따라 해와 달과 별을 바라보며 살아간다. 5월이면 산 능선에 보라색 갈대꽃이 덮인다. 6월이 가까우면 보라색 꽃이 누런 갈대로 변하여 바람을 따라 하늘거리기 시작한다. 그러면 마을 사람들은 저 산 너머에서 건기가 오고 있다고 말한다. 부족민들의 말처럼 영락없이 6월 말이면 1월부터 시작한 우기가 끝나고 건기가 시작된다.

자연은 창조주의 손길로 경이로운데 그 자연과 더불어 살아가는 부족 사람들의 삶은 그렇지 못하다. 전혀 평화롭지 못하고 미래에 대한 소망도 없다. 그냥 살아 있으니 살아갈 뿐이다. 자연과 대비되는 그들의 삶을 보면서 인간의 타락이 얼마나 끔찍한 것인지를 알게 된다. 아버지, 용서하여 주소서!

────── 하까루의 죽음

어느 날 맑은 대낮에 갑자기 검은 구름이 높은 산에서 산 아래로 강한 바람과 함께 마을을 덮고 내려갔다. 갑자기 사방이 어두워졌고 구름이 마을을 지나 저 깊은 계곡 아래로 내려갔다. 그리고 강한 번개와 함께 지축을 흔드는 천둥소리가 들렸다. 모여 있던 마을 사람들은 땅에 주저앉아 두려워했다. 아주 가까운 곳에서 번개가 쳤던 것이다. 얼마 지나지 않아 정글에서 큰소리로 외치는 소리가 들려왔다. 누가 번개에 맞았다는 것이다. 청년들이 정글로 달려가고 잠시 후 정글에서 큰 울음소리가 들렸다. 직감적으로 큰 문제가 일어났다는 것을 알 수 있었다.

청년들이 어깨에 메고 온 사람은 추장의 동생 마가브 오파나(Magavu Ofana)의 아들 하까루 마가브(Hakaru Magavu)였다. 부족 사람들은 씨족 성이 없고 아버지 이름을 자신의 성으로 사용하여 누구의 아들인 것을 나타낸다. 그러니까 하까루 마가브는 '마가브의 아들 하까루'라는 뜻이다. 응급 비행기를 부를 테니 하까루를 산 능선 경비행장으로 데려가라고 말했다. 부족민들이 모닥불을 피워 그의 두 팔과 두 다리를 잡고 앞뒤로 뒤집어 가며 등과 배를 뜨겁게 해 의식이 있는지를 확인했지만 하까루는 아무런 반응이 없었다. 죽은 것이다.

"우리 집으로 하까루를 들것에 메고 오라!"고 해서 하까루를 살펴보

검은 구름과 천둥 번개 그리고 하까루 가족

죽은 하까루와 가족을 위해 기도하는 모습

니 눈의 동공은 열려 있고 심장도 이미 멈추어 있었다. 심폐소생을 해 보았으나 이미 숨을 거둔 뒤였다. 너무나 안타까웠다. 정글에서 갑자기 폭우가 내리자 함께 있던 네 명의 아이들은 큰 나무 아래 서서 비를 피했고, 하까루는 나무에 뒷머리를 기대고 서서 얼굴만이라도 비를 피하려고 했다고 한다. 그 순간 번개가 나무를 쳐서 기둥을 타고 내려와 나무기둥에 기대고 있던 하까루의 머리를 강타한 뒤 두 다리를 통해 땅속으로 빠져나갔던 것이다. 함께 나무 아래 있던 네 명의 아이들은 멀리 숲으로 날아갔는데 하까루만 절명하고 말았다. 커다란 거목이 순식간에 조각 나고 검게 타 버렸다. 다행히 아이들이 하까루의 손을 잡고 있지 않아서 약간의 상처만 입었을 뿐이었다. 하까루는 그렇게 임신한 아내와 세 명의 어린 자녀를 두고 죽었다.

처음 부족 언어를 분석할 때 언어 조력자로 25명이 지원했다. 지금은 17명만 남아 있다. 어떤 형제는 여자 문제로 떠나고, 어떤 형제는 병들어 죽고, 또 다른 형제는 활에 맞아 죽었다. 그때마다 마을 사람들은 왜 우리와 같이 일하는 사람들이 죽는지 궁금해했다. 그리고 하까루의 죽음은 마을이 뒤숭숭해질 만큼 심각하게 받아들여졌다. 그도 그럴 것이 하까루의 집은 우리 집과 가장 가까이에 있었고, 나의 언어 조력자였으며, 20대 초반의 청년이었다. 사실 하까루는 불평이 많은 청년이었다. 우리에게 땅을 준 것은 큰아버지이지 자신은 아니라 하고, 자신이 추장 가족의 아들인데 소금을 왜 남들과 똑같이 주느냐고 불평했다. 소금을 나누어 주면 그날 밤부터 마음이 풀릴 때까지 집에서 악령을 부르는 노래로 우리를 저주했다. "병들어 죽어라" "집에 불이 나서 죽어라" 하며 주술을 외우고 노래를 했다. 소금뿐만 아니라 사사건건 특별한 대우를 요구했다.

소금을 나누어 줄 때는 누구에게나 한 봉지만 준다. 그 이유는 누구를 특별히 대하면 그는 결코 복음을 들으려 하지 않기 때문이다. 그리고 언제나 특별대우를 받으려 하기 때문에 복음 전도에 큰 방해가 된다. 차별 없이 마을 사람을 대하지 않으면 양쪽 모두를 잃어버릴 수 있다. 그러나 추장의 아들이라서 그들의 문화를 따라 존경을 표하곤 했다. 우리가 돼지를 잡을 때면 언제나 하까루를 불러 칼을 주고 손질하게 했다. 부족의 풍습에서 칼을 주고 돼지를 손보게 하는 것은 가장 신뢰하는 사람이라는 의미를 가지고 있기 때문이다. 우리로선 그에게 최선의 예우를 한 것이다.

하지만 하까루는 우리 집에 치료하러 오는 사람들에게 선교사를 만나려면 자신을 통해 가야 한다며 물질을 요구하고 언제나 우리를 거짓으로 대했다. 그가 복음을 바로 알고 구원받기를 기다리며 기도했지만 그는 변하지 않았다. 그는 무엇이든 소유하고자 욕심을 부렸다.

제자 중에 물라바 헤리(Mulava Heri)는 죽음을 앞두고 다른 제자 발루

삼촌을 만난 후 죽으려고 기다렸다며 우리집 마당에 앉아 있던 물라바의 마지막 모습

스 세데오를 불러 하나님의 말씀을 전하고 기도해 달라고 부탁하더니 마지막으로 아내를 위해 "다시나 메이오"(쉬도록 하세요, 이제는 바람 좀 쐬세요)를 유언으로 남기고 죽었다. 오랜 세월 그의 종처럼 살던 아내를 위한 마지막 배려였다. 물라바는 신앙고백을 하고 예수 그리스도를 구세주로 영접한 구원받은 제자 중 하나였다. 그런데 하까루가 그런 물라바와 나를 비방하고 다녔다.

"하얀 사람이 거짓말을 한다. 죽은 물라바는 사람도 죽이고 간음을 하고 욕하고 남을 화나게 하는 나쁜 성격의 사람인데 어떻게 하늘나라에 갈 수 있느냐?"

이렇듯 하까루는 불평불만을 가슴 가득 안고 지내다 죽었다. 하까루의 상황을 본부에 보고서로 보냈다. 당시 NTM 회장이던 짐 테너(Jim Tenner) 미국 선교사가 메일을 보냈는데 "하나님이 하셨다!"는 한마디가 써 있었다.

그런데 문제는 여기서 끝나지 않았다. 추장의 동생 마가브가 자신의 아들 하까루가 어떻게 죽었는지, 누가 주술을 걸었는지 찾기 시작했다. "내 아들이 나쁜 사람이라 하나님이 벌하셨다"고 말하면서도 내게 찾아와 험한 말을 했다.

"내 죽은 아들을 생각하면 마을 사람들한테 하얀 사람 집에 절대 가지 말라고 할 수 있다. 하지만 당신은 하나님의 사람이고 하나님의 일을 하니 내가 그냥 두는 것이다."

그는 하까루의 죽음에 대한 대가를 내게 요구한 것이었다. 모든 책임을 내게 전가하고 물질을 얻으려 한 것이다. 그러면서도 그는 두려워했다. 실제로 마을 사람들 중에는 우리를 찾아와 작은 목소리로 "하나님이 벌을 내리셨다"고 말하는 사람도 있었다. 우리는 아무런 반응을 하지 않았다. 그는 그동안 사이가 좋지 않던 파무띠 다우니(Famuti Dauni) 가족을 주술사로 지목하고 같이 동조하는 사람을 찾아 죽이려는 계획을 세웠다. 파무띠가 주술을 걸어 하까루가 그 시간 정글에 가지 말라는 아내의 말을 듣지 않고 정글로 내려가도록 조종을 했다는 것이었다.

코라 마을의 청년들이 모두 모여 밤새도록 마약을 하며 전쟁을 위한 춤을 추기 시작했다. 그리고 파무띠 가족 중에 전사가 몇 명이며 누구를 먼저 죽일 것이며 자기들의 풍습을 따라 남자는 모두 죽이고 여자만 살려 둔다는 계획을 세우고 길목마다 전사들을 세워 도망가지 못하게 했다. 파무띠 가족은 겁을 먹고 몇몇은 다른 마을로 도망가고 나머지는 밖으로 나오지 못하고 집 안에 갇혀 숨죽여 지냈다.

일주일이 넘도록 긴장이 계속되었다. 밤이면 파무띠가 하까루를 부르며 울고선 크게 소리질렀다.

"죽은 하까루의 혼이여! 나에게 와서 내가 너를 죽이지 않았다는 것을 증명해 다오. 너는 내가 죽이지 않았다는 것을 알고 있지 않느냐?"

　벌거벗은 그리스도인

그러다 너무나 무섭고 다급해지자 하나님을 모르던 파무띠가 "하나님, 저는 결코 사람을 죽이지 않았고 주술사도 아닙니다. 제발 저를 도와주세요"라고 소리쳤다.

무알레 아모라라는 청년이 급하게 찾아와서 오늘 저녁에 큰 싸움이 일어날 것 같다고 했다. 정글엔 긴박한 긴장감이 감돌았다. 우린 아들을 잃은 하까루 아버지의 심정과 마을 사람들을 생각하며 기도했다.

> 내 사랑하는 자들아 너희가 친히 원수를 갚지 말고 하나님의 진노하심에 맡기라 기록되었으되 원수 갚는 것이 내게 있으니 내가 갚으리라고 주께서 말씀하시니라 롬 12:19

"아버지! 이 미히 부족의 영혼 구원 사역을 지켜 주시고 모든 일이 하나님 아버지의 주권 안에 있으니 영적 방해를 제거하여 주시옵소서. 추장 동생 마가브의 마음을 변화시켜 주시옵소서. 이번 일이 우리에게 고통이 된다 하여도 부족민들이 하나님 아버지를 인정하며 아버지를

추장의 동생 마가브

하까루의 죽음을 슬퍼하는 부족 형제들

아는 기회가 되게 하시고 복음을 전하는 기회가 되게 하옵소서! 이 마을에 평안을 주시옵소서!"

그날 밤 최종 공격 명령을 내리기로 한 추장 동생 마가브는 자기 움막 속에서 다른 전사와 함께 아무 말 없이 앉아 있었다. 그리고 새벽이 되었다. 마가브는 전투 명령을 내리지 않았다. 하나님이 그의 마음을 바꾸어 놓으셨다. 긴장은 사라지고 마을에 평안이 다시 찾아왔다. 하까루의 갑작스러운 죽음으로 온 마을은 밤낮으로 울음소리가 들렸다.

움막에 찾아가자 누가 주술을 걸었는지 찾는다며 오랫동안 시신을 움막에 방치해서 시체 썩는 냄새가 진동을 했다. 사실 시체 썩는 냄새는 이미 마을 전체를 뒤덮고 있었다. 이민아 선교사는 움막에 들어가자마자 참지 못하고 곧바로 되돌아 나갔다. 그러나 나는 감사하게도 후각이 많이 약해져서 움막에 들어가 기도도 하고 가족을 위로하기도 했다. 나의 후각을 약하게 하신 주님께 감사드린다.

하까루의 아버지 마가브가 마음을 바꿔 먹은 덕분에 장례를 순조롭게 치를 수 있었다. 초상집 여인들은 온몸에 흙을 칠하고 온 사람들과 서로 몸을 문지르며 한없이 운다. 마당에서 뒹굴고 집 주위를 이리저리 뛰면서 미친 듯이 몸을 흔들며 운다. 시신이 있는 움막 안에서는 가족과 여인들이 시신을 끌어안고 운다. 그들의 우는 소리와 모습은 너무나 애통하고 안타까워 차마 볼 수가 없다.

장례가 끝나자 찾아와 울던 사람들이 마치 당연한 것처럼 죽은 사람에게 속한 물건들을 가져갔다. 돼지도 닭도 활도 화살도 움막 안에 있는 모든 것을 가져갔다. 울어 준 것에 대한 대가인 것이다. 죽은 사람과 가족은 장례를 마치고 나면 아무것도 남는 게 없다. 너무나 매정하고 무서운 이웃이지 않은가.

놀라운 하나님의 섭리로 마가브가 주술사라며 지목하여 죽이려 한 파무띠는 그날 이후 복음을 듣는 자리에 참석하기 시작했다. 그 후 감사하게도 파무띠는 구원받아 지금은 성경을 가르치는 선생으로 교회를 돌보는 교회의 인도자가 되었다. 아직도 구원받지 못한 가족을 생각하며 밤이 새도록 울면서 하나님의 말씀을 들을 것을 권하고 있는 하나님의 일꾼이 되었다.

스케이비스 벌레가 다시 파고들었다

파푸아뉴기니의 모든 지역에는 후천성 면역결핍증(HIV)이 펴져 있다. 그래서 수도 포트모르즈비나 산악 지역인 고로까 도시에서도 'AIDS에서 스스로 지켜라'(AIDS Lukautim Yu yet)라는 대형 광고판을 쉽게 볼 수 있다. 코라 부족에도 HIV는 물론, 말라리아와 이질, 그리고 피부가 나무껍질처럼 변하다가 온몸을 덮고 나면 죽는 이름도 알 수 없는 각종 피부병이 있다. 뿐만 아니라 여러 가지 벌레로 인한 병들도 있다.

부족 형제들과 오랫동안 지내다 보면 손목에서 시작하여 발목 그리고 온몸으로 스케이비스(scabies, 한국말로는 옴이라고 함)라는 피부 속에 서식하는 벌레가 사람의 살과 살을 타고 옮아 간다. 하얀색의 네 발이 달린 이 벌레는 너무 작아 육안으로는 보기 어렵다. 악수를 하든 안 하든 부족의 움막에서 지내면 온몸으로 스며든다. 피부 속에서 서식하는 이

비가 새어 비닐 천막으로 덮은 우리 움막　　　스케이비스에 감염되어 고생하는 부족 형제

벌레는 심한 가려움을 일으키는데 많은 부족 사람들이 감염되어 있다. 우리가 처음 부족에 들어왔을 때 어른은 물론 아이들의 손목과 발목에 긁은 상처로 인해 누렇게 고름띠가 둘러 있었다. 언뜻 봐선 치료가 불가능해 보이는 지경이었다.

　　너무 늦게 찾아와서 손써 볼 새도 없이 가려움과 염증으로 고통스러워하다 죽은 사람도 있다. 감염된 엄마의 젖을 빨다 아이도 전염되어 몸 전체에 물집과 고름이 생겨 고생하다 죽은 아기도 있다. 이 벌레 때문에 생긴 질병은 부족 사람들에게는 흔했다.

　　우리는 부족 사람들이 지어 준 꾸나이라는 야생 풀로 만든 움막에서 6년을 살았다. 뿐만 아니라 그들의 문화와 언어를 분석하기 위해 정글 속 부족 움막에서 지내는 경우가 많았다. 그러던 어느 날 우리 몸에도 스케이비스 벌레로 인한 가려움증이 시작되었다. 온몸에 작고 붉은 점이 생겼는데 가려워서 긁으면 상처가 나고 진물이 났다. 아무리 긁어도 가려움증이 사라지지 않으니 견디기 힘들었다. '욥은 기왓장으로 긁었다는데 그 가려움이 바로 이런 것인가 보다' 하며 밤새도록 피가 나도록 나무나 칼로 긁어도 시원하지가 않았다.

피부 속에서 서식하는 벌레를 죽이려면 소독약(락스)을 솜에 부어서 온몸에 목욕하듯 바르고 백색의 스케이비스 물약을 발라야 하는데, 약이 독해서 약한 피부는 붉게 부풀어 올랐다. 독한 약 때문에 따갑고 아프지만 오히려 시원하게 느껴진다. 이렇게 일주일가량 약을 바르고 치료하면 상처 난 곳이 굳어지면서 가려움이 조금씩 사라진다. 물론 수건과 이불, 입었던 옷들을 소독제로 모두 빨아야만 한다.

가려움증이 얼마나 심하면 영국 선교사 부인은 치료 후 부족 사람과 악수를 할 때 두 손가락 끝만 내밀어 악수를 했다고 한다. 선교사가 어떻게 그렇게 할 수 있느냐고 하겠지만 이를 경험하고 나면 충분히 이해할 수 있다. 가려움이 사라진 날 두 팔과 손이 없으면 좋겠다는 생각과 함께 악수는 물론이고 다시는 부족 사람들을 껴안거나 부족 움막에서 지내지 말아야지 굳게 결심했다. 그런데 그날 밤 성경 말씀을 읽다가 그렇게 결심한 것을 회개했다.

> 너희가 너희를 사랑하는 자를 사랑하면 무슨 상이 있으리요 세리도
> 이같이 아니하느냐 마 5:46

이전에는 아무 감흥이 없던 이 말씀을 읽는 순간 온몸이 얼어붙는 것 같았다.

"너는 사랑할 만한 사람만 사랑하고 사랑할 조건이 있는 사람, 너에게 잘해 주는 사람만 사랑하느냐? 그것은 진정한 사랑이 아니다. 너는 부족 형제를 진정 사랑할 수 없는 존재야."

내 안에 책망의 소리가 들려왔다. 우리가 이곳에 왜 왔는가? 부족

형제가 지어 준 움막에서 그들과 같이 살아온 지 6년이나 되지 않았는가? 이들을 사랑하기 위해 같이 먹고 같이 자고 서로 몸을 비비며 지내지 않았는가? 그런데 그동안 내가 한 모든 행동은 사랑이 아니라고 이 말씀은 말하고 있었다. 내 안에는 남을 진정으로 사랑할 수 있는 사랑이 없었다. 스케이비스 벌레에 옮지 않으려고 부족 사람들과 악수도 안 하겠다고 결심한 나 자신이 너무 부끄러워 기도하기도 힘들었다.

부족 사역에서 부족 사람들과 인간관계를 맺는 데 가장 중요한 기준이 평등하게 대하는 것이다. 선교사가 편애하면 부족 형제들은 선교사에게 잘 보이기 위해서만 행동하게 된다. 그리고 복음이 아니라 물질을 위해 행동하게 된다. 물질 이단주의가 있는 부족의 문화에서 편애는 사역의 커다란 걸림돌이다.

그런데 그날 저녁 성령께서는 내가 얼마나 자기중심으로 지냈는지를 하나하나 기억하게 하셔서 통회 자복하게 하셨다. 내가 선한 일을 한답시고 형제들을 편애하는 것을 당연한 것처럼 생각해 왔다는 사실을 알게 하셨다. 부족 형제가 찾아와 우리에게 조금이라도 잘하면 아프지 않는데도 "아프지 않느냐? 약이 필요하냐? 소금이 있느냐? 하나 더 가져가라" 하며 편애했다. 대나무 통을 잘라 물통으로 쓰는 마을 사람들에게 빈 페트병을 모았다가 물통으로 사용하도록 나누어 주었는데, 우리에게 나물이라도 갖다 주는 여인에게는 크고 좋은 것을 주고, 언제나 빈손으로 찾아오는 사람에게는 줄까 말까 계산하다 작은 물통을 주었다. 그리고 언제부터인가 내가 좋아하는 사람과 싫어하는 사람을 나누어 편애했다. 성도들이 보내온 약품을 나누어 주면서도 마치 내 것을 나누어 주는 것처럼 교만했고 편애했다.

대나무 통에 물을 담는 부족 형제

한번은 한 달에 한 번 소금을 나누어 주는 날 멀리 있는 다른 부족에서 찾아온 형제가 예배에 참석한 후 소금을 받아 갔다. 나는 절대로 예배를 드린 대가로 무언가를 주지 않는다. 다음 주에도 그 청년은 친구 한 명과 같이 왔다. 예배가 끝나 모두 돌아갔는데 그 청년과 친구만 남아서 내게 "지난주에는 당신의 말을 들어주니 소금을 주더니 오늘은 친구와 함께 4시간을 걸어왔는데 왜 소금을 주지 않느냐?"고 물었다. "지난주는 소금을 주었지만 오늘은 주지 않는다"고 답하자 실망한 얼굴로 자기 마을로 돌아간 뒤 다시는 오지 않았다.

이렇듯 부족 사람들은 자신이 상대를 위해서 한 모든 일에 대가를 받는 것을 당연시했다. 그런 문화에서 평등주의의 원칙이 무너지면 큰 어려움을 당할 수밖에 없다.

모든 부족 사람들이 우리에게 호의적인 것은 아니다. 정글 속에서만 지내며 얼굴을 보이지 않던 형제들은 소금이나 헌 옷을 나누어 준다는 소식을 들으면 찾아왔다. 만일 자신이 없을 때 소금을 나누어 주면 우리에게는 말하지 않지만 "너는 하얀 사람에게 아무것도 주지 않고 일도 돕지 않았는데 왜 소금을 받았느냐? 나는 고구마를 주었는데 소금을 받지 못했다"하며 시비를 걸고 싸움을 한다. 그래서 소금 주는 날은 아무도 모른다. 특정일을 정하지 않는다.

부족 사람들은 먹을 것을 준다고 하면 수백 명이 몰려온다. 하지만 아무것도 주지 않는다고 광고를 하고 사역에 필요한 일을 하거나 마을 공익의 일을 할 때는 잘 오지 않는다. 적은 수의 부족 청년들만 참여한다. 그때 나도 모르게 그들을 편애하게 된다.

우리를 속이는 부족 사람도 있다. "아버지가 정글에서 일을 하다가 병이 나 누워 있습니다. 약과 음식을 주십시오!"하면서 "아버지가 후바아무와 마떼를 먹으면 병이 나을 것 같아 보냈습니다"한다. 우리가 먹는 쌀을 보고 부족 사람들은 후바아무(huva amu) 즉 개구리 알이라고 부르고, 라면을 마떼(Mate, 회충)라고 부른다. 그러니까 청년이 요구한 것은 쌀과 라면이었다. 나중에 안 사실이지만, 청년이 아버지를 팔아 자기가 먹고 싶은 음식을 우리에게 요구해서 가져간 것이다. 이렇게 거짓말로 우리를 속이는 형제는 마음속으로 '너는 말라리아에 걸리지 나 두고 보자! 만약 큰 병에 걸려도 결코 너에게는 약을 주지 않을 것이다. 죽어 간다고 해도 응급으로 부르는 비행기를 결코 부르지 않을 것이다' 하고 미워했다.

누구든지 하나님을 사랑하노라 하고 그 형제를 미워하면 이는 거짓 말하는 자니 보는 바 그 형제를 사랑하지 아니하는 자는 보지 못하는 바 하나님을 사랑할 수 없느니라 요일 4:20

어떤 청년은 매사에 불평을 하고 우리를 속이고 이용해서 유익을 취하려고 했다. 자기 뜻대로 안 되면 마을 사람들에게 교회에 가지 말라고 협박했다. 그런데 나도 그 청년처럼 너무나 속상하고 정신적으로 힘들었을 때 부족 사람들을 협박한 적이 있다.

"너희들이 우리를 너무 힘들게 하면 나는 이 집을 불태우고 우리가 온 곳으로 돌아갈 거야."

이 말을 할 때 내 안에는 미움이 가득했다. 나는 그런 죄인이다. 내가 무엇을 믿고 이런 교만을 부리는가? 내가 돌아갈 나라, 한국이 있다는 것과 나를 반갑게 맞아 줄 교회와 성도가 있다는 것, 사랑하는 나의 두 아들과 며느리가 있다는 것, 언제나 자랑스럽게 생각한 이것들이 그 순간 교만이 된다는 걸 알았다. 그 순간 내가 의지한 것은 세상에 속한 것들이다. 힘들고 어려울 때 오직 하나님만을 의지하겠다고 성령의 도움을 구하지만 여전히 나는 어쩔 수 없이 육신에 속한 곤고한 자다.

"하나님 아버지! 이 소망 없는 죄인을 용서하소서! 죄의 방황에서 구원하소서! 이런 죄인이 거룩한 주의 일에 도구가 되게 해 달라고 한 교만과 무지함을 용서하여 주소서! 악한 죄인이 죄악 된 의지로 선을 행했던 죄를 용서하소서! 말로는 주님의 일이라 하면서 언제나 나의 생각과 의지로 내 일처럼 행했던 죄인을 용서하소서! 아버지, 이 세상적인 유혹에서 보호하시고 오직 주님만을 믿음으로 의지하게 하소서! 하나님을 만나기 원하나이다. 나는 소망 없는 죄인입니다. 소망이신 주님이 아니고는 나는 아무것도 아닙니다. 내가 하나님을 사랑하려고 행위로 하나님을 기쁘게 하기보다는 하나님이 예수 그리스도를 통하여 이 죄인을 어떻게 사랑하셨는지 깊이 깨닫게 하옵소서."

새벽에 움막의 문을 열자 한 형제가 찾아와 먼저 나를 덥석 끌어안
으며 "마할로떼로떼"(mahalotelote, 날이 밝았습니다) 하고 아침 인사를 했다.
순간 나는 움찔하며 뒷걸음질했다. 하나님께 기도하고 죄를 자복하여
도 곤고한 이 죄인은 여전히 부족 형제들과 악수하고 껴안고 같이 자
고 먹는 것을 꺼리는 것이다.

그렇게 몇 달이 지나자 우리 몸으로 스케이비스 벌레가 다시 파고
들었다. 처음보다 견딜 만했고, 밤낮으로 긁는 것이 일상이 되었다.

그런데 나는 여전히 변하지 않았지만, 내가 얼마나 부족 형제들을

사랑하는 부족 형제들과 함께

언제나 끌어안고 인사를 하는 형제들

우리의 생각과 상식과 경험과 문화의 기준으로 판단하고 대해 왔는지 눈물로 회개한 이후, 우리와 부족 형제들 사이에서 변화가 일어나기 시작했다. 나는 부족 사람들이 집에 찾아오면 "침 뱉지 마라! 똥 싸지 마라! 버리지 마라! 조용히 해라! 싸우지 마라! 욕하지 마라! 때리지 마라! 훔치지 마라! 꺾지 마라!" 하며 끊임없이 명령했다. 그들의 삶이 내 생각과 가치관과 다르다고 해서 끊임없이 가르치려 들었다. 그런데 내가 그러고 있다는 걸 몰랐다.

> *율법의 선생이 되려 하나 자기가 말하는 것이나 자기가 확증하는 것
> 도 깨닫지 못하는도다 딤전 1:7

선교사는 율법 선생이 되어 그들을 가르치러 부족에 들어온 것이 아니다. 자라온 문화도 세상에서 배운 도덕도 가치관도 복음을 전하는 데는 아무런 도움이 되지 않는다. 오직 선교사가 부족의 문화 속으로 스며들어 그들과 친구가 되었을 때 복음은 복음이 된다. 외부 문화로 부족의 문화를 변화시키는 것이 선교사의 일이 아니다. 선교사는 그들이 그리스도의 인격과 문화로 변화되도록 인내하며 말씀을 전할 뿐이다.

> *너는 말씀을 전파하라 때를 얻든지 못 얻든지 항상 힘쓰라 범사에
> 오래 참음과 가르침으로 경책하며 경계하며 권하라 딤후 4:2

"다르다는 것은 잘못된 것이 아니다. 다르다는 것은 그냥 다를 뿐이다"(Different is not wrong. Different is just different).

존경하지는 않아도 서로 다르다는 것을 인정할 수만 있다면 가정에서도 사회에서도 국가 간에도 분쟁이 없어질 것이다. 하나님은 우리를 다 다르고 다이내믹하게 창조하셨다. 획일적으로 만드시지 않았다. 각자 재능이 다르고 쓰임도 다르다.

이전에는 부족 사람들을 보면 문화 충격이 큰 장면으로 사진을 찍었다. 그런 사진을 한국 성도들에게 보여 주면 나를 훌륭한 선교사라고 하겠지, 얼마나 힘든 곳에서 사역하는지 알아주겠지 하는 생각에서 그랬다. 멧돼지 새끼에게 젖을 물린 여인을 숨어서 찍었다. 부끄러워서 고개를 숙이는 그들이 눈치채지 않게 멀리서 찍어도 성능이 좋은 카메라를 사고 싶다는 욕심도 냈다. 그런데 그날 이후 심령에 큰 변화가 일어났다. 성령께서 내 안에서 죄를 드러내시므로 매 순간 회개하지 않으면 안 되었다.

어느 날 주님은 부족 형제들이 시달리는 죽음의 공포와 눈물과 고통과 슬픔 그리고 그들이 느끼는 부끄러움을 위해 눈물로 기도하게 하셨다. 그들의 공포와 고통, 부끄러움이 나의 것처럼 느껴졌다. 그리고 그들의 고통을 언제나 외부인처럼 바라보던 나의 교만을 회개했다. 그리고 컴퓨터에 저장해 둔 그들이 부끄러워하던 사진들을 모두 지워 버렸다.

부족 형제들에게도 변화가 나타났다. 그동안 우리와 친하게 지내고 가족처럼 지냈지만 남자들의 집에서 일어나는 일을 우리에게 알려 주는 사람은 없었다. 이전에 사람을 어떻게 잡아먹었는지, 악령에 어떻게 시달리는지, 주술사가 어떻게 주술을 거는지, 사람을 죽이고 숨기는 루브세게는 무엇인지, 사람이 죽으면 죽은 혼은 어떻게 되는지 등 그들이

그들에게 두려움을 준 것들을 이야기했다

움막 안에 모닥불을 피우고 있다

영적으로 두려워하는 것을 결
코 말하려 하지 않았다. 보복이
두려워 남이 훔치는 것을 보아
도 말하지 않았다. 자신이 피해
를 본 것이 아니면 보복이 두
려워 남의 잘못을 보고도 지적
하거나 말하지 않았다.

　부족에서는 남녀의 불륜을
목격하여 그 남편에게 알려 주
면 "감사하다"고 말하기는커녕

찾아와 영적 삶을 이야기하는 부족 형제

자신을 부끄럽게 하였다면서 도리어 그 사람에게 배상을 요구해 돼지
를 받아 간다. 그리고 한 움막에서 한 명의 남자와 다수의 아내가 같이
살아간다. 때로는 한 움막에서 부모와 아들 부부가 아이를 낳고 함께
살아간다. 그들은 이런 것들을 내게 말하려 하지 않았다. 죽음에 대한
공포와 두려움을 일으키는 문화가 그들을 은폐된 삶으로 몰아가고 있

었다.

초경을 하면 자매를 움막에 가두어 두는데 우리가 가서 보는 것을 허락하지 않았다. 여인의 경우 아무도 부부생활과 부인병을 우리와 나누려 하지 않았다. 배가 불러 누가 보아도 임신인 것을 알 수 있는데도 여자를 보고 "아이를 가졌구나" 하고 말하지 않았다. 생활은 말로 표현할 수 없을 정도로 방탕하면서 임신했다고 듣는 것을 부끄러워한다.

산나물이나 고구마를 가져오는 경우, 그 대가로 우리가 먹을 것을 주지 않을까 기대한다. 우리에게서 약과 헌 옷, 비누, 먹을 것과 소금을 얻기 위해 찾아왔을 뿐 진정으로 마음을 열어 보이지 않았다. 몇 년 동안 친구처럼 지내던 부족 청년은 그동안 주었던 나물과 고구마 그리고 도와준 일에 대해 값을 치러 달라고 요구하기도 했다. 도와준다고 찾아와서 우리 집 울타리 안에 콩과 고구마, 옥수수를 심어 놓고는 추수 때면 자신이 심었다고 가져갔다.

이것이 부족 사람들의 문화이며 인간관계다. 솔직히 부족 형제들의 냄새는 너무 고약해서 끌어안기가 쉽지 않다. 형제들 몰래 숨을 크게 들이마신 뒤 안고는 머리를 돌려 숨을 토해 내곤 한다. 그런 뒤에도 한참 동안 냄새가 빠지지 않아 힘이 든다. 그럼에도 그날 이후 평안함 속에서 부족 형제들을 자연스럽게 사랑할 수 있게 되었고 편애하던 마음도 자연스럽게 변화되었다.

그러자 부족 형제들이 우리에게 그들이 두려워하는 악령과 악습에 관한 이야기를 털어놓기 시작했다. 얼마나 두렵고 무서웠으면 지금도 "남이 말하는데, 누가 보았는데" 하며 3인칭 시점으로 말한다. 직접 보고 들었다고 말하기가 두려운 것이다. 그럼에도 그들은 남자들의 집에서 밤마다 어떤 일이 일어나는지, 남녀가 정글에서 어떤 삶을 살아가는지 두려움 때문에 말하지 못하던 것을 우리와 나누기 시작했다.

여인들은 부끄러워하던 부인병에 대해 도움을 요청하기 시작했다. 그리고 자기들 울타리 안에 우리 밭을 만들어 심고는 추수한 뒤 하얀 사람 당신 것이라며 가져온다. 성도들은 가르치지 않았는데도 새로 만든 밭에서 거둔 첫 번째 추수 열매라며 우리에게 곡식을 나누어 주었다. 그때마다 "원하는 것이 있느냐?"라고 물으면 "그냥 주는 것"이라고 말했다.

부족 형제들의 이런 변화는 상상도 못한 일이었다. 성령의 도움과 인도가 아니라면 결코 경험할 수 없는 일이었다.

이때 이후로 부족의 영적 상태와 각종 악령에 대한 자세한 조사를 할 수 있게 되었고, 이 일은 그들이 믿는 악령과 과거의 삶과 혼합하지 않도록 복음을 가르치는 데 큰 도움이 되었다.

파푸아뉴기니의 코라 마을로 처음 들어왔을 때 우리를 통해 부족 사람들에게 복음이 전해질 것이라는 생각에 들떠 있었다. 사도 바울처럼 우리를 택하여 도구로 사용하시는 주님을 찬양하며 최선을 다하겠다고 결의했다. 그러나 하나님은 모든 것을 다시 시작하셨다. 하나님께서는 환경이든 인간관계든 언제나 믿음으로 행할 것을 가르치셨다. 어려움과 고난을 축복으로 주셨으며 그 축복의 열매로 "하나님이 하셨군요!" "하나님은 하나님이십니다"라고 기쁨과 감사로 하나님의 주권을 인정하는 고백을 하게 하셨다. 아주 사소한 사건에도 하나님이 우리를 감찰하고 계심을 알게 하셨다.

하나님은 소망 없는 죄인인 우리를 사랑하셔서 부족 형제들을 통하여 십자가의 예수 그리스도를 매일 만나게 하시고 하나님이 누구이신지를 가르치기를 원하셨다. 내 안에 있는 나, 속사람이 죄악되었으며, 선을 행할 수 없는 죄인임을 알게 하시고 오직 십자가의 주님만을 의지하도록 하셨다.

> * 여호와를 경외하는 것은 악을 미워하는 것이라 나는 교만과 거만과 악한 행실과 패역한 입을 미워하느니라 잠 8:13

"아버지! 내 안의 죄를 경멸하오니 예수 그리스도의 피로 정결케 하사 용서하소서!"

얼마나 오랜 시간 눈물을 흘리며 기도했는지 모른다. 어느 순간 마음이 차분하게 가라앉아 눈을 감고 묵상하는데 "너희는 가만히 있어 내가 하나님 됨을 알지어다"(Be still and know that I am God)(시 46:10)라는 말씀이 가슴 가득 넘쳤다. 욥기 38-40장에서 하나님께서 욥에게 하신 말씀이 모두 나에게 하신 말씀이었다. 마치 무지한 자가 일을 망쳐 놓아 책망을 듣는 듯했다. 지나온 일들을 생각나게 하셨다. 주권자인 하나님의 손길을 경험한 수많은 일들을 묵상하며 온전한 믿음의 반석 위에 견고히 서기를 기도했다.

> * 순종이 제사보다 낫고 듣는 것이 숫양의 기름보다 나으니 삼상 15:22

"하나님 아버지! 아무것도 할 수 없는 죄인입니다. 인도하소서. 순종하겠습니다. 이 죄인을 부르셨으니 주님의 주권을 인정하고 믿음에 의하여 전적인 순종을 배우게 하소서."

마음속 깊은 곳에서 평안함이 일어났다. 언제나 죄를 자복하고 돌아보면 십자가에서 고난 받으시고 나의 죄 값을 지불하신 부활하신 예수 그리스도를 만난다.

부족에서는 외부와 완벽하게 단절된다. 신문도 초단파 라디오 방송도 어떤 소식도 듣지 못한다. 한국의 월드컵 경기도, 베이징 올림픽 경기도 1년이 지난 후에야 소식을 들을 수 있었다. 지금도 마찬가지다. 특수 무전기를(HF 2Way Radio) 통해 본부와 하루 세 번 무전하는 것 외에는 외부와 단절되어 있다. 그것도 여러 선교사가 함께 사용하기 때문에 공적인 대화 외에는 나눌 수가 없다. 그리고 특수 무전기를 사용하여 외부와 인터넷을 통하지 않고 메일을 주고받을 수 있는데 그것도 기후 관계로 쉽지가 않다.

무전기로 외부와 연락하는 이민아 선교사

그래서 때로는 적막함 속에서 외로움을 느낄 때가 있다. 그때마다 우리는 이 말씀을 묵상한다. "너희는 가만히 있어 내가 하나님 됨을 알지어다"(시 46:10). 하나님은 이 말씀으로 하나님의 일은 하나님이 주권적으로 행하신다는 것을 가르쳐 주셨다. 나의 의지와 신념으로는 진정한 선행도 사랑도 할 수 없음을 알게 하셨다. 예수 그리스도를 구세주로 믿고 오직 예수님만 전적으로 신뢰하고 의지하는 믿음으로만 행할 수 있다는 것을 알게 하셨다.

어느 날 목사님 한 분을 만났다. 시무하는 교회의 규모를 말씀하시더니 부족 언어로 성경을 번역하고 몸된 교회를 세워 제자를 삼아 부족의 그리스도인들이 스스로 복음을 전하도록 돕는 이 선교 사역에 적극 동참하겠다고 하셨다.

"문성 선교사, 당신의 부족 구원 사역에 우리 교회가 적극 참여하겠습니다."

나는 이 말을 듣고 '기도가 응답되었구나! 이제는 더 이상 물질을 걱정하지 않고 신실하게 사역에 전념할 수 있겠구나!' 싶어 감사했다. 그런데 몇 달이 지나도록 목사님한테서 연락이 오지 않았다. 무슨 일인가 싶어 기도하는데 두려움이 일어났다. 내가 얼마나 잘못된 생각을 가지고 있는 죄인인지를 다시 알게 하셨다. 그동안 하나님은 하나님이 누구인지를 가르치셨다. 나 또한 절대 주권자 하나님만을 의지하며 살기를 원했다. 그러나 그 목사님을 만난 후로 내 심령에 하나님이 계시지 않았다. 그날 이후 내 마음을 온통 사로잡은 것은 그 교회가 보내 줄 선교헌금이었다. 선교헌금을 얼마나 할지도 모르면서 마치 그 교회에서 선교헌금을 받으면 모든 사역에 필요한 것들이 채워질 것처럼 착각했다. 어느새 나도 모르게 그것이 우상이 되어 하나님을 대신하고 있었음을 깨달았다.

마음 깊은 곳에서 두려움이 일어났다. 어리석었던 죄를 회개하며 기도했다. 세상의 물질과 사람을 의지하던 마음을 십자가에 내려놓았다. 그리고 "가만히 있어 내가 하나님 됨을 알지어다"라는 말씀을 다시 묵상하고 마음의 평온과 믿음을 회복했다.

그 후 "두려움이 일어나니 사역에 동참하지 않아도 됩니다. 오직 믿음 안에 있기를 원합니다. 하나님이 행하심을 믿음으로 바라보기를 소망합니다"라고 말하고 싶어 그 목사님에게 연락을 드렸다. 그런데 여전히 물질에 미련이 남아 내 입에서 마음과 다른 말이 나오는 게 아닌가.

"교회의 여건이 어려우시면 교회가 허용하는 분량만큼만 동참하시면 됩니다."

나는 그런 죄인이다. 믿음을 지킬 수 없는 소망 없는 죄인이다. 그런데 목사님이 "조금도 걱정하지 마십시오. 모든 장로가 나와 같은 생각입니다" 하며 기다리라고 하셨다. 다시 다음 날부터 그 교회에 대한 기대를 갖게 되었지만 이전과 다르게 하나님의 주권을 따라 일하심을 바라보며 순종하게 되었다.

그날 이후 15년이라는 긴 시간이 지났다. 하나님은 그 교회를 선교에 사용하시고 사랑하고 축복하시겠지만 미히 부족을 위해서는 사용하지 않으셨다. 주님은 그 교회를 통하여 살아 계신 하나님이 우리를 감찰하신다는 걸 가르치신 것이다.

"아버지, 이 죄인을 용서하여 주소서."

소망 없는 죄인인 나에게 이런 일은 지금도 내 심령과 삶에서 여러 가지 다른 모습으로 다른 사건 속에서 계속 회개와 용서와 응답으로 일어나고 있다. 그리고 소망 없는 우리를 믿음의 반석 위에 더욱 견고히 서서 잠잠히 하나님만을 바라보도록 이끌어 주신다. 지금도 하나님은 공의와 사랑을 동시에 가르치신다.

사도 바울은 로마서 7:15-25에서 마음은 선을 행하려 하나 내 안에 선한 것이 없음과 도리어 악을 즐기는 악이 있음을 괴로워하며 자신을 곤고한 자라고 고백하고 있다. 이 말씀이 우리 삶에 응답된 고백이 되게 하심을 감사한다. 할렐루야! 하나님은 하나님이시다! 하나님은 하나님 되시기를 원하신다.

* 나는 사람에게 영광을 취하지 아니하노라 요 5:41

하나님은 스스로 행하시고 스스로 영광을 취하신다. 예수 그리스도의 십자가의 죽음과 부활로 인하여 보혜사(保惠師) 성령이 우리에게 임하셨고, 성령님의 인도로 우리는 언제나 죄를 자복하는 축복을 누린다. 우리가 온전한 거룩함에 이르기까지 성령은 우리에게 죄인 됨을 깨닫게 하시고 십자가로 인도하시어 기도를 통하여 죄를 용서받고 거룩하게 하신다.

마틴 루터는 "내 안에 새로운 죄가 발견될 때마다 얼마나 감사한지요"라고 고백했다. 그는 속사람의 죄를 발견할 때마다 그 죄를 십자가 앞으로 가져가 기도를 통하여 예수 그리스도를 만나는 기쁨과 감격을 누렸던 것이다. C. S. 루이스는 "나에게 선이 없음을 알아 좌절하고 절망할 때 비로소 복음이 시작된다"고 말했다. 히브리서에서 말하는 믿음은 하나님만을 전적으로 신뢰하며 의지하는 믿음을 말한다. 그런데 죄악 된 우리는 하나님을 완전하게 의지할 능력을 상실했다. 이미 고장 난 기계처럼 스스로 고칠 수 없고, 수리가 불가능하다. 우리는 바르게 믿겠다고 신념으로 열심을 다해도, 우리의 행위로 열심을 다할수록 그 결과는 신앙생활을 하는 것이 아니라 종교생활을 하게 된다. 스스로 자기만족의 바벨탑을 쌓아 하나님께 나아가려는 종교생활에 심취하는 것이다. 이것이 죄에 대한 결과다.

"의인은 없나니 하나도 없다"(롬 3:10)는 말씀처럼 우리에게는 선이 없다. 오직 의로우신 예수 그리스도의 십자가 보혈로 인하여 하나님의 긍휼하심이 우리에게 은혜로 임할 때 우리는 죄인 됨을 깨달아 회개하는 축복을 누릴 뿐이다. 소망 없는 죄인임을 알 때 죄인은 부인되어 오직 믿음(by Faith)으로 하나님이 의롭지 못한 죄인을 의롭다고 여겨 주시는 은혜 안에 있게 된다.

> 내가 그리스도와 함께 십자가에 못 박혔나니 그런즉 이제는 내가 사는 것이 아니요 오직 내 안에 그리스도께서 사시는 것이라 이제 내가 육체 가운데 사는 것은 나를 사랑하사 나를 위하여 자기 자신을 버리신 하나님의 아들을 믿는 믿음 안에서 사는 것이라 갈 2:20

죄악 된 자아는 십자가 앞에서 죽고 믿음 안에 있어야 한다. 우리에게 죄인 됨을 알게 하시는 하나님의 은혜가 축복이다. 이 죄인을 택하여 부족으로 보내지 않으셨으면 교만하여 결코 알 수 없는 주님의 십자가 비밀을 알게 하시니 은혜다. 사역을 통하여 나의 자아가 얼마나 죄악 되었는지를 가르치시고 자복하게 하시니 은혜다. 살아 계신 하나님 아버지께서 내가 무지한 죄인임을 알게 하시니 긍휼이다.

회개는 영원히 내재하시는 성령의 인도를 증거한다. 그리고 회개로 우리는 십자가의 예수 그리스도를 만나게 된다. 회개는 용서를 이루며, 죄인을 정결케 한다. 회개는 믿음에 이르는 유일한 길이며, 기도를 사모하게 하고, 또한 그 자체가 응답이다. 회개는 죽은 영혼을 영생에 있게 하며 그리스도인의 인격을 회복하게 한다. 회개는 질병에서 건강으로 인도한다. 회개는 성도로 선을 행하게 하고, 경배와 찬양으로 인도하며, 예배로 인도한다. 회개는 성도의 가장 큰 특권이며 기쁨이다. 회개할 때가 성령이 가장 충만한 때이며, 회개는 성령의 인도하심을 인지하게 한다.

회개할 때가 예수 그리스도의 영광이 나타날 때이며, 회개할 때가 하나님이 영광을 받으시는 때다. 회개는 성도의 호흡이 되어야 한다. 회개하는 순간이 영적으로 깨어 있는 순간이며, 성령의 인도를 받는 순간이다. 회개는 성도의 인격과 가치관을 바꾸어 그리스도인의 인격으로 변화시킨다.

회개는 예수 그리스도 십자가의 죽으심과 부활의 가치가 자신의 목숨보다도 더 귀한 가치였음을 발견하게 한다. 회개는 성도에게 삶의 이상을 발견하게 하고 가장 고귀한 삶이 주 예수 그리스도를 소유한 인격이며, 영혼이 부요한 삶이고, 복음의 진리를 전하는 삶임을 발견하게 한다. 또한 조나단 에드워즈의 표현대로 "참된 도덕적 선을 아는 사람은 만물로 충만한 세상에서 가장 위대하고도 중요한 것을 아는 것이다." 즉 참되고 거룩한 지성인이 되게 한다.

지식과 경험만을 의지하고 관념 속에서만 행하던 나에게 "저는 아무것도 아닙니다"라고 고백하게 하심은 예수 그리스도의 십자가 보혈의 공로이며 십자가의 능력이다. 마치 무엇이라도 다 할 것 같은 자만과 교만으로 가득한 이 죄인에게 "저는 소망 없는 죄인입니다"라고 고백하게 하심은 십자가 주님의 무한하신 은혜다.

> 여호와여 영광을 우리에게 돌리지 마옵소서 우리에게 돌리지 마옵소서 오직 주는 인자하시고 진실하시므로 주의 이름에만 영광을 돌리소서 시 115:1

오직 하나님의 은혜로만 존재하는 죄인이 어찌 거룩한 하나님의 영광과 기쁨에 참여할 수 있겠는가? 성도의 구원의 기쁨은 결코 죄인의 기쁨일 수가 없다. 죄인 된 우리는 한 영혼이 회개하고 주님의 품으로 돌아왔을 때 참으로 기뻐하시는 하나님의 그 기쁨을 상상조차 할 수 없다.

우리가 부족에 있을 수 있는 유일한 동기는 매일 매 순간 말씀을 통해 소망 없는 죄인임을 알게 하시는 성령의 인도로 회개하게 하시므로 십자가의 예수 그리스도를 만나는 것이다. 이것만이 유일한 기쁨이며 동기다. 말씀을 읽고 묵상하며 기도를 통하여 주님을 만나는 시간은 삶의 보석과 같고 우리가 가장 사모하는 시간이다. 하나님 말씀의 능력은 그 말씀을 지식으로 알고 관념 속에 가두어 두거나 믿음을 지킨다고 의지적으로 무분별하게 행동하면 결코 경험할 수가 없다.

●또 내게 말씀하시되 이루었도다 나는 알파와 오메가요 처음과 마지막이라 내가 생명수 샘물을 목마른 자에게 값없이 주리니 계 21:6

주님의 말씀은 십자가의 죽으심과 부활로 우리 안에 살아 있는 말씀이며 영원히 목마르지 않는 생명수다. 성령의 인도로 회개하게 하고, 다른 영혼들의 구원을 사모하게 하며, 우리 심령에 주님의 기쁨과 평강이 자리하게 하여 날마다 주님이 주시는 즐거움으로 최선을 다하게 한다.

섭리 안에서 신실한 성도를 택하시어 매일매일 삶의 필요를 때를 따라 미리 아시고 예비하시는 주님, 그 하나님을 매 순간 매일 만난다. 죄인을 믿음의 자리에 있을 수 있도록 붙잡아 주시는 주님을 만나는 감격은 삶의 가장 큰 기쁨이며 소중한 순간이다.

●아버지여, 아버지께서 내 안에, 내가 아버지 안에 있는 것같이 그들도 다 하나가 되어 우리 안에 있게 하사 세상으로 아버지께서 나를 보내신 것을 믿게 하옵소서 내게 주신 영광을 내가 그들에게 주었사오니 이는 우리가 하나가 된 것같이 그들도 하나가 되게 하려 함이니이다 곧 내가 그들 안에 있고 아버지께서 내 안에 계시어 그들로 온전함을 이루어 하나가 되게 하려 함은 아버지께서 나를 보내신 것과 또 나를 사랑하심같이 그들도 사랑하신 것을 세상으로 알게 하려 함이로소이다 아버지여 내게 주신 자도 나 있는 곳에 나와 함께 있어 아버지께서 창세 전부터 나를 사랑하시므로 내게 주신 나의 영광을 그들로 보게 하시기를 원하옵나이다 의로우신 아버지여 세상이 아버지를 알지 못하여도 나는 아버지를 알았사옵고 그들도 아버지

께서 나를 보내신 줄 알았사옵나이다 내가 아버지의 이름을 그들에게 알게 하였고 또 알게 하리니 이는 나를 사랑하신 사랑이 그들 안에 있고 나도 그들 안에 있게 하려 함이니이다 요 17:21-26

주님의 이 말씀이 죄인의 삶을 통하여 이루어지게 될 줄 믿는다. 창조주 하나님과 피조물인 죄인이 연합됨은 우리의 지식으로는 감히 상상할 수도 없는 놀라운 일이며 세상의 지식을 넘어서는 일이다. 오직 예수 그리스도 십자가의 죽으심과 부활과 하나님의 능력 안에 있는 일이다.

역사적으로 수많은 성도들을 통하여 예수 그리스도의 죽으심과 부활은 이미 증거되었고, 오늘도 이 미히 부족에게서 증거되고 있다. 하나님은 살아 계시며 우리와 함께하신다. 할렐루야 아멘!

_____ 모든 고난이 나의 필요였다

* 돈을 사랑하지 말고 있는 바를 족한 줄로 알라 그가 친히 말씀하시기를 내가 결코 너희를 버리지 아니하고 너희를 떠나지 아니하리라 하셨느니라 히 13:5

* 마음이 부패하여지고 진리를 잃어버려 경건을 이익의 방도로 생각하는 자들의 다툼이 일어나느니라 그러나 자족하는 마음이 있으면 경건은 큰 이익이 되느니라 우리가 세상에 아무것도 가지고 온 것이 없으매 또한 아무것도 가지고 가지 못하리니 우리가 먹을 것과 입을

것이 있은즉 족한 줄로 알 것이니라 부하려 하는 자들은 시험과 올 무와 여러 가지 어리석고 해로운 욕심에 떨어지나니 곧 사람으로 파 멸과 멸망에 빠지게 하는 것이라 돈을 사랑함이 일만 악의 뿌리가 되나니 이것을 탐내는 자들은 미혹을 받아 믿음에서 떠나 많은 근심 으로써 자기를 찔렀도다 딤전 6:5-10

하나님은 당신이 원하시는 것(want)을 위하여 우리의 필요(need)를 채우시는 분이다. 죄인 된 우리는 원할(want) 권한이 없다. "내가 너의 필요(need)를 채우기를 원하노라(want)" 는 이 약속의 말씀을 의지하고 주권에 순종함이 평안이다.

내가 아무것도 스스로 할 수 없노라 듣는 대로 심판하노니 나는 나 의 뜻대로 하려 하지 않고 나를 보내신 이의 뜻대로 하려 하므로 내 심판은 의로우니라 요 5:30

오직 우리의 주권자이신 하나님만이 원하는 것을 행하실 수 있다. 예수 그리스도께서도 하나님 아버지가 원하시는 것만을 행한다고 하 셨다. 그런데 나의 기도는 언제나 내가 원하는 것에 있었다. 내 생각과 삶에서 필요한 것이라고 말하면서도 그것은 내가 원하는 것이었다. 그 뿐 아니라 나의 기도가 하나님이 원하시는 것인지 생각하지도 않고 하 나님께 물으려 하지도 않았다.

하나님의 주권을 침해하는 기도가 응답될 리가 없다. 기도하면서 죄를 범하고 있다. 그러니 응답되지 않는 것이 당연하다. 하나님은 진실로 우리의 필요를 따라 돕기를 원하신다. 그러나 우리가 원하는 모든 것을 주신다고 약속하지 않으셨다.

그동안 나의 필요는 매일 일용할 양식을 위하여 기도하는 것이었고 투병하는 아들을 바라보며 기도하는 것이었다. 반면에 하나님의 섭리 안에서 주님이 원하시는 나의 필요는 말라리아를 앓고 복부 대동맥, 심장 대동맥을 인공으로 갈아 끼우는 대수술을 받으며, 구균에 감염되는 등 네 번의 생명의 위험을 경험하는 것이었다. 다시 말해 그동안의 모든 고난이 나의 필요였다.

하나님은 전능하셔서 우리의 기도를 들으시고 때로는 구체적인 응답으로 또는 무응답으로 응답하신다. 그런데 우리는 빨리 응답되지 않으면 '그리 아니하실지라도 나중에 응답하시겠지' 하며 나를 위로하기 바쁘다. 이렇게 나 자신을 합리화시키는 것이 내가 얼마나 악한지를 말해 준다. 성령이 양심을 통하여 말씀하신 것을 부인하기 위하여 합리화한 뒤 나는 그것이 온전한 평안인 줄 알고 착각하며 지냈다. 이것이 "성령을 소멸하지 말라"(살전 5:19)는 주님의 말씀을 거역한 것이 아니겠는가?

응답하지 않으시는 오래 참으심, 응답하지 않으시는 긍휼, 무응답의 은혜가 없다면 이 죄인이 기복 신앙에서 벗어나지 못하고 얼마나 교만하고 자만하여 죄의 늪에서 벗어나지 못할 것인가? 하나님의 침묵은 하나님이 죄인을 사랑하시는 최상의 표현이다. 그 하나님을 만나는 것이 믿음의 확신이며 감격과 축복이므로 이는 성도의 믿음의 꽃이다. 매 순간 오늘도 사랑의 하나님은 당신이 원하시는 것을 위하여 우리의 필요를 때를 따라 채워 주시겠다는 약속을 신실하게 행하고 계신다.

사역을 시작하면서 적어 두었던 기도문을 소개한다.

-기도하지 않으면 그리스도인이 아니다.

-기도하지 않으면 죽은 자다.

-기도하지 않으면 믿음이 없는 자다.

-기도하지 않으면 하나님을 부인하는 자다.

-기도하지 않으면 은혜를 모르는 자다.

-기도하지 않으면 자아를 믿는 죄인이다.

-기도하지 않으면 소망이 없다.

-기도하지 않으면 능력이 없다.

-기도하지 않으면 기쁨이 없다.

-기도하지 않으면 실패한 자다.

-기도하지 않으면 나 자신을 알 수 없다.

-기도하지 않으면 하나님을 알 수 없다.

-기도하지 않으면 예수님을 알 수 없다.

-기도하지 않으면 성령님의 인도를 알 수 없다.

-기도하지 않으면 내 안의 죄가 나를 다스린다.

-기도하지 않으면 존재의 가치가 없다.

-기도하지 않으면 주의 일을 할 수가 없다.

-거룩하시며, 전능하시며, 전지하시며, 사랑이시며, 죄에 대하여 공
  의로우신 왕 되신 주님을 뵙기를 소원하며 감히 이 소망 없는 죄인
  이 거룩하시며 구원자 되시는 예수 그리스도의 이름과 보혈을 의
  지하며, 두렵고 떨리며 경외하는 심령으로 기도하기를 소원합니

다. 성령의 도움을 구하오니 인도하시옵소서.

-기도 중에 악이 틈타지 않게 하옵시고 죄로 물든 내 자아가 온전히 예수 그리스도와 함께 십자가에서 죽은 것을 알고 나를 주관하지 못하게 하옵소서.

-성령의 인도를 따라 기도하여 주님을 만나기를 갈망합니다.

-이 죄인의 필요를 이미 아시는 주님, 이 죄악 된 입술로 하나하나 구하오니 중언부언 악한 말을 제하여 주옵시고 하나님이 원하시는 하나님의 영광과 이름을 높이는 기도만을 들어 응답하옵소서.

-죄가 살아 있는 이 육신을 기도 가운데 정결케 하옵시며, 심령 가득히 예수 그리스도를 간직하며 주님의 성령이 나를 주장하게 하옵소서.

-부족의 형제와 아직 주님을 알지 못하는 형제들을 가슴에 품고 그들의 구원을 위한 눈물이 마르지 않게 하시고 하나님의 말씀으로 기뻐하며 충만하게 하옵소서.

-기도하지 않아 이 사역이 어려움을 당하는 죄를 범하지 않게 하옵소서.

-전능하신 하나님을 제한하는 죄를 범치 않게 하옵소서.

-고난 가운데 주님과 함께 있음을 기뻐하게 하옵시며 고난을 만날 때 하나님의 주권을 따라 아버지가 나를 사랑하심을 알게 하옵소서.

-아버지! 이 소망 없는 죄인을 은혜로 구원하신 것같이 미히 부족의 형제들을 구원하옵소서.

-아버지의 말씀의 도구가 되었사오니 나를 정결케 하사 말씀에 본이 되게 하옵소서.

-아버지! 죽음에서 다시 살리사 생명을 연장하여 주셨으니 잃어버린 영혼을 구원하는 거룩한 주의 일에 참예하는 축복된 산 자로 살아가게 하옵소서.

-교회 된 지체들이 언제나 기도를 통하여 영적 충만을 누리게 하옵소서.

-부족 형제들이 자신이 주님의 몸된 교회임을 알고 부족에 하나님을 예배하는 교회를 세워서 신령과 진리로 예배를 사모하며 기도하게 하옵소서.

-부족 형제들이 성령님의 인도하심으로 죄를 통회 자복하게 하사 세상에서 구별된 거룩한 삶을 누리게 하옵소서.

-부족 형제들이 생명의 말씀을 사모하게 하옵시며, 진리에 감격하게 하옵소서.

-부족 형제들이 악령의 종에서 자유하게 하시고 복음을 사모하게 하사 구원하옵소서.

-부족 형제들이 복음을 듣고 말씀을 통하여 하나님을 알고 회개하게 하사 구원하옵소서.

-하나님이 택하신 자들을 모으시고 오직 믿음으로만 하나되게 하옵소서.

-성령이 행하시는 이 사역을 죄악 된 나의 의지와 자아로 행하지 못하게 매일 매 순간 십자가 주님만을 바라보게 하옵소서.

-하나님의 영광이 나타나게 하옵소서.

-살아 있는 영적 예배가 드려지게 하옵소서.

-하나님 말씀을 바르게 온전히 가르칠 수 있도록 지혜를 더하여 주

벌거벗은 그리스도인

옵소서.

-성경 번역에 명철과 지혜를 더하셔서 부지런히 즐거움으로 온 마음
을 쏟을 수 있도록 도우소서.

-이 죄인을 살리셨으니 건강을 지켜 주셔서 거룩한 주의 일을 감당
할 수 있도록 축복하옵소서.

-"다른 사람에게는 같은 성령으로 믿음을"(고전 12:9)이라고 한 것같
이 이 죄인에게 오직 하나님만을 전적으로 신뢰하고 의지하는 믿
음(faith)의 은사를 허락하시옵소서.

나는 너희를 위하여 기도하기를 쉬는 죄를 여호와 앞에 결단코 범
하지 아니하고 선하고 의로운 길을 너희에게 가르칠 것인즉 삼상
12:23

7.

형제들을 자유롭게 한 십자가의 능력

"우리는 왜 이렇게 다릅니까?"

형제들아 내가 너희에게 나아가 하나님의 증거를 전할 때에 말과 지혜의 아름다운 것으로 아니하였나니 내가 너희 중에서 예수 그리스도와 그가 십자가에 못 박히신 것 외에는 아무것도 알지 아니하기로 작정하였음이라 내가 너희 가운데 거할 때에 약하고 두려워하고 심히 떨었노라 내 말과 내 전도함이 설득력 있는 지혜의 말로 하지 아니하고 다만 성령의 나타나심과 능력으로 하여 너희 믿음이 사람의 지혜에 있지 아니하고 다만 하나님의 능력에 있게 하려 하였노라 고전 2:1-5

사도 바울의 이 고백처럼 두렵고 떨리는 마음으로 하나님 말씀을 미히 부족의 언어로 가르쳤다. 오직 내 안에 계신 성령만을 의지하며 기도했다. "우리가 그리스도의 마음을 가졌느니라"(고전 2:16) 하신 말씀을 의지하며 담대하게 가르쳤다.

미히 부족 마을이 있는 장엄하고 넓은 정글

정글에서 살아가는 형제들은 밤이면 '봉봉'(Bongbong)이라고 부르는 나뭇가지 횃불을 손에 들고 산길을 다니는데 이 봉봉은 마른 나무줄기로 속에 바람이 들어갈 구멍이 많아 한 번 불을 붙이면 꺼지지 않는다.

칠흑처럼 캄캄한 밤이면 하늘 어디를 보아도 별들로 가득하다. 제자들에게 망원경으로 밤하늘을 보여 주면 수많은 별과 달의 분화구를 보면서 무서워한다. 달과 별들에 대하여 설명을 듣고 그 신비로움에 놀라워한다. 이렇게 많은 별들이 하늘에 있다는 사실을 눈으로 보면서도 믿기가 어렵다. 어디를 보아도 어디를 가도 하나님의 창조 손길을 눈으로 보고 느끼며 알게 하시니 감사와 찬양이 넘친다. 지구본을 보여 주며 우리가 낮일 때 반대편인 미국은 밤이라 잠을 잔다고 하면 그들은 웃으며 "낮인데 왜 자느냐? 이상한 사람들이다" 하고 말한다.

　°그러면 무엇을 말하느냐 말씀이 네게 가까워 네 입에 있으며 네 마음에 있다 하였으니 곧 우리가 전파하는 믿음의 말씀이라 롬 10:8

어느 날 밤하늘을 한없이 바라보던 한 형제가 불쑥 질문을 했다.
"오데바나(하얀 사람), 당신은 해와 달과 별을 누가 만들었는지 알아요?"
속으로 놀라워하며 대답했다.
"해와 달과 별을 누가 만들었는지 잘 알고 있습니다. 그리고 나는 그분의 아들입니다."

불이 꺼지지 않는 봉봉 줄기

해와 달과 별을 누가 만들었냐고
질문한 가우바

부족 형제는 내 말을 듣고 놀라는 표정을 짓더니 조금도 의심하지 않는다는 듯이 말했다.

"이 사실을 저 건너편 다른 부족에게 알리면 모두 기절해 버릴 것입니다."

하얀 사람이 어느 날 갑자기 마을에 들어와 자신들과 같이 사는 것도 신기한데 그가 해와 달과 별을 만든 분의 아들이라니 놀라운 게 당연했다. 그날 밤 형제들을 돌려보낸 뒤 혹시 그들이 나를 신으로 잘못 인식하면 어쩌나 하는 믿음 없는 염려가 생겨 기도를 했다. 그러나 기도를 마치면서 성령께서 미히 부족 형제를 사랑하며 구원의 길로 인도하고 계시다는 확신이 가슴 깊은 곳에서 일어났다.

> 하나님의 지혜에 있어서는 이 세상이 자기 지혜로 하나님을 알지 못하므로 하나님께서 전도의 미련한 것으로 믿는 자들을 구원하시기를 기뻐하셨도다 고전 1:21

죄인 된 우리는 하나님을 스스로 알 능력이 없다. 하나님을 궁금해 할 능력도 없다. 그런데 이 형제들이 해와 달과 별을 만드신 하나님이 궁금해진 것은 성령의 인도하심으로만 가능한 일이다. 이 얼마나 놀라운 축복인가?

> 창세로부터 그의 보이지 아니하는 것들 곧 그의 영원하신 능력과 신성이 그가 만드신 만물에 분명히 보여 알려졌나니 그러므로 그들이 핑계하지 못할지니라 롬 1:20

하나님은 그가 창조하신 만물을 통해 하나님이 누구이신지 알게 하신다. 하나님은 우리를 창조하시고 지, 정, 의(知, 情, 意)를 주셨다. 그러나 우리는 타락하여 하나님이 주신 지정의를 바르게 사용할 능력도 상실했다. 우리는 창조주 하나님, 전지전능하신 하나님, 무소부재하신 하나님, 의로우신 하나님, 거룩한 하나님, 긍휼의 하나님, 용서의 하나님, 은혜를 베푸시는 사랑의 하나님을 관념으로만 이해하고 신앙생활을 한다. 그마저 우리의 지식과 경험 안에서만 가능한 개념이다. 그것을 뛰어넘는 사고는 할 수가 없다. 그래서 우리는 소망이 없는 죄인이다.

신학 공부를 할 때나 성경을 읽을 때나 나의 지적 만족을 위해 하나님이 주신 지(知)를 사용하였음을 고백한다. 하나님이 누구이신지를 알기 위해 사용하지 않았다.

* 우상의 제물에 대하여는 우리가 다 지식이 있는 줄을 아나 지식은 교만하게 하며 사랑은 덕을 세우나니 고전 8:1

지식의 열매는 교만이다. 그것이 성경에 관한 지식일지라도 하나님의 거룩함과 사랑을 알지 못하면 죄악 된 본성은 교만만을 열매로 맺는다. 아름다운 산과 나무와 숲을 바라보면서 "아름답다!" 또는 "하나님의 솜씨는 참 놀랍다!"고 하나님을 아는 것처럼 말했지만, 그것을 만드신 분이 어떤 분인지 알려고 하지는 않았다. 아름다운 꽃을 보며 그 모양과 색깔, 향기가 좋다고 놀라고, 입 안 가득 퍼지는 과일과 음식 맛에 감탄하고, 좋은 감촉의 옷을 입으며 좋다고 말하고, 감미로운 새소리를 들으며 아름답다고 즐겼지만, 그것을 만드신 분을 알려고 하지 않왔다. 내 속에서 나온 모든 감탄은 나의 감성이 만족해서 나온 것이었다. 제한된 나의 지식과 생각과 감정이 중심이었던 것이다.

하나님이 주신 의(意)도 언제나 내가 중심이었다. 내 의지대로 하지 않으면 어떤 일도 행할 수 없었다. 언제나 나의 의지로 선택하고 행동했다. 죄인 된 나는 늘 나 중심이었으며 나를 위하여 사고하고 행동했다.

존 칼빈(Jean Calvin)은 "인간은 하나님이 은혜로 남겨 놓으신 '신의지' 안에서만 사고하고 행동한다"고 말했다. 이미 거룩한 의가 사라져 한계를 가질 수밖에 없는 죄인의 본능으로 자신의 의로운 일을 위해 살아가는 것이다. 신앙생활도 오직 나 중심이며 나를 위한 열심이었다. "여호와를 경외하는 것이 지혜의 근본이요 거룩하신 자를 아는 것이 명철이니라"(잠 9:10)고 했다. 우리에게 지(知)를 허락하신 것도 하나님을 알게 하기 위함이다.

우리가 부모의 몸에서 태어난 것은 하나님을 아는 기회를 갖기 위함이다. 우리는 이 세상에 태어나 하나님을 아는 축복이 주어졌으므로 생일마다 하나님께 감사하는 기도를 드려야 할 것이다.

우리에게 정(情)을 허락하심은 우리가 만물을 바라보며 창조주 하나님을 찬양하고 그분의 전지전능하심을 경배하게 하기 위함이다. 의(意), 자유의지는 우리를 향한 하나님의 절대적 사랑의 표현이며, 인간에게서 온전한 경배와 순종 그리고 온전한 예배를 받기 위함이다.

> * 이에 예수께서 제자들에게 이르시되 누구든지 나를 따라오려거든 자기를 부인하고 자기 십자가를 지고 나를 따를 것이니라 마 16:24, 막 8:34, 눅 9:23

주님은 자기를 부인하고 온전한 믿음으로 따라오라 하시지만 우리의 본능은 자기중심이라 자기를 부인할 능력이 없다. 죄인일 수밖에 없는 우리일진대 부족 형제가 해와 달과 별을 만든 이를 궁금해했다는 것은 주님의 구원이 임박했음을 알리는 것이었다. 얼마나 감사하고 기쁜지! 소망 없는 죄인을 언제나 회개하게 함으로 용서하시고 거룩하게 하사 믿음 안에 있게 하시는 주님을 찬양했다.

만물을 통해 하나님은 스스로 자신을 증거하신다. 하나님의 증거는 성령의 인도하심으로만 알아볼 수 있다. 만일 죄인 된 우리가 스스로 하나님이 누구이신지를 아는 능력이 조금이라도 있었다면 예수 그리스도는 십자가에서 죽지 않으셨을 것이다.

* 기록된 바 의인은 없나니 하나도 없으며 롬 3:10

하나님이 당신이 누구이신지를 성경을 통해 계시하신 방법과 순서대로 연대기적이며 구속사적으로 성경을 가르치기 시작했다. 스스로 계신 하나님은 누구이며, 어떤 분인지 하나님의 성품을 가르쳤다. 삼위일체 하나님이 세상을 창조하시고 우리 인간을 하나님의 형상을 따라 만드신 것을 가르쳤다. 하나님이 창조하신 에덴동산과 하나님과의 관계를 가르쳤다. 인간은 어떻게 하나님과 동행하며 살았는지를 가르쳤다. 즉 하나님의 뜻에 따라 창조된 우리의 본질적 모습과 삶을 가르쳤다. 그리고 죄가 우리에게 들어온 경위와 죄가 무엇인지를 가르쳤다.

"하얀 사람! 우리도 하나님이 창조하셨다면서 하나님이 처음 만드신 사람과 지금의 우리 삶이 왜 이렇게 다릅니까? 우리는 언제나 악령에 시달려 죽음을 두려워하고 부족 전쟁으로 서로 죽이고 싸우고 훔치고 거짓말하고 간음합니다. 또 정글에선 뱀과 멧돼지가 공격을 하고 모기 때문에 말라리아에 걸리고 알 수 없는 질병으로 죽어 갑니다. 왜 그 사람들과 우리가 이렇게 다릅니까?"

형제의 이 질문은 참으로 놀라웠다. 그때까지 나는 하나님이 창조하신 뜻과 너무나 다른 피조물이 되어 전혀 다른 삶을 살아가고 있다는 생각을 깊이 하지 않았다. 마치 언제나 숨을 쉬면서도 공기에 대해 생각하지 않는 것처럼 타락하여 변질된 내 영혼에 대해 당연한 것으로 알고 살아왔다.

나의 속사람, 창조주 하나님이 주신 영혼, 예수 그리스도가 십자가에서 기꺼이 죽으시고 부활하셔서 구원하기를 원하신 나의 영혼, 나는 이 속사람의 소중함을 그동안 인지하지 못했다. 사람은 물에 빠지면 몸이 물에 젖었다는 것을 알지만, 물고기는 물속에 살아도 자신이 젖었다는 것을 알지 못한다. 하나님의 형상으로 지음 받은 인간이 물속의 물고기처럼 죄에 젖어 있음을 인지하지 못하는 것과 같다. 부족 형제의 이 질문으로 나는 한 사람 아담 때문에 죄가 들어와 하나님과 단절된 영혼을 사랑하신 주님의 십자가 사랑을 다시금 묵상하게 되었고, 나의 속사람, 나의 영혼을 소중하게 생각하게 되었다. 그리고 성령께서 우리와 함께하심을 확신하게 되었다.

죄인다운 부족 사람들과
죄인답지도 못한 나

　미히 부족민들에게 십계명을 가르쳤다. 성경에서 하나님이 선포하신 말씀은 다른 설명을 붙이지 않는다. 오직 성령에 의지하여 선포한다. 십계명을 가르치던 어느 날 "살인하지 말라 간음하지 말라 도둑질하지 말라"(출 20:13-15)고 한 하나님의 명령을 가르쳤다. 그러자 부족 사람들이 서로 얼굴을 바라보며 두려운 얼굴로 고개를 숙였다. 어떤 형제는 양쪽 다리 사이로 얼굴을 파묻기까지 했다. 말씀을 마치자 하나 둘 일어나 집으로 돌아가는데 어떤 형제는 우리와 같이 있으면 무섭지 않을 것 같다며 떠나려 하지 않았다. 나는 그들을 보며 속으로 크게 혼란스러웠다.

　하나님은 죄를 모르는 우리에게 죄인인 것을 알게 하시고자 죄를 깨닫게 하는 몽학선생인 십계명을 주셨다. 그러니 그들의 두려움을 보고 '말씀의 능력이 일어났구나! 그들은 죄인들이니 말씀을 듣고 두려워하는 것은 당연하지'라고 생각해야 했다. 그런데 부족 형제들은 십계명을 주신 하나님의 뜻을 따라 자신들의 죄가 드러나 두려워하는데, 선교사라는 나는 왜 십계명 앞에서 아무런 영적 두려움이 일어나지 않는 것인가 해서 몹시 혼란스럽고 당황스러웠다.

　나는 십계명을 모두 암기하고 있다. 가르칠 준비가 되었다고 생각했다. 그러나 부족 형제들에게는 십계명이 살아 있는 말씀이지만 내겐 그렇지 못했다. 죄인인 나에게도 회개나 두려움이나 부끄러움이 일어나야 했다. 내가 도덕적으로나 윤리적으로 죄를 범하지 않았다고 여기기 때문일까? 십계명 앞에서 죄인이 아닌 사람이 누가 있을까?

더구나 주님은 말씀하셨다.

> • 나는 너희에게 이르노니 형제에게 노하는 자마다 심판을 받게 되고 형제를 대하여 라가라 하는 자는 공회에 잡혀가게 되고 미련한 놈이 라 하는 자는 지옥 불에 들어가게 되리라 마 5:22
>
> • 그 형제를 미워하는 자마다 살인하는 자니 살인하는 자마다 영생이 그 속에 거하지 아니하는 것을 너희가 아는 바라 요일 3:15
>
> • 나는 너희에게 이르노니 음욕을 품고 여자를 보는 자마다 마음에 이미 간음하였느니라 마 5:28

주님의 이 말씀을 피해 갈 사람이 누가 있겠는가? 나의 본능은 죄로 인해 타락되었다. 예수 그리스도의 말씀은 언제나 내가 소망 없는 죄인 인 것을 알게 하시고 십자가로 인도하는데, 어째서 나는 십계명 앞에서 두렵지 않은 것인가? 말씀 앞에서 말씀의 능력이 일어나지 않는 것도

활주로에서 복음을 듣고 있는 부족민들

복음을 가르치는 이민아 선교사

문제였고 죄의 회개가 일어나지 않는 것도 문제였다.

"하나님 아버지! 아버지의 말씀을 지식과 관념 속에만 두고 있는 이 죄인을 용서하여 주소서! 가슴이 뜨거워지기를 원합니다. 내 심령 안에서 말씀의 능력이 일어나게 하소서. 말씀을 성령에 의지하지 않고 지식과 의지로만 전하면 아무런 열매가 없을 터인데 지금 죄인이 지킬 수 없는 십계명은 저에게는 관념 속에만 있는 지식에 불과합니다. 아버지, 죄인을 인도하여 주소서. 저에게 어떤 문제가 있는지, 무엇이 잘못되었는지 알게 하소서."

> 오직 너 하나님의 사람아 이것들을 피하고 의와 경건과 믿음과 사랑과 인내와 온유를 따르며 믿음의 선한 싸움을 싸우라 영생을 취하라 이를 위하여 네가 부르심을 받았고 많은 증인 앞에서 선한 증언을 하였도다 딤전 6:11-12

부족 형제들과 다른 내가 어떤 영적 문제를 갖고 있는지 알기를 원했다. 한 달이 지난 어느 날 부족 형제들과 나 사이에 있는 가장 큰 차이점이 무엇인지 발견하게 되었다.

그것은 죽음과 죽음의 공포에 관한 것이었다. 부족 형제들은 감기만 걸려도, 식중독이 걸려도, 이질로 설사를 해도, 심한 피부병이 걸려도 죽음의 두려움으로 공포에 시달린다. 추장도 무당 고레우도 이들을 죽음의 공포로 다스린다. 악령은 물론 모든 문화가 죽음과 연결되어 있다. 매일 삶 속에서 죽음의 공포를 느끼며 살아간다.

미히 부족민들이 사용하는 언어에는 성경에 나오는 많은 말이 없다. 특히 죄와 용서라는 단어가 없다. 죄라는 단어가 없다는 것은 죄의식이 없다는 뜻이다. 죄는 단순히 나쁜 것으로, 용서는 상대방의 잘못을 생각하지 않는다 정도로 이해한다. 아무리 이런 것을 죄라고 한다고 가르쳐도 그것이 왜 죄인지 온전히 이해하지 못한다. 죄의식도 없고 진정으로 용서하는 것을 모르는 사람들의 생각과 삶이 어떠한지 우리는 가늠하기 어렵다. 아마 이성적인 판단보다는 감정에 의존하는 삶이지 않을까 한다. 그런 까닭에 죽음의 공포가 그토록 큰 것이다.

죄라는 단어도 없고 죄의식도 없던 형제들이 말씀을 들으며 죄의 뜻을 스스로 알아 가고 있다. 죄를 '하나님의 말씀을 어기는 것'이라고 말한다. 얼마나 놀라운 표현인가? 하나님만이 온전히 우리의 죄를 잊으시고 용서하실 수 있다. 그 긍휼하심의 자비와 용서를 은혜로 누리고 있으면서도 우리는 언제나 무의식적으로 본능을 따라 살아간다.

참된 용서를 알지 못하니 죄를 모르고, 죄를 모르니 죽음의 공포를 모르고, 죽음의 공포를 모르니 복음이 복음 되지 못한다. 아! 하나님을 모르는 이 죄인을 용서하여 주소서.

살인하지 말라, 간음하지 말라, 도적질하지 말라는 십계명을 듣고 부족 형제들이 하나님에 대한 두려움이 일어난 것은 당연했다. 그들은 아담이 하나님께 불순종하므로 하나님과 영원히 단절되는 죄인이 되었다는 것과 죄와 함께할 수 없는 하나님께서 죄를 미워하여 "죄인은 반드시 심판을 받을 것이며 정녕 죽으리라"고 말씀하신 것을 기억하고 있었다.

부족 사람들은 살인을 해도 죄의식을 느끼지 않는다. 돼지 몇 마리로 보상하면 그만이다. 간음이나 성폭행은 삶의 일부이기 때문에 그것이 죄라고 느끼지 않는다. 아버지의 아이를 낳고 사는 여인이 있는가 하면, 아버지가 누군지도 모르는 아이를 낳은 여인도 많다. 남의 것을 훔칠 때도 죄의식이 없다. 다만 자신의 소유물이나 자기 여자가 침해당하면 분노하고 싸움을 한다. 그런 그들이기에 말씀에 비춰 봤을 때 자신들의 삶이 하나님과 단절된 죄인의 삶이었음을 깨달았을 것이다. 그러니 죄인은 하나님의 심판을 받아 정녕 죽는다는 말씀을 듣고 얼마나 두려웠겠는가?

부족 형제들과 나의 가장 큰 차이점은 나는 죽음의 공포를 느끼지 못하고 살아간다는 것이다. 그랬기에 죽음과 심판과 지옥은 다만 나의 관념 속에서 이해되고 있었다.

부족 사람은 죄인이고 나는 죄인이 아니어서가 아니다. 다만 죄성이 다른 것이다. 부족 사람들이 나보다 더 본능적으로 살고 있으며 이성보다 감정의 지배를 받고 있는 것이다. 인간은 본능에 충실할수록 죄악 됨이 드러난다. 하나님 편에서 볼 때 본능적으로 살아가는 부족 형제들에게 "참 죄인답구나" 하시지 않을까? 그래서 그들이 하나님의 은혜에 더 가까이 있는 게 아닐까?

> 화 있을진저 외식하는 서기관들과 바리새인들이여 회칠한 무덤 같으니 겉으로는 아름답게 보이나 그 안에는 죽은 사람의 뼈와 모든 더러운 것이 가득하도다 이와 같이 너희도 겉으로는 사람에게 옳게 보이되 안으로는 외식과 불법이 가득하도다 마 23:27-28

　반면에 나를 보시고는 "불쌍한 것! 너는 죄인답지도 못하구나" 하실 것 같다. 나는 죄인이면서도 윤리와 도덕으로 그 죄를 은폐하는 위선을 더한 죄인이다. 본능을 따라 사는 부족 형제들의 죄가 나에게도 똑같이 있건만 나는 본능대로도 행동하지 못하는 위선자다. 회칠한 무덤 같은 죄인이다. 나는 부족 형제들보다 더 악하다. 하나님 편에서 본다면 나는 참으로 가증하고 소망이 없는 죄인이다.

> 항상 기뻐하라 쉬지 말고 기도하라 범사에 감사하라 이것이 그리스도 예수 안에서 너희를 향하신 하나님의 뜻이니라 살전 5:16-18

　이 말씀을 지킬 수 있는가? 누가 사랑하는 자녀의 비참한 죽음 앞에서 하나님께 감사의 기도를 드리며 기뻐할 수 있겠는가? 능력이 없는 죄인이 애통해하면서도 신념으로 "감사합니다" 할 때 하나님께서 죄인이면서 죄인답지도 못하다고 혀를 끌끌 차시지 않겠는가?
　산상수훈의 말씀은 물론 하나님의 말씀은 의지와 신념으로 주의 계명을 지키라고 주신 것이 아니라, 지킬 수 없는 죄인임을 알고 회개하며 오직 십자가 예수 그리스도의 보혈만을 의지하라고 주신 은혜의 말씀이다. 우리는 극한의 상황에서 하나님께 감사는 물론 하나님을 찾을 능력이 없는 죄인이다. 자녀의 죽음을 보는 순간 "아버지! 왜 내 아들입니까? 이제는 하나님을 신뢰할 수가 없습니다. 믿지 않겠습니다" 하며 하나님을 향해 분노하고 항의하다가 그 끝나지 않을 것 같은 슬픔이 지나고 나서야 성령의 인도로 믿음 없이 행한 것들에 대해 용서를 구하는 것이 정말 죄인다운 행동이 아니겠는가?

그러므로 나의 문제는 죄인이 죄인답지 못하다는 것이다. 죄인이면서도 죽음을 두려워하지 않는다는 것이다. 아프면 병원에 가면 되니까 마치 죽음과 상관없는 것처럼 여긴다는 것이다.

"주님! 저를 감싸고 있는 죄에서 자유하게 하소서!"

하나님의 주권 안에서 죽음의 두려움과 공포를 경험하는 것은 축복이다. 공의의 하나님을 만나 죄를 두려워하고 경멸하게 되는 것은 복중의 복이다. 하나님은 성경을 통하여 오직 인간의 죽음에 대하여 말씀하신다. 죄인은 심판 받을 것이며 하나님은 오직 영원히 죽을 영혼에 대해서만 관심을 가지신다. 죄인은 하나님과 관계가 끊어져서 육신으로도 죽고, 영도 영원히 죽는다. 하나님은 이렇게 죽게 된 자녀를 구원하기 원하신다. 그래서 독생자 예수를 십자가에서 화목제물로 내어 주셨다.

구약을 통하여 구원자를 예시하셨고 구원을 언약하셨다. 그런데 구원받아야 하고 하나님과의 관계가 회복되어야 하는 인간은 죽음에 관심이 없다. 두려움도 없다. 죽음을 심각하게 여기지 않으므로 그 크신 긍휼과 은혜를 알지 못한다. 나만은 죽음을 피해 갈 것이라고 막연하게 생각하며 살아간다. 과학과 의술이 쉽게 죽도록 하지 않을 것이라고 생각한다. 이것이 문제다.

하나님의 은혜로만 살아갈 수 있는 피조물이면서 그 피조물인 우리를 향한 하나님의 관심과는 상관없는 삶을 살고 있는 것이다.

나는 죽음의 문턱을 네 번이나 넘나들며 하나님의 은혜로 가까스로 살아 돌아왔다. 그런데도 시간이 지나자 마치 나 스스로 살아난 것처럼 그 은혜에 대해 무감각해졌다.

"살아 계신 하나님 아버지! 이 죄인에게도 공의의 하나님을 만나는 복을 허락하소서. 말씀 앞에서 두려워하기를 소망하나이다. 하나님 말씀을 관념 속에 제한하고 있는 죄를 용서하소서!"

부족 형제들을 통해 하나님은 내가 얼마나 하나님의 뜻과 다른 삶을 살고 있는지 알게 하시고 회개하게 하셨다.

죽음을 두려워하는 부족민들에게 하나님이 아담과 하와에게 가죽옷을 입히신 이야기와 가인과 아벨의 제사 이야기, 믿음으로 방주를 지은 노아 이야기, 아브라함 이야기, 출애굽 사건과 홍해 사건, 놋뱀 사건 등을 가르쳤고, 에덴동산에서부터 예수 그리스도가 예표되었음을 가르쳤다. 부족민들은 하나님이 약속하신 구세주가 오시기를 기다리게 되었다.

예수 그리스도가 이 땅에 오셔서 하나님의 약속을 성취하신 구속사를 가르치자 그들은 기뻐하며 감격했다. 아기 예수의 탄생을 가르칠 때는 구약의 선지자를 통한 예언의 말씀을 기억하고 "애굽으로 피신을 가게 될 거야!" 하며 서로 경쟁하듯 말했다. 예수께서 병을 고치고 이

적을 행했다고 하자 "당연하지. 예수 그리스도는 태초부터 계셨던 삼위일체 하나님이시며 하나님의 아들이시잖아" 하며 기뻐했다. 예수께서 십자가에 못 박혀 계실 때 로마 병사가 예수의 다리뼈를 상하게 하지 않았다고 하자, 한 형제가 "예수 그리스도는 정말 유월절 어린양이시다. 예수님이 흘리신 피는 유월절 문설주에 발랐던 어린양의 피다. 하나님께서 뼈를 상하게 하지 말라고 하셨다" 하며 하나님의 행하심에 놀라워했다.

부족 청년들의 놀라운 변화

"누가 우리의 유일한 희망이신 예수 그리스도를 십자가에서 죽였는가?"

예수 그리스도가 십자가에서 죽으시고 장사된 것을 가르치자 부족 청년 모두 마치 자신들의 부모가 죽은 것같이 분노하고 울며 침울해했다.

부족 청년 중 하나는 이글거리는 얼굴로 나를 찾아와서는 "내가 그를 활로 쏘아 죽여 버리겠다"면서 분노와 슬픔을 억제하지 못했다. 나는 그에게서 우리가 잃어버린 의로운 분노를 발견하고 회개했다. 여전히 내 안의 죄로 인해 주님과 함께 십자가에서 죽어야만 살아갈 수 있는 죄인임을 회개했다.

주님이 무덤에서 3일 만에 부활하셨다고 가르치자 부족 형제들이 흥분하며 기뻐했다. 그런 그들을 향해 이제 예수님의 십자가로 우리 죄가 해결되었다고 선포했다.

구원받고 기뻐하는 형제

"살아 계신 하나님의 아들인 예수가 십자가에서 여러분의 죄를 대속하시고 하나님과 원수 되었던 우리를 위해 화목 제물로 죽으시고 부활하셨다는 사실을 믿습니까? 믿는다면 여러분이 여러분의 죄 때문에 받아야 할 죄 값은 예수의 피로 지불되었으며 여러분은 용서 받았습니다. 심판과 형벌은 여러분에게서 영원히 사라졌습니다. 여러분은 여러분 생애에 한 번도 죄를 범하지 않은 것처럼 깨끗해졌습니다. 과거에 지은 죄와 지금 짓는 죄와 미래에 지을 죄까지 모두 용서 받았습니다."

우리는 존 파이퍼 목사가 《칭의 교리를 사수하라》는 책을 급하게 써야 할 만큼 긴박한 시대를 살고 있다. 오늘날 예수 그리스도가 십자가에서 흘린 피는 값싼 은혜가 되어 버렸고, 참된 진리가 과연 무엇인지 분별하기 힘들어졌으며, 예수 그리스도를 믿는다는 성도는 종교인이 되어 버려서 의로운 분노를 상실했다. 여기에 우리 부족 청년들의 변화를 몇 가지 소개하여 은혜를 나누고자 한다.

악령으로 두려워하던 형제

아기를 직접 받은 수보 형제

■ "나는 그동안 악령에 속아서 머리를 땅에 대고 자지 못했습니다. 그러나 오늘부터 땅에 머리를 대고 잘 수 있습니다. 두렵지 않습니다. 예수님이 십자가에서 죽으시고 부활하심으로 악령을 이기셨기 때문에 악령은 달아나 버렸습니다. 나의 죄를 용서하셨고 나를 악령에서 자유롭게 하셨습니다."

■ 복음을 듣고 난 부족 남자들이 생리하는 아내를 더 이상 정글로 보내지 않게 되었다. 노인들과 믿지 않는 사람들이 여자를 보내지 않으면 죽이겠다고 협박하는데도 여자를 보내지 않을 뿐 아니라 더 이상 피를 두려워하지 않는다. 이는 신념이나 의지로 행하는 것이 아니다.

대대로 옳다고 믿었고 두려움의 대상이던 미신을 신념과 의지로 바꿀 수는 없다. 사내아이를 네 명이나 낳아 키우는 수보(Suvo)라는 제자는 부족 최초로 부인의 해산에 동참한 남자가 되었다. 부인의 해산 진통이 길어지자 마을 여자들이 밭으로 가 버린 탓에 엉겁결에 갓난아기를 받고 탯줄을 자르게 된 것이다. 그는 이후 사람들에게 그 기쁨과 흥

사랑을 표현하며 머리의 이를 잡아 주는 부부

분을 전하며 "더 이상 해산의 피를 두려워하지 말라"고 권면한다. 얼마나 놀라운 변화인가?

■ 부족 남자는 절대로 가정을 돌보지 않는다. 힘든 일은 모두 여자의 몫이며 여자를 도우면 수치심을 느끼며 두려워한다. 그런데 복음을 알게 된 후 놀랍게도 자녀를 돌보고 여자를 도와 밭일을 하고 집을 치우고 돕는다. 몇 명의 여자를 데리고 있어도 가정을 돌보지 않던 남자들이 스스로 가정을 세워 가고 있다.

도시 사람들은 젊은 남녀가 사랑을 하면 결혼을 하고 당연히 가정을 이룬다고 믿는다. 그러나 부족 사람들을 보면 하나님의 섭리 안에서 돌보심이 없으면 어느 누구도 가정을 이룰 수 없음을 알게 된다. 가정은 하나님 축복의 근원이며 이웃을 더 구체적으로 사랑하고 그리스도인으로서 실천하는 삶을 살아가는 기반이 된다.

부부가 서로 손을 잡고 우리 집에 내려와 사랑을 표현한다. 아내의 무릎에 누워 있으면 아내는 남편 머리에 있는 이를 잡아 준다. 이를 잡아 입에 넣고 터뜨려 뱉는다. "그렇게 아내가 좋으냐?"고 물으면 서로 팔을 벌려 끌어안는다. 이전엔 결코 볼 수 없던 모습이다. 절대로 협력하지 않던 그들이 이제 서로 돕고 협력하며 살게 된 것이다.

■ 오랜 세월 전통으로 내려온 징크스(jinx, 불길한 일)는 셀 수 없이 많다. 하지만 이제 미신으로 금기시하던 음식도 먹고 일도 한다. 분노와 수치심을 느끼거나 부모나 자녀가 죽으면 손가락 마디를 하나씩 자르던 여인들이 더 이상 손가락을 자르지 않는다. 이런 변화는 성령님의 인도가 아니라면 설명할 수 없다.

■ 대마초를 피우고 악령을 믿으며 악한 풍습을 따르던 형제들이 언제부터 마약을 끊었는지 기억이 나지 않는다고 말한다. 미신과 풍습에서 자유해진 것이다. 이렇게 변화된 형제로 인해 아내도 자녀도 인격이 변화된다. 한 형제는 "선교사 삼촌이 어디로 나를 보내든지 가서 하나님의 말씀을 전하겠습니다"라고 복음을 알고 기뻐하는 심정을 나타낸다. 구원받은 형제들에게 성령께서 역사하심을 확신할 수 있다.

■ "하얀 사람! 내가 너무 배가 고파 죽겠습니다"(Ode vana! Nege mihige nagai).

정글에 어둠이 내려앉을 즈음 산 아래에서 올라온 부족 청년이 배가 고프다고 하는데 나는 '내게 무엇이든 얻어먹으려고 한다'고 의심을 했다. 왜냐하면 정글에는 밭이 많으니 먹을 것을 구하려면 얼마든지 훔칠 수 있기 때문이다. 하지만 청년은 배가 고파 남의 밭에서 고구마를

대마초에서 자유함을 얻고 기뻐하는 부족 형제   자신의 선한 행동에 기뻐하는 형제

캐려다 그것이 하나님의 말씀을 거역하는 옳지 않은 행동이라는 생각
이 들어서 그냥 돌아 나왔다고 말했다. 순간 나의 편견을 회개했다. 나
의 지식과 생각과 경험과 자라온 문화와 그 문화의 가치관과 윤리 도
덕은 편견을 만들 뿐 복음을 전하는 데 아무런 도움이 되지 않는다는
걸 때때로 깨닫고 회개하게 된다.

- 만물보다 거짓되고 심히 부패한 것은 마음이라 누가 능히 이를 알리
  요마는 렘 17:9
- 마음에서 나오는 것은 악한 생각과 살인과 간음과 음란과 도둑질과
  거짓 증언과 비방이니 마 15:19

부족 형제들에게 도둑질은 너무나 자연스러운 일이다. 기회가 생겼
는데도 훔치지 못하는 것은 기회를 놓친 것에 불과하다. 더군다나 정글
에서 배가 고파서 남의 고구마를 훔쳐 먹는 것은 어느 누구도 문제 삼
지 않는 일이다. 이런 문화를 당연하게 여기고 살아온 형제가 그의 양

심에 호소하는 성령의 음성에 순종해 차라리 굶는 선택을 했다. 성경 말씀을 듣고 화인 맞았던 양심이 살아나고 양심을 통하여 말씀하시는 성령의 음성을 듣고 자유의지로 옳고 그름을 판단한 후 성령의 음성에 순종한 것이다. 이 얼마나 놀라운 일인가. 더구나 배가 고파 지쳐 있어야 할 청년의 얼굴에는 자랑스러움과 기쁨이 흘러나오고 있지 않은가. 그런 그를 바라보며 "아버지, 이 죄인을 용서하시고 이 형제를 축복하소서"라고 기도했다. 그런 청년에게 나는 라면을 끓여 주었다(한국 라면은 아무한테도 주지 않는다. 우리가 고향이 너무 그리울 때 가끔 먹는 특별한 음식이기 때문이다).

"하나님은 우리의 마음을 사탄에게 결코 주지 않으셨다. 사탄은 우리의 상상력을 통하여 죄인을 지배한다."

조나단 에드워즈가 《신앙과 정서》(The Religious Affections)에서 한 말이다. 염려와 걱정도 상상력에 의한 감정이다. 형제를 통하여 살아 계시며 오늘 이 순간에도 역사하시는 주님과 복음의 능력을 만나는 감격은 지금도 잊지 못한다.

■ 추장의 큰아들 무알레 아모라는 같은 날 두 여자와 결혼하려고 했다. 한 자매는 강 건너 신부라는 곳에서 왔고 한 자매는 코라 마을의 사람이었다. 두 자매는 이미 무알레의 집에서 살면서 시부모에게 자신이 힘이 세고 밭일도 잘한다는 것을 보여 주려 경쟁하며 지내고 있었다. 그러던 어느 날 추장이 아들에게 말하기를 "이전에는 우리가 여러 여자를 사서 살았지만 이제는 보아라. 하얀 사람은 한 여자와 살고 있지 않느냐? 그러니 너도 이제 한 여자만 사라!"고 했다. 부족 남자들의 가

한 여자와 결혼한 무알레 아모라 형제(오른쪽)

장 큰 자랑거리가 여러 여자를 사서 결혼하는 것인데, 놀랍게도 무알레
가 아버지의 말을 듣고 두 여자에게 가서 말했다.

"나는 너희 둘과 결혼하지 않겠다. 한 여자와 결혼하겠다."

여자들은 무알레의 말이 무슨 뜻인지 알고 아침부터 저녁까지 한
사람이 지쳐 쓰러질 때까지 격렬하게 싸웠다. 무알레는 이긴 여자와 결
혼했다. 무알레는 지금 주님의 제자가 되어 성경을 가르치며 찬양을 인
도하는 교회의 일꾼이 되었다.

"'나는 밭을 만들고 씨를 뿌릴 것이다. 곡식은 하나님이 돌보실 것이
며 너희들은 밭의 열매를 추수하여 누리게 될 것이다'라는 삼촌의 말을
예전에는 이해하지 못했는데 이제는 그 뜻을 알 수 있습니다."

무알레는 미히 부족의 선교사로 산을 넘고 계곡을 지나 강을 건너
다른 씨족으로 나가 복음을 전하기를 열망하며 지낸다.

━ "삼촌! 저를 좀 도와주십시오. 제가 돼지를 죽였습니다."

칠흑 같은 캄캄한 밤에 정글에서 죽은 돼지를 어깨에 메고 온 무알

레가 다급하게 도움을 요청했다.

"이 돼지가 여러 번 내 밭의 고구마를 훔쳐먹고 밭을 망가뜨려서 쫓아 버리려고 들고 있던 칼을 던졌는데 칼이 돼지의 옆구리에 꽂혀 죽고 말았습니다. 아무도 본 사람이 없어서 늘상 하던 것처럼 몰래 땅에 묻어 숨기려고 했지요. 그런데 그게 옳지 않다고 생각되어 죽은 돼지를 피가 흐르는 채로 어깨에 메고 올라왔습니다. 어떻게 하면 되겠습니까?"

자주 있는 일은 아니지만 청년들이 남의 새끼 돼지나 닭을 몰래 잡아먹고 숨기는 일이 있다. 만약에 돼지 주인이 알게 되면 싸움이 일어나거나 몇 배로 갚아 주어야 한다. 그래서 몰래 땅에 묻어 버리곤 한다. 더군다나 죽은 돼지는 서로 사이가 좋지 않은 아버지의 배다른 형제의 소유였다. 그런데 무알레는 싸움이나 배상이 두려워 숨길 수 있는 기회를 버리고 사실을 말하려 하는 것이다. 배가 고파도 훔치지 않고, 두려워도 숨기려 하지 않는 이 양심의 소리를 누가 들려주었겠는가. 그리고 그 소리에 순종하도록 그들의 의지를 통제한 이가 누구겠는가.

양심의 회복은 구원받은 성도가 누리는 축복이다. 그날 밤 나는 제자 몇 사람을 불러 밤이 새도록 우리 집 뒷마당에 큰 모닥불을 피우고 '무무'라는 방법으로 돼지를 익혔다. 마른 잎을 바닥에 깔고 그 위에 마른 나무를 놓고 발로 누른 후 대나무 껍질을 나무에 걸고 위아래로 문질러 불씨가 생기면 두 손으로 잡고 입으로 바람을 후후 불어 불을 피운다. 흙구덩이를 파고 그 속에 돌을 넣고 큰 장작불을 피운 후 그 위에 돌을 여러 개 올려놓고 돌이 뜨거워지기를 기다린다. 돌이 뜨거워 갈라지는 소리가 나면 커다란 야생 잎을 그 뜨겁게 달구어진 돌 위에 깔

양심에 걸려 죽은 돼지를 가져온 무알레 아모라 형제

고 돼지를 올려 다시 야생 잎으로 덮은 후 달구어진 돌의 열기가 밖으로 새어 나오지 않도록 흙으로 완전히 덮는다. 그런 다음 중간에 대나무를 꽂고 물을 부어 대나무 통으로 흘러 내려간 물이 뜨거운 돌에 닿으면 수증기가 올라오면서 음식이 익기 시작한다. 이렇게 수증기가 밖으로 새어 나가지 못하도록 단단히 덮어 놓고 1~2시간을 기다린다. 돼지고기는 더운 날씨로 인해 쉽게 상하기 때문이었다.

다음 날 주인에게 돼지가 죽은 사실을 알리자 놀라운 일이 벌어졌다. 주인이 조금도 화를 내지 않고 이렇게 말한 것이다.

"돼지고기는 너희들이 나누어 먹어라. 그 대신 나중에 돼지 새끼가 생기면 한 마리를 달라."

어젯밤 청년과 함께 아무 어려움이 없도록 기도했는데 주님께서 응답하셨다. 무알레 형제는 자신이 정직하게 행동한 것이 이러한 결과를 가져온다는 것을 경험하고 하나님께서 자신에게 말씀을 알게 하시고 구원받은 자녀가 되게 하셨음을 진심으로 기뻐하며 감사했다.

— "나는 하나님의 아들인데 오늘 하나님이 나를 너희 손에 붙였으니 죽이든지 살리든지 너희 뜻대로 하여라!"

부족 전쟁 중에 적에게 잡힌 제자 발루스 세데오가 화살을 자신에게 겨누고 있는 적을 향해 외친 절규다. 그런데 놀랍게도 적이 한 번도 하나님에 대해 들어 본 적도 없으면서 화살을 내려놓더니 "어서 가라!"고 놓아 주었다. 부족 전쟁에선 적을 보면 이유를 불문하고 죽이고 본다. 적을 죽이지 않으면 자신이 죽기 때문이다. 몇 달이나 계속되는 전쟁은 마을을 공포로 몰아넣는다. 밤이면 돌아가며 망을 보고 두려워 잠도 잘 자지 못한다. 그런 상황에서 누가 굴 속 사자 앞에 선 다니엘과 같은 놀라운 담대함을 발루스에게 주었을까! 만약에 내가 그 자리에 있었다면 무릎을 꿇고 살려 달라고 애원했을 것이다. 사람의 본능은 죽음의 공포 앞에서 하나님을 시인할 능력이 없다. 이것이 본능의 한계다.

구사일생으로 살아온 발루스는 예수 그리스도의 이름을 부를 때면 눈에 눈물이 고인다. 부족민들이 예배에 참석하고 간증을 하고 구원받았다고 한다고 해서 내가 한 번 더 안아 주거나, 소금과 같은 음식을 주거나 하지 않는다. 형제들의 삶은 이전과 달라진 게 없다. 사는 집은 여전히 낮이나 밤이나 캄캄하며 모닥불 연기로 새까맣게 그을린 움막이다. 먹는 음식도 여전히 고구마와 차코라고 부르는 야생 풀을 익혀 먹는다. 주위 환경도 여전하다.

그러나 하나님의 말씀을 듣고 구원받은 형제들은 죽음의 공포에서 자유함을 누리며 기뻐한다. 성품이 변화되어 새롭게 살아간다. 이전과 다른 맑은 눈과 밝은 얼굴로 아내와 자녀를 사랑으로 돌본다. 이 때문에 부족 사람들에게 따돌림을 당하거나 부족의 풍습을 따르라고 협박

발루스 세데오 형제

을 받기도 한다. 그럼에도 아랑곳하지 않는다. 누가 그 오랜 세월 동안 죽음의 공포에 시달리던 형제들에게 이 같은 자유를 누리게 하였는가? 누가 그들의 가치관을 변하게 하였는가? 의지도 신념도 아니다. 의지와 신념으로는 두려움을 잠시 누그러뜨릴 수 있어도 죽음의 공포를 극복하지는 못한다. 형제들을 자유롭게 한 것은 바로 십자가의 능력이다.

하나님은 부족 형제들의 변화된 삶을 통해 십자가의 예수 그리스도의 피의 의미를 새롭게 세우길 원하신다. 이 세상의 교육도 철학도 과학도 종교도 죽음의 공포를 극복하게 하지 못한다. 오직 예수 그리스도의 십자가의 죽으심과 부활의 능력으로만 가능하다.

발루스에게 활을 겨누던 청년은 10년 전 자신의 부족을 떠나 구와사(Kuwasa)라는 씨족으로 와 두 번째 여자를 사 3명의 자녀를 낳고 10년째 살고 있었다. 그런데 이 청년이 얼마 전 우리의 소식을 듣고 찾아와 "복음을 듣고 싶다"며 성경공부반에 들어왔다. 얼마 후 청년은 발루스와의 일을 자랑하듯 이야기하더니 "나도 하나님의 제자가 되고 싶습니다" 하고 말했다.

"형제님, 형제님과 두 명의 아내 그리고 세 명의 자녀는 하나님 말씀으로 구원받고 교회의 성도가 될 수는 있습니다. 그러나 제자는 될 수 없습니다. 형제님은 아내가 여러 명이기 때문입니다. 다른 성도에게 본이 되지 않기 때문입니다."

청년은 내 말을 듣고 근심하는 얼굴로 돌아갔다. 한 달간 진행된 성경공부에서 형제는 내가 한 말 때문에 깊이 고뇌하고 있다는 걸 알 수 있었다.

"첫 번째 여자를 진심으로 사랑합니다. 두 번째 여자는 내가 죄 중에 육신이 원하는 것만을 따라 결혼한 것이라 아이가 있다 하여도 처음부터 사랑하지 않았습니다. 그리고 그 여자도 나를 싫어합니다. 내가 돼지를 주고 산 여자이지만 그냥 가족에게 돌려보내려고 합니다. 그리고 아이는 내가 키울 것입니다. 그리고 하나님께 죄를 행한 것을 용서받고자 합니다. 새롭게 삶을 시작하려고 합니다. 기도해 주십시오."

형제는 눈물로 이렇게 고백했다. 주님, 이 형제를 용서하시고 인도하여 주소서.

━ "나의 가족은 하나님의 말씀 아래에서 살아라."

고레 시네(Kore Sine)라는 최고령의 노인이 죽으면서 유언으로 남긴 말이다. 미히 부족 사람들은 죽을 때 결코 유언이나 덕담을 하지 않는다. 이러한 기회가 있다면 어린아이들을 누구에게 주라고 말하는 것이 보편적이다. 마을에서 가장 나이가 많았던 고레 노인의 움막을 찾아가 말씀을 전했다. 고레 노인의 움막은 사람이 살 수 있는 곳이 아니었다. 머리를 숙여야만 겨우 들어갈 수 있는 아주 작은 움막이었다. 비가 오

고레 시네 노인

고레 시네 노인에게 복음을 전했다

세라 오파나 노인

면 비가 새고, 바람이 불면 추워서 잘 수가 없었다. 오래되어 곧 쓰러질 듯했다. 움막 안에는 작은 모닥불을 피워 놓았는데 아무도 돌보지 않아 땔감도 없었다. 추위를 이기려 불 가까이에 앉아 있어서 벌거벗은 두 다리에 불에 탄 흔적이 선명했다.

아들이 있어도 부족 사람들은 부모를 돌보지 않는다. 더군다나 노인에겐 아들은 없고 딸만 있다. 팔려 간 딸은 친정 부모를 돌볼 수 없다.

비참한 모습이었다. 이웃의 나이가 많은 할머니는 언제나 벌거벗은 몸으로 불가에 앉아 몸을 녹이면서 "왜 내가 죽지 않는지 모르겠다"고

되풀이해서 말했다. 삶의 끝자리가 이토록 절망적인지 몰랐다며 죽게 해 달라고 호소했다.

나는 제자들과 함께 산 능선에 있는 움막의 작은 문에 걸터앉아 복음을 전했다. 예수 그리스도의 탄생과 죽으심과 부활이 당신과 어떤 관계가 있는지를 가르쳤다. 노인은 머리를 숙이고 경청하기 시작했다. 말씀을 전하고 기도했다. 기도가 끝나자 노인은 움막의 사방을 둘러보며 "감사합니다. 악령이 다 달아났습니다" 하며 마치 달아난 악령을 자신의 눈으로 본 듯이 가리키며 말했다. 그리고 알 수 없는 노래를 하기 시작했다. 환한 얼굴로 기뻐하며 노래를 계속했다.

"다비오네(단물, Davi one)는 모든 병을 낫게 한다."

노인이 그 험한 산을 타고 우리 집으로 내려오면 차를 끓여 설탕물을 만들어 드렸더니 노인이 기뻐하며 이렇게 말했다. 어느 날 노인이 청년을 보내 단물이 먹고 싶다고 해서 보온병에 가득 담아 보내 드렸다. 그날 밤 노인은 하나님 품에 안겼다. 단물 한 잔을 다 마신 뒤 가족에게 "우리 가족은 모두 하나님의 말씀 아래에서만 살아라"고 유언을 남겼다. 부족에선 결코 들어 볼 수 없는 유언이었다.

고레 노인은 하나님의 말씀을 듣고 예수 그리스도를 구세주로 영접한 뒤 주님의 품으로 돌아갔다. 죄인이 가장 두려워하는 것이 죽음이다. 그런데 고레 노인은 죽음의 공포에서 자유했다. 그 평안함은 하나님의 말씀을 알고 믿는 데서 나온 것이었다. 그리스도인에게는 더 이상 죽음이 존재하지 않는다. 예수 그리스도를 구세주로 개인적이며 인격적으로 영접하는 순간 모든 성도에게는 그리스도 안에서 영생이 시작되는 것이다.

━━ "이전에 내 생각대로 할 때는 기쁨이 없었는데 성령이 시키는 대로 행했더니 너무나 기쁩니다."

흥분된 얼굴로 기뻐하며 말하는 청년은 모로꼬로 가우바(Molokolo Kauva)다. 모로꼬로에게 12년 동안 모음 5자(a, e, i, o, u)를 가르쳤지만 여전히 구분을 못하고 무조건 처음 보여 주는 글자를 '아'라고 읽었다. 어렸을 때 가족이 뱀을 잡아서 뱀의 머리를 모로꼬로에게 주어 먹게 했는데, 그 뱀의 맹독이 모로꼬로의 머리에 퍼지는 바람에 지능 발달이 늦어졌다고 한다. 지금은 사고하는 데 전혀 어려움이 없지만 기억력이 떨어진다.

어느 날 모로꼬로가 정글을 걷다가 사금이 가득 든 작은 병을 주웠다. 도시에서 팔면 2000불가량 받을 수 있는 귀중한 물품이었다. 부족에서는 무엇이든지 주운 사람이 주인이다. 물건의 주인이 나타나도 결코 돌려주지 않는다. 만약에 주인의 표식이 있으면 지워 버리고 가지거나 다른 먹을 것으로 바꾸어 버린다. 그런데 금을 주운 날 가족이 서로 나누어 달라고 하자, 모로꼬로는 "옛날 같으면 나누어 가졌지만 이제는 주인에게 돌려줄 거다" 했다. 가족이 항의하자 그는 "남이 잃어버린 것을 가지는 것도 훔치는 것과 같다고 오데바나(하얀 사람)가 가르쳐 주었다. 하나님의 계명을 어기는 것이다" 하며 주인이 나타날 때까지 기다렸다.

모로꼬로 가우바 형제

지혜로운 처사였다. 만일 마을에 광

고를 냈다면 여기저기서 거짓 주인이 나타나 큰 싸움이 일어났을 것이다. 하루가 지나자 다른 마을의 청년이 땀을 흘리며 금을 잃어버렸다고 산속을 헤매고 다녔다. 모로꼬로가 그에게 가서 "하나님이 너에게 나를 보내셨다"고 말하면서 사금이 든 작은 병을 건넸다. 그러자 사금 주인이 너무나 고마워서 모로꼬로의 다리를 끌어안고 머리를 숙이며 감사와 경의를 표시했다. 기뻐하며 돌아가는 그 청년을 바라보며 모로꼬로 자신이 더 기뻤다고 했다.

부족에선 전에 없던 놀라운 일이다.

모로꼬로는 100키나(한화로 3만 원)를 줍기도 했다. 새벽에 일어나 아들과 함께 밭으로 내려가는데 그날따라 짧은 길이 아니라 먼 길로 돌아가고 싶어 그리로 가다가 돈을 주운 것이다. 아들이 그 돈 중 반은 자기 것이라며 달라고 하자 모로꼬로가 이번에도 "안 돼! 이 돈은 우리 것이 아니야! 하나님이 주인을 찾아 주라고 우리에게 보여 주신 거야!" 하며 단호히 거절했다. 그리고 모로꼬로는 주인을 어떻게 찾아야 할지 모르겠다면서 그 돈을 우리에게 가져왔다.

"내 생각대로 행동할 때는 전혀 몰랐는데 성령이 시키는 대로 행했더니 너무나 기쁩니다."

하나님의 말씀에 순종하여 선을 행한 후 기뻐하는 모로꼬로의 모습은 그대로 감격이었다.

━ "하나님! 기름과 고기가 먹고 싶습니다. 멧돼지를 잡을 수 있게 도와주십시오!"

언제나 식량이 부족한 부족민에게 일용할 양식을 구하는 기도는 간절할 수밖에 없다. 매일 고구마와 차코 잎을 익혀 먹는 것이 이들이 먹는 식량의 전부다. 화전 만드는 일이 쉽지도 않지만 게을러서 일하기도 싫어한다. 수확한 고구마나 양식을 오랫동안 보관할 수 있는 환경이 아닌데도 장기간 보관해서 먹을 수 있도록 말리거나 훈제하는 방법을 모른다. 그래서 돼지를 잡든 고구마를 많이 수확하든 그날 다 나누어 먹는다.

옥수수 씨를 나누어 주고 많이 심어서 수확하면 이 옥수수로 사람들의 식량은 물론이고 돼지, 닭, 개도 먹여 키울 수 있다고 가르쳤다. 그러나 지금까지 옥수수를 많이 심는 사람은 없다.

고구마와 각종 뿌리 음식을 먹는 부족민들에게 산짐승과 멧돼지 고기는 유일하게 단백질을 섭취할 수 있는 음식이다. 하지만 집에서 기르는 멧돼지는 식용이라기보다 부족의 풍습을 따라 여자를 사거나 크고 작은 사건을 해결하는 용도다. 멧돼지는 부족 사람들의 삶과 밀접한 연관을 가지고 있어서 신생아가 태어났을 때, 자녀의 머릿값을 여자 가족에게 지불할 때, 부족 간의 전쟁 후 화해를 할 때, 자녀가 첫 월경을 할 때, 딸이 결혼할 때, 아들이 여자를 살 때, 사람이 죽었을 때, 죽은 영혼과 헤어지는 의식을 할 때 등에도 필요하다.

어느 날 예배 후 제자들은 멧돼지를 잡게 해 달라고 간절히 기도한 것을 잊어버리고 멧돼지를 잡는 긴 화살이 아니라 화살촉이 짧고 세 가닥으로 갈라진 새를 잡는 화살만 들고 정글로 내려갔다. 그 모습이 기도 따로 삶 따로인 내 모습과 같다고 생각했다.

나도 기도할 때는 한없이 크고 놀라운 기적을 원하며 기도한다. 질병으로 고생하는 형제들을 위해서 "예수 그리스도의 이름으로 치유하

새를 잡는 데 사용하는 삼지 화살

돼지 사냥을 하는 부족 형제들

대나무 껍질로 불을 피우는 부족 형제

여 주옵소서" 하고 어떤 병이라도 나을 것처럼 기도한다. 그러나 기도가 끝나면 다시 나의 제한된 이성과 생각과 경험 안으로 돌아온다. 기도를 마치고 일상생활이 시작되면 기도할 때와는 전혀 다른 나로 돌아온다. 그러고는 부정적인 생각에 동의하며 하나님을 제한한다.

내 생각과 의지, 경험 안에서 습관적으로 한 모든 기도는 내 삶에 아무런 영향을 미치지 못할 뿐 아니라 온전한 기도도 아니었다. 때로 고난 가운데서 간절히 기도하지만 고난이 지나고 나면 육신의 생각으로 다시 돌아온다.

제자들도 멧돼지를 잡게 해 달라고 기도했지만 자신들의 생각과 경험에서 벗어나지 못하고 있었다.

멧돼지는 쉽게 잡을 수 있는 짐승이 아니다. 멧돼지는 후각이 발달해서 멀리서도 사람의 냄새를 맡고 달아나 버리기 때문에 덫을 놓고 며칠을 기다려도 쉽게 잡을 수가 없다. 설사 덫에 걸려도 사납고 강하기 때문에 발목이 잘려 나갈 만한 고통이 있어도 달아나 버리는 경우가 많다. 더군다나 사람들이 자주 다니는 대낮에 멧돼지를 정글에서 만난다는 것은 거의 불가능했다. 그래서 제자들은 멧돼지를 잡는 강하고 튼튼한 화살을 놔두고 새를 잡는 세 가닥으로 갈라진 가는 화살만 들고 간 것이었다.

정글로 내려간 제자들은 예상하지 못한 장소에서 새끼 돼지 두 마리를 동시에 발견했다. 순식간에 벌어진 일이라 급하게 활을 쏘았다. "꽤-액" 하는 돼지 소리를 듣고 직감적으로 멧돼지가 화살에 맞았다는 것을 알 수 있었다. 도망간 멧돼지 발자국을 따라 여기저기 찾아다녔다. 놀랍게도 새끼 멧돼지 한 마리의 눈에 화살이 명중하여 쓰러져 있었다. 배가 고픈 형제들은 잡은 새끼 멧돼지를 불에 익혀 먹으려고 분주히 움직였다.

돼지가 익자 배고픈 형제들이 둘러앉았다. 그런데 이내라는 제자가 갑자기 "우리 기도하고 먹자!"고 제안했다. 예배할 때 외에는 기도를 잘 하지 않는 형제들이지만 갑작스러운 제안에 머리를 숙이고 모두 기도하기 시작했다.

"높은 데 계신 하나님, 우리가 아침에 기도할 때 함께하신 것을 감사합니다. 하나님은 우리의 기도를 들으시고 멧돼지를 보내 주셔서 주님이 우리와 함께하신다는 것을 알게 하셨습니다. 우리가 고기를 먹고 싶어 한다는 것을 아시고 돼지를 주셔서 감사합니다. 하나님은 우리가 기도할 때 들으시고 우리에게 돼지를 보내 주셨는데 우리는 잊고 새를 잡는 화살을 들고 온 것을 용서하여 주십시오. 하나님을 믿지 못한 것을 용서하여 주십시오. 기름과 고기를 먹게 하셔서 감사합니다. 예수님의 이름으로 기도합니다. 아멘."

부족 형제들은 놀랍게도 지금 당장 배가 고파서 먹고 싶은 돼지고기 즉 선물(gift)에만 감사한 게 아니라 그들과 함께하시며 기도에 응답하신 하나님, 즉 기도한 것을 주시는 분(the Giver)을 인정하고 감사하는 기도를 드렸다. 더구나 하나님을 전적으로 신뢰하지 않은 죄 용서를 바라는 기도도 했다. 부족 형제들의 기도는 하나님의 뜻에 합당한 기도였다. 제자들의 기도를 들으며 나의 기도가 얼마나 자기중심적이며 잘못되었는가를 깨달았다. 기도 응답을 받으면 입으로는 "감사합니다. 하나님"이라고 말하지만 응답해 주신 분(the Giver)이 아니라 응답 받은 것(gift)에만 관심이 있지 않았던가.

지금도 내가 인공 대동맥 검사를 하러 호주의 병원에 가면 의사들이 '기적의 사람'이 왔다고 말한다. 그만큼 절박한 상황이었고 그만큼 감격적이었다. 둘째 아들을 고쳐 주셨을 때도 얼마나 감격하며 감사했던가. 하지만 나는 응답하신 하나님이 아니라 응답으로 주신 선물에만 관심이 많았다. 그래서 시간이 지나면서 그때의 감격을 잊어버렸다. 나는 소망 없는 죄인임에 분명하다.

이스라엘 백성이 기적을 수없이 경험하고 수많은 양을 번제로 드려도 죄인의 죄를 깨끗하게 하지 못했다. 다만 오래 참으시며 심판을 연기하시는 하나님의 긍휼만 입었을 뿐이다. 오직 십자가의 예수 그리스도의 죽음과 부활만이 죄인을 정결하게 한다. 십자가 사건은 인류 역사상 가장 위대하며 유일하다. 세상에 누가 과거의 죄와 현재 그리고 미래에 짓게 될 죄까지 한 번에 감당할 수 있으며 한 번의 죽음으로 해결

할 수 있겠는가? 그분은 하나님의 아들이시며 하나님이시다. 하나님이 왜 우리의 기도를 응답하시는가? 하나님은 우리의 기도를 응답해야 할 아무런 의무도 책임도 없으시다.

- 그는 진리의 영이라 세상은 능히 그를 받지 못하나니 이는 그를 보지도 못하고 알지도 못함이라 그러나 너희는 그를 아나니 그는 너희와 함께 거하심이요 또 너희 속에 계시겠음이라 요 14:17
- 그가 와서 죄에 대하여, 의에 대하여, 심판에 대하여 세상을 책망하시리라 요 16:8

성도 안에 영원히 내재하시는 성령께서 우리 죄를 드러내시고 회개를 통하여 우리를 예수 그리스도에게 인도하신다. 또 의로우신 예수 그리스도를 가르치시며, 예수 그리스도를 믿지 않은 자는 심판이 있음을 알게 하신다.

- 성도들의 인내가 여기 있나니 그들은 하나님의 계명과 예수에 대한 믿음을 지키는 자니라 계 14:12

하나님은 기도한 자녀에게 응답하시므로 자신을 나타내시고, 성도의 믿음의 인내를 도우시며, 믿음을 지키게 도우신다.

■ "우리 아버지는 돼지가 많았습니다. 나는 젊었을 때 아버지의 돼지를 훔쳐 먹었습니다. 결혼한 후에도 나는 돼지를 키우지 않았고 아버지

바다모 오노하 형제

돼지를 정글 속에서 훔쳐 잡아먹으며 지냈습니다. 그때마다 아버지는 새벽부터 어두운 밤이 될 때까지 없어진 돼지를 찾아 며칠을 정글 속을 헤매고 다녔습니다. 그러나 나는 내가 몰래 훔쳐 잡아먹은 돼지를 찾아다니는 아버지를 숨어서 지켜보면서 잘못했다는 생각을 해 본 적이 없습니다. 그런 내가 하나님의 말씀을 듣고 죄인인 것을 깨닫게 되었습니다. 그것도 모르고 돌아가신 나의 아버지를 생각하면 내가 얼마나 큰 잘못을 저질렀는지 나의 온몸이 괴롭습니다. 내가 왜 이런 죄를 지었는지 나도 알지 못합니다. 그러나 나는 지금 내가 죄인이라는 것을 잘 알고 있습니다. 이전에 나는 이런 괴로움을 느껴 본 적이 없습니다. 이 괴로움에서 벗어나고 싶습니다. 나의 잘못을 가슴에 두고 싶지 않습니다. 예수님께 말하고 용서를 받고 싶습니다."

바다모 오노하(Vadamo Onoha) 형제는 성령의 인도하심으로 과거의 죄악 된 삶을 깨닫고 괴로워했다. 그러나 기도로 자신의 죄를 주님께 고백하고 예수 그리스도가 십자가에서 자신의 죄 때문에 죽으시고 부활하심으로 하나님이 자신을 깨끗하게 하셨다는 것을 알고 기뻐했다. 그리고 가슴을 누르고 있던 죄의식에서 자유함을 누리고 있다.

글자를 배워 이제 읽고 쓰기 시작한 바다모는 나의 성경 번역을 돕고 있다. 그는 아버지 오노하의 유언을 10년간 지키고 교회 건축에 필요한 정글 나무를 헌물한 부족의 믿음의 제자다.

"십자가 예수님의 눈물의 의미를 알 수 있어요."

제자 중 무루메 따보(Mulume Tavo)가 제자 성경공부 시간에 한 말이다.

"이전에는 몰랐습니다. 그리고 나만 천국에 가면 된다고 생각했습니다. 그런데 성경 말씀을 배워 알면 알수록 나의 마음에 변화가 일어나고 있습니다. 예수 그리스도가 누구이기에 나를 위해서 죽으셨나? 너무 벅찬 감격이었습니다. 아직 예수 믿지 않는 가족이나 형제들의 영혼을 생각하면 가슴이 아프고 눈물이 나서 기도하게 됩니다. 특히 어머니에게 하나님 말씀을 전할 때는 눈물이 나서 가르칠 수 없을 때도 있습니다."

무루메의 간증을 들으며 이 제자와 함께하시는 주님께 감사했다.

무루메는 지난 몇 달간 도시 병원에 있었다. 심한 두통으로 정상적인 생활이 불가능했다. 비행기로 도시 병원에 보냈는데 원인을 찾지 못했다. 무루메의 가족과 마을의 몇몇 사람이 무루메가 죽는다면 그건 선교사가 컴퓨터를 가르쳤기 때문이라며 부족의 풍습대로 우리에게 배상을 요구할 계획도 세워 놓았다고 전해 주었다. 상금아라는 악령의 누명을 씌울 참이었던 것이다.

무루메는 마지막으로

성경을 번역하는 무루메 따보 형제

검사를 의뢰한 병원에서 원인을 발견하고 치료할 수 있었다. 모두가 하나님이 도우셨다고 말했다. 무루메를 병원으로 태우고 나간 조종사는 무루메가 죽을 것 같아 헌금을 하기도 했다. 많은 성도들이 무루메를 위해 기도했으며, 하나님의 은혜로 치료를 받고 건강하게 돌아오자 주님께 감사와 영광을 드렸다.

"내가 죽는 것을 걱정하지 마세요. 나는 죽으면 주님이 계신 천국으로 갈 것입니다. 다만 아내와 다섯 명의 어린아이들이 마음에 걸릴 뿐입니다. 그러나 하나님이 돌보실 것을 확신합니다. 하나님의 말씀을 전해 준 선교사님에게 어려움을 주지 마십시오."

주님께서 치유해 주시지 않는다 해도 주님의 은혜가 자기에게 족하다면서 교회에서 하나님의 말씀을 열정적으로 가르치는 무루메의 성숙한 모습을 보고 마을 사람들은 하나님을 더욱 신뢰하고 확신할 수 있었다. 지금은 가끔 눈이 아프고 두통이 있기는 하지만 치료가 장기간 걸린다는 의사의 의견에 따라 부족으로 돌아왔다.

■ 제자 발루스가 신부라는 마을에 새끼 돼지를 구하러 갔다. 한밤중이 되어 정글 속을 헤매다가 작은 움막을 발견하고는 들어갔다. 그리고는 깜짝 놀랐다. 밖에서는 불빛이 보이지 않아 빈 곳인 줄 알았는데 여자가 작은 모닥불 앞에 앉아 있었던 것이다.

바로 돌아 나올 수 없어 인사를 나누고 잠시 앉아 있자 여자가 구운 고구마와 대나무 통에 든 물을 건네주었다. 배가 고프고 깜깜한 정글이라 주는 것을 무의식적으로 받아먹었다. 음식을 먹는 순간 여자가 주는 음식을 먹으면 안 된다는 생각에 겁이 났다. 왜냐하면 여자가 혼자

있는 움막에 남자가 들어갔을 때 여자가 음식을 주는 것은 동침하자는 의미이며 받아먹으면 허락한다는 의미가 되기 때문이다.

발루스는 기도하기 시작했다. 한 번 두 번 세 번 기도를 해도 오히려 몸은 뜨거워지고 생각이 복잡해져서 견딜 수가 없었다. '기도를 오래 하지 않아서 응답이 없으시나' 해서 다시 기도를 오랫동안 하려고 머리를 숙였다. 그 순간 요셉이 자기를 유혹한 보디발의 아내로부터 달아났다는 말씀이 생각나서 움막의 문을 발로 차고 달아나기 시작했다. 만일 여자가 소리를 질러 아버지나 오빠나 가족이 알면 그들이 딸을 부끄럽게 했다고 활로 쏴 죽이려 할 것이기 때문이다. 발루스는 그 길로 와기강의 외줄 다리를 건너는 등 6시간을 달려 새벽녘에야 우리 집에 도착해서는 울면서 말했다.

"오데바나(하얀 사람), 나는 정말 하나님의 일꾼이 되기를 원합니다. 그러나 나는 죄를 지었습니다. 나는 예수 그리스도의 말씀을 어겼습니다. 나를 내 마을로 보내 주십시오."

발루스가 이렇게 말하는 이유는 몇 주 전 제자 중 하나인 이내가 마을의 두 여자와 간통을 해서 가족과 함께 자기 마을로 돌려보낸 일을 알기 때문이었다.

"이내는 하나님의 말씀을 육신의 행위로 어겼지만 나는 이미 생각으로 그 여인과 동침하므로 간음하였으니 나를 위해 십자가에 죽으신 예수 그리스도의 말씀을 어겼습니다. 비록 그 여자와 육체적으로 잠을 자지는 않았다 해도 말입니다."

＊나는 너희에게 이르노니 음욕을 품고 여자를 보는 자마다 마음에 이미 간음하였느니라 마 5:28

생각만 해도 간음한 것이라는 예수 그리스도의 말씀을 어겼다고 고백하고 있는 것이다. 발루스의 뉘우침과 눈물은 나에게 큰 감동을 주었고 회개하게 했다. 본능으로 생활하던 부족의 청년이 어떻게 이렇게까지 자신의 양심을 통하여 말씀하시는 주님의 음성에 반응하게 되었을까? 발루스 안에 임재하신 성령의 역사하심을 경험하며 감사와 감동이 일어났다. 울고 있는 발루스에게 사랑과 긍휼로 인하여 다윗의 회개를 받으신 하나님의 사랑을 나누었다. 그리고 죄를 짓기 전에 바른 길로 인도하신 주님께 감사하며 그와 함께 회개의 기도를 드렸다.

"아버지, 언제나 깨어 있도록 인도하여 주시옵소서!"

━ 십자가 예수 그리스도의 열정을 부족 형제들의 심령에 허락하신 하나님의 사랑에 눈물로 기도하며 찬양과 경배를 드린다. 나는 제자들에게 모든 성경을 스스로 가르치라고 허락했다. 무루메가 그 계기가

되었다.

어느 날 성경을 번역하는데 무루메가 "우리나라 공용어 성경(Pidgin Bible)이 틀렸어요" 하며 말씀을 펼쳐 보였다.

"God em i gat pawa"(하나님은 능력을 가지고 계시다).

"어떤 것이 잘못되었느냐?"고 묻자 "God em i pawa(하나님은 능력이시다)입니다" 했다. 그렇다. 하나님은 능력이시고 사랑이시며 거룩이시다. "God em i gat pawa"는 하나님의 성품을 표현하기에는 틀린 표현이었다. 이것을 구분한 다섯 명의 제자들에게 "다음 주부터 너희들 스스로 성경 말씀을 가르치라"고 말했다. 하나님의 성품, 인격을 안다는 것은 은혜이며 지혜다. 모든 것은 하나님을 아는 지식에서 시작된다.

━━ 주일마다 예배가 시작되면 성도들에게 감사한 일을 나누자고 말한다. 처음에는 무엇이 감사한 것인지 몰라 망설이는 눈치였다. 주일 예배가 반복되면서 한 사람 한 사람 나눌 수 있게 됐다. 처음에는 한 형제가 "해가 있어 감사합니다" 하자 다른 형제가 "그게 왜 감사입니까? 해가 뜨거워 내 밭의 고구마를 벌레가 다 먹어 망가졌는데" 하고 반박하기도 했다. 하지만 시간이 지나면서 감사 내용이 구체적으로 변해 갔다.

"돼지가 새끼를 낳아서 감사합니다."

"아프지 않아서 감사합니다."

나중에는 자신에게 유익이 있거나 좋은 일이 있으면 너도나도 나누려고 했다.

"입과 코를 막고 숨을 참아 보세요."

1분이 지나자 모두 숨이 차서 힘들어했다.

"지금 우리가 들이마신 것이 무엇인지 알고 있습니까?"

"다시나 하니(Dasina hanihi, 공기)입니다."

"그 공기 중에는 산소라는 것이 있는데 우리가 마시지 못하면 죽습니다. 그 산소가 어디에서 오는지 알고 있습니까?"

"레게 가 하네게따가우네"(Lege ka hanegetagaune, 우리는 모릅니다).

"바로 여러분이 살고 있는 정글의 나뭇잎에서 나오는 것입니다. 그것은 여러분이 만들어 심었습니까?"

"에에! 고디 이고 호메 하이기다메 말라이"(E. e! Godi igo home haigidame malai, 아니오! 하나님이 만들어 놓으셨습니다).

하나님의 창조의 손길과 돌보심이 자신들의 생명을 주관하고 계심을 알고 그날 이후 몇몇 형제는 나뭇가지를 이유 없이 꺾지 않았고 나이 많은 노인들은 나무를 심기 시작했다. 그들의 삶에서 구체적인 변화가 일어나고 있는 것이다. 그러던 어느 날 감사할 일을 나누자 했더니 그동안 불평으로 말하던 것들을 감사로 말하기 시작했다.

"하나님이 내가 잠자고 있을 때 비를 내려 주셔서 내 밭에 물을 주시고 곡식이 잘 자라도록 돌보셨어요. 또 뜨거운 햇빛으로 심은 곡식이 잘 자라게 하셔서 감사합니다."

이전에 그들은 "비가 많이 와서 감기에 걸렸어요. 해가 뜨거워서 밭에 벌레가 생겼어요" 하고 불평했던 것이다. 그러면 이제 기도 제목을 말해 보자 했더니 아무도 입을 열지 않았다. 예전 같으면 먹고 싶은 것, 갖고 싶은 것, 하고 싶은 것을 기도 제목으로 내놓던 이들이었다. 한참을 침묵하다가 제자 이내가 말했다.

"오데바나(하얀 사람), 모든 것을 하나님께 감사로 말하고 나니까 우리의 기도 제목이 없어졌어요."

이 얼마나 감동적인 고백인가. 모든 자연의 이치를 불평하던 이들이 그것을 감사로 돌리게 되자 더 이상 원하는 기도 제목이 없다는 것이다. 창조주 하나님을 아는 지식과 주권자 하나님을 인정하고 나니 더 이상 불평도 없고 원하는 것도 없단다.

"그럼 오늘은 하나님께 찬양과 경배를 드리는 기도만 합시다!"

그날 우리는 신령한 천국의 예배를 드리듯 오직 하나님을 찬양하며 경배하는 예배를 드릴 수 있었다. 구원받은 부족 성도들은 성령에 의해서 거룩함을 입은 사람들이 되었다. 나는 언제나 그날의 감격을 잊지 못한다. 어느 누구도 경험할 수 없는 기도와 예배의 감격을 파푸아뉴기니 고산 정글의 부족 형제들을 통하여 누리고 있다.

성도의 기도가 하나님이 원하는 것이 되어 거룩한 하나님의 일에 쓰임 받는다고 생각하면 얼마나 가슴 떨리고 감격스러운지 모른다. 하

주일 예배를 드리는 부족 형제들

나님께 부름 받아 어렵게 사역하는 선교사와 가족 그리고 그들의 건강과 그 사역을 위해 기도해 주는 것도 당연히 감사하지만, 이제는 사역지의 영혼들을 위해 먼저 기도해 줄 것을 요청한다. 그것이 하나님의 뜻이며 원하시는 일이다.

선교사는 이미 구원받아 택함 받은 축복된 자녀이며 일꾼이다. 그리고 복음은 고난 가운데 능력이 나타나며 어두운 곳에서 그 빛이 밝게 빛난다. 왜 하나님이 사랑하는 자녀를 택하여 어려운 환경의 사역지로 보내겠는가? 아직도 수많은 잃어버린 영혼들이 하나님을 모르고 죽어 가고 있기 때문이다.

파푸아뉴기니의 약 875개 부족 언어 중 약 절반만이 성경으로 번역되었고, 이들만이 자기들의 언어로 번역된 복음을 듣고 있다(NTM 통계). 여전히 잊힌 영혼이 있고 그리스도의 남은 고난이 있어 참된 예배가 일어나지 못하는 곳이 많다.

> 그러므로 너희는 가서 모든 민족을 제자로 삼아 아버지와 아들과 성령의 이름으로 세례를 베풀고 내가 너희에게 분부한 모든 것을 가르쳐 지키게 하라 볼지어다 내가 세상 끝날까지 너희와 항상 함께 있으리라 하시니라 마 28:19-20

하나님은 모든 나라와 민족과 방언과 족속에 선교를 통해 참된 예배가 일어나기를 원하신다. 교회의 목적은 예배다. 선교의 목적도 예배다. 선교는 언젠가 끝나지만 예배는 영원하다. 그래서 점점 더 영적으로 타락하고 악한 세상을 오래 참으심으로 예수 그리스도는 오늘 오지

벌거벗은 그리스도인

않고 계신 것이다.

선교는 담장 안에서 자란 과일나무 가지가 담 밖으로 넘어간 것과 같다. 하나님께서 과일나무 가지 끝에 풍성한 열매가 맺히길 원하신다면 어찌 선교의 뿌리인 교회를 돌보시지 않겠는가? 또한 하나님이 선교 현장에서 역사하시며 영적 열매를 맺어 가시는 그 일은 선교의 뿌리이며 기둥인 교회를 성령으로 충만하게 할 것이며, 선교지와 교회 간의 영적 교류로 하나의 교회 공동체가 이루어지게 할 것이다.

"전능하시며 살아 계신 하나님! 전 세계에 아직도 복음을 듣지 못하고 죽음의 공포 속에서 죽어 가는 그리스도의 남은 고난인 형제들을 위하여 기도합니다. 택하여 보내신 선교사들을 통하여 생명의 복음을 듣고 구원받아 예수 그리스도를 만나는 날, 서로 만나 구원의 감격을 나누게 하소서. 예수님의 이름으로 기도합니다. 아멘."

하나님의 뜻에 합당한 기도를 하는 그 나라와 교회와 가정과 자녀를 주님이 돌보실 것이다.

벌거벗은 그리스도인과 옷 입은 원주민

제자들과 함께

정글에서 발가벗기시고

"하나님은 하나님이십니다. 저는 아무것도 아닙니다. 저는 소망 없는 죄인입니다."

이것이 나의 마지막 고백이며 간증이다. 단순히 겸손을 떠는 위선의 말이 아니다. 나는 옷으로 지식으로 문화로 죄를 가리려 하는 영적으로는 정글 원주민이다. 교만과 자아로 가득하여 나 자신을 결코 부인하지 못하는 허물 많은 죄인이었다. 나의 의지와 신념 그리고 지식에만 의존한 가증한 삶이었다. 세상의 성공과 물질만을 추구하며 살았다.

> 네 보물 있는 그곳에는 네 마음도 있느니라 마 6:21

나는 위선과 합리화를 통해 모든 것을 정당화시키는 삶을 살았다. 감성에 치우치는 이성은 하나님의 말씀과는 관계없이 나를 지배했다. 합리화로 정당화시킨 생각은 마치 이성(理性)처럼 되어 내가 옳다고 생각하면 마치 그것이 개성인 것처럼 위장되었다. 이익과 잘못된 이성에 합당하지 않으면 친구도 될 수 없었다. 신앙생활도 성도와의 교제와 선한 행위에 스스로 만족하는 것일 뿐이었다. 또한 기도로 하나님께 흥정하고 종교 행위로 하나님을 기쁘시게 하여 세상에 속한 것들을 얻으려 했다.

> 그러므로 구제할 때에 외식하는 자가 사람에게서 영광을 받으려고 회당과 거리에서 하는 것같이 너희 앞에 나팔을 불지 말라 진실로 너희에게 이르노니 그들은 자기 상을 이미 받았느니라 너는 구제할 때에 오른손이 하는 것을 왼손이 모르게 하여 네 구제함을 은밀하게 하라 은밀한 중에 보시는 너의 아버지께서 갚으시리라 마 6:2-4

구제나 봉사를 하고 나면 만족감에 사로잡혔다. 그것이 교만인 줄도 몰랐다. 성경을 읽거나 성경공부를 할 때나 나의 지적 만족만 추구했다. 모든 것이 자기중심적이었다. 말씀을 관념 속에 가두었고 하나님이 누구인지, 내가 누구인지를 궁금해하지 않았다. 나는 나의 종교를 만들어 놓고 나의 바벨탑을 쌓고 있었다. 나는 믿음의 신앙인이 아니라 죄악 된 본성이 만들어 놓은 타락한 종교인이었다. 나의 생각과 행위에만 문제가 있었던 게 아니다. 더 큰 문제는 내가 어떤 존재인지를 모른다는 것이었다.

> 외식하는 자여 먼저 네 눈 속에서 들보를 빼어라 그 후에야 밝히 보고 형제의 눈 속에서 티를 빼리라 거룩한 것을 개에게 주지 말며 너

희 진주를 돼지 앞에 던지지 말라 그들이 그것을 발로 밟고 돌이켜 너희를 찢어 상하게 할까 염려하라 마 7:5-6

거룩한 것을 알지 못하여 진주를 받을 수 없는 돼지와 같은 존재였다. 이렇게 나의 영혼은 타락하여 세상의 기준과 가치관을 따라 옳고 그름을 판단했다. 눈이 멀고 귀가 먼 자였다.

양심은 화인 맞았으며 양심에 호소해 말씀하시는 주님의 음성을 나의 자아로 부인하고 무시했다. 내 삶에 하나님의 말씀이 어떤 영향력도 갖지 못했다. 말씀을 모르니 신념에 의지해 종교 활동을 하는 종교인이었다.

어느 날 구원을 받고 기뻐하는 부족 형제들이 믿음의 거목처럼 보였다. 시각장애인이 눈을 뜨고 청각장애인이 듣는 것같이 내 영혼이 깨어났고 하나님의 말씀이 사모되었다. 그리고 말씀에 비추어 나 자신을 돌아보았다. 그렇게 내 죄가 하나님 앞에서 낱낱이 드러났고 눈물로 통회 자복하게 되었다.

성경을 다시 읽자 첫 장부터 놀라움과 감동이었다. 구약의 말씀 속에 복음이 가득하였고 신약은 언약과 예언의 성취였다. 선지자 이사야의 예언이 그로부터 700년 뒤 하나님 아버지가 아들을 상하게 하사 예수 그리스도가 십자가 위에서 고통당하시므로 성취되었음을 알았다. 하나님은 말씀을 사모하는 내게 아직도 복음을 듣지 못하고 죽어 가는 정글의 잊힌 영혼을 바라보게 하셨다.

한국을 떠날 때 주위에서 "문 선교사는 부인을 따라간다"고 말할 정도로 나는 세상의 기준으로 봤을 때도 주님의 일을 감당할 자질도 능력도 자격도 없던 사람이었다. 그럼에도 사랑이신 하나님은 이 죄인을 택하여 부르시고 인도하셨다.

> 그런즉 그들이 믿지 아니하는 이를 어찌 부르리요 듣지도 못한 이를 어찌 믿으리요 전파하는 자가 없이 어찌 들으리요 보내심을 받지 아니하였으면 어찌 전파하리요 기록된 바 아름답도다 좋은 소식을 전하는 자들의 발이여 함과 같으니라 롬 10:14-15

지난 25년간 파푸아뉴기니의 미히 부족을 통하여 하나님은 이 죄인을 가르치셨다. 내가 얼마나 교만한지도 알지 못하는 죄인이며 자신을 부인할 능력도 상실한 죄인임을 알게 하셨다. 본능적으로 행하는 모든 행동이 타락했고 선이 없는 죄인임을 알려 주셨다. 감정에 따라 행하는 모든 것이 죄악임을 알지도 못하고 그것이 죄인 줄도 몰랐다. 한마디로 속사람을 상실한 죄인이었다. 나는 그렇게 소망 없는 죄인이었다.

> 자기 양심이 화인을 맞아서 외식함으로 거짓말하는 자들이라 딤전 4:2

타락해서 쓸모없는 나를 하나님은 부족 형제들을 통해 은혜로 가르치기 시작하셨다. 주님은 죄로 인하여 화인 맞은 나의 양심이 회복되기를 원하셨고 나 자신이 부인되기를 원하셨다.

선교사 훈련 중 농장에서 힘든 노동을 견디지 못하고 하나님께 일용할 양식을 구했던 일, 유효기간이 지난 음식으로 4년간 지냈던 일, 그나마도 공급이 중단되었을 때 신실한 분들을 통해 미리 준비하셔서 예비하신 김치와 참치를 공급하셨던 일, 큰아들의 교통사고가 났을 때 신실한 목사님을 통해 예비해 주신 물질, 간장이 없음을 아시고 주셨던 일, 과일이 먹고 싶을 때 성도나 농장을 통하여 주셨던 일, 학비를 보내 준 미국인 친구와 어렵고 힘든 삶 속에서도 오직 믿음으로 헌금을 보내 준 이름 없는 성도들…. 하지만 나는 어느 누구한테도 단 한 번도 우리의 필요를 구하거나 말한 적이 없다. 다만 우리의 필요를 때를 따라 공급하시며 우리의 간구를 들으시는 주님을 의지했고, 주께서 신실한 주님의 자녀를 택해 우리의 삶을 감찰하고 계심을 알게 하셨다.

> 그러므로 그들을 본받지 말라 구하기 전에 너희에게 있어야 할 것을 하나님 너희 아버지께서 아시느니라 마 6:8

내일을 위해 모아 놓은 것은 쓰지 않으면 안 되도록 하사 일용할 양식을 위해 기도하지 않으면 안 되게 하셨고, 나의 경험과 지식을 따라 행한 일들을 흔들어 놓아 언제나 주님만 바라보게 하셨다.

> 내가 죽지 않고 살아서 여호와께서 하시는 일을 선포하리로다 시 118:17

몇 번의 죽음의 문턱에서 살리시고 둘째 아들의 질병을 통하여 나의 생각과 경험과 지식 안에서 전능하신 하나님을 제한하는 죄를 짓고 있음을 회개하게 하셨다. 어찌 전능하신 하나님이 죄인에게 제한될 수 있겠는가? 죄인임을 고백하고 용서를 구함으로 주권자 하나님을 알게 하셨고, 고난과 절망과 두려움과 가난을 통하여 하나님만을 바라보게 하셨다. 죄인을 긍휼히 여기사 고난 가운데 두시어 거룩하신 하나님을 알게 하시고, 하나님 앞에서 내가 얼마나 미물이며 근본이 거룩하지 못한 죄인인 줄 알게 하셨다.

> 심령이 가난한 자는 복이 있나니 천국이 그들의 것임이요 애통하는 자는 복이 있나니 그들이 위로를 받을 것임이요 온유한 자는 복이 있나니 그들이 땅을 기업으로 받을 것임이요 마 5:3-5

나의 죄로 애통하게 하셨고 온유할 수 없는 죄인임을 알게 하셨다. 고난을 통하여 믿음의 반석 위에 견고히 서서 십자가의 예수 그리스도의 보혈 외에는 다른 가치를 구하지 않도록 하셨으며, 말씀과 기도가 우리에게 주어진 크나큰 복임을 알게 하셨다.

나는 내가 하나님을 위하여 무엇을 포기하거나 내려놓아야 한다고 생각했다. 그리고 내 인생을 희생함으로써 복음이 전해진다고 생각했다. 얼마나 어리석은가? 죄인이 선한 일에 조금이라도 기여한다는 생각 자체가 교만이다. 하나님은 우리의 어떤 희생도, 어떤 포기도, 어떤 내려놓음도 원하시지 않는다. 나는 아무것도 희생하지 않았으며 오직 예수 그리스도와 연합되어 차고 넘치는 은혜로 감격하고 기뻐하는 삶을 누리고 있다. 하나님을 위해 나를 희생하는 것이 아니라 이 죄인을 위해 화목제물로 희생하신 주님을 기억하고, 내가 무엇을 내려놓는 것을 통해서가 아니라 내려놓을 것 없는 이 죄인을 위해 주님이 하나님과 동등됨을 내려놓으신 일을 묵상하는 것이 우리 영혼을 풍요롭게 함을 알게 하셨다.

> 그러므로 내가 너희에게 이르노니 목숨을 위하여 무엇을 먹을까 무
> 엇을 마실까 몸을 위하여 무엇을 입을까 염려하지 말라 목숨이 음식
> 보다 중하지 아니하며 몸이 의복보다 중하지 아니하냐… 그런즉 너
> 희는 먼저 그의 나라와 그의 의를 구하라 그리하면 이 모든 것을 너
> 희에게 더하시리라 마 6:25-33

> 비록 무화과나무가 무성하지 못하며 포도나무에 열매가 없으며 감
> 람나무에 소출이 없으며 밭에 먹을 것이 없으며 우리에 양이 없으며
> 외양간에 소가 없을지라도 나는 여호와로 말미암아 즐거워하며 나
> 의 구원의 하나님으로 말미암아 기뻐하리로다 합 3:17-18

한국을 떠날 때 아들에게 우는 모습을 보여 주기 싫어서 가족 뒤로
얼굴을 숨겨 버리셨던 나의 어머니, 그것은 내가 생전에 마지막으로 본
어머니의 모습이었다. 7년 후 어머니가 돌아가셨다는 소식을 듣고서야
동료 선교사들의 도움으로 한국에 돌아갈 수 있었다. 어머니는 투병 중
에도 우리의 사진을 손에 쥐고 기도하셨다. 얼마나 보고 싶었으면 사진
이 손 안에서 녹아 버렸을까.

다섯 살 때부터 아버지처럼 의지하던 단 한 분뿐인 형님이 돌아가
셨을 때도 뵙지 못했다. 류머티스 관절염으로 고생하면서도 50여 명의
자매들을 주께로 인도하였고, 온 뼈마디가 통증으로 괴로운 중에도 연
극과 찬양으로 하나님을 경배한 신실한 서른 살의 어린 막내 처남도
하나님의 품으로 갔으나 마지막을 보지 못했다. 새벽마다 사위를 위해

기도하시던 장모님이 천국에 가실 때도 뵙지 못했다. 그들은 언제나 염려와 그리움으로 기도하게 하던 가족들이었다. 하나님 주권의 계획을 따라 애통, 눈물, 아픔이 없는 본향 주님 품으로 부르셨으니 감사하다.

주님은 질병으로 고통 받는 가족을 영원한 안식이 있는 본향으로 부르심으로, 언제나 "부모를 공경하라 하신 아버지! 이 죄인을 용서하소서"라고 기도하던 나의 기도에 응답하셨으며, 내 마음의 염려와 걱정을 주님의 온유함으로 인도하셨다. 시련 중에도 말씀을 사모하며 주님과 동행함을 기쁨으로 주셨던 은혜를 생각하며 나 또한 천국에 더 큰 소망을 갖게 하셨다.

주님이 모든 것의 근본이요 나의 전부인 것을 알게 하셨으며, 세상과 구별되게 하셨고, 하나님의 거룩을 사모하게 하셨다. "무릇 내게 오는 자가 자기 부모와 처자와 형제와 자매와 더욱이 자기 목숨까지 미워하지 아니하면 능히 내 제자가 되지 못하고"(눅 14:26)라고 말씀하신 예수 그리스도의 말씀이 응답되었다.

"거룩한 행사는 모든 육체적 또는 본성적 정서들을 이기게 하는 힘과 활력을 가지고 있다. 그래서 결국 그러한 육신적인 모든 정욕들을 극복하게 된다. 그리하여 그리스도의 모든 참된 제자들은 부모와 아내나 형제자매 또한 재산이나 그밖의 다른 모든 것보다, 아니 자신의 목숨보다 더 그리스도를 사랑하게 되는 것이다"(조나단 에드워즈,《신앙과 정서》에서).

예수 그리스도의 사역의 중심은 십자가였다. 사도들도 오직 십자가만을 전했다. 그리고 그들은 모두 순교했다. 교회사를 통하여 드러난 수많은 순교자들을 보아도 죽음의 공포가 그들을 멈추게 하지 못했다.

굶주린 사자들 앞에서 찬양을 하던 믿음의 선배들의 이야기를 알고 있다. 오늘도 순교자적 삶을 살아가는 많은 성도들을 통해서도 죽음은 더 이상 두려움의 대상이 아님을 배운다. 죽음은 성도에게 소망이 되었다. 구원받는 순간 성도는 영생하기 때문이다. 이것이 놀라운 십자가의 능력이다.

"이제 나의 소망이 천국에 있으니 나에게 더 이상 좋은 음식은 물론이고 약을 투여하지 마라!"

86세의 장모님이 돌아가시기 한 달 전에 금식을 선포하며 하신 마지막 유언이다. "어머님, 파푸아뉴기니에 있는 매형과 누님에게 소식을 전할까요?" 처남이 여쭈자 어머니는 "연락하지 마라. 나의 목숨이 매형과 누나가 하는 영혼 구원 사역보다 중하지 않으니 연락하지 마라"고 말씀하셨다. 어머니는 세상이 감당치 못하는 믿음의 그리스도인이었다.

죽음이 임박한 그리스도인들은 이 세상의 삶을 마치면서 천국의 소망 때문에 기뻐할 수 있다. 죽음 앞에서 "슬퍼하지 마라. 찬양을 하여라!"라고 말할 수 있다면 이보다 더 큰 가치관의 변화가 어디 있겠는가.

사울이 바울이 된 것처럼

부족 형제들은 말씀을 듣고 변하기 시작했다. 죽음의 공포로 두려워하던 형제들이 자유와 평안을 누리기 시작했다. 언제나 싸움을 일삼던 형제들이 평화를 추구하게 되었다. 과거의 풍습을 따르던 형제들이 예배를 사모하고, 천국을 소망하게 되었다.

제자들은 자신들의 언어로 성경을 번역하는 일에 자부심을 느끼고 있다. 부족 형제들은 변화된 생각, 변화된 가치관, 변화된 인격, 변화된 삶이 무엇인지 그들의 삶을 통해 보여 주고 있다. 하나님의 섭리와 복음 안에서 이성적인 가치관으로 살아갈 수 있다는 것이 얼마나 큰 은혜인지 그들을 보며 늘 깨닫는다.

사도 바울은 "그러나 내게는 우리 주 예수 그리스도의 십자가 외에 결코 자랑할 것이 없으니 그리스도로 말미암아 세상이 나를 대하여 십자가에 못 박히고 내가 또한 세상을 대하여 그러하니라"(갈 6:14)고 고백했다. 그리스도로 말미암아 가치관이 바뀌었다는 것이다. 세상을 바라보던 눈이 바뀌었다는 것이다. 세상과 구별된 자가 되었다는 것이다. 누가 사울이던 그를 이렇게 바꾸어 놓았을까? 바울이 무엇을 알게 되었기에 이렇게 놀라운 삶의 변화가 일어난 것일까? 사도 바울을 바꿔 놓은 그것이 바로 십자가의 능력이다.

낙망하여 엠마오 마을로 돌아가던 두 제자가 부활하신 예수를 만나 모세와 선지자 이야기 그리고 그들을 통해 계시된 예수 그리스도에 관한 언약의 말씀을 듣고 마음이 뜨거워져서 박해와 죽음이 기다리는 곳, 예루살렘으로 돌아갔다. 이것이 십자가의 능력이다.

> 그러므로 우리가 이제부터는 어떤 사람도 육신을 따라 알지 아니하노라 비록 우리가 그리스도도 육신을 따라 알았으나 이제부터는 그같이 알지 아니하노라 그런즉 누구든지 그리스도 안에 있으

면 새로운 피조물이라 이전 것은 지나갔으니 보라 새 것이 되었도
다 고후 5:16-17

새로운 피조물이 되면 세상의 관점이 아니라 그리스도의 관점으로
바뀌게 된다. 전에도 세상을 알았지만 이제부터는 육체를 따라 알지 않
게 된다. 이것이 십자가의 능력이다.

* 또한 모든 것을 해로 여김은 내 주 그리스도 예수를 아는 지식이 가
  장 고상하기 때문이라 내가 그를 위하여 모든 것을 잃어버리고 배설
  물로 여김은 그리스도를 얻고 빌 3:8

사도 바울은 예수 그리스도의 보혈의 가치가 그 어떤 것보다 귀하
므로 그동안 최고로 알던 세상의 지식이 배설물과 같다고 고백하고 있
다. 그래서 그는 "우리 주 예수 그리스도의 십자가 외에 결코 자랑할 것
이 없"게 되었다고 말한다(갈 6:14). 새로운 인격체가 된 것이다. 사도 바
울의 신앙고백 중에 십자가의 능력을 말하는 놀라운 말씀이 있다.

* 나는 이제 너희를 위하여 받는 괴로움을 기뻐하고 그리스도의 남은
  고난을 그의 몸된 교회를 위하여 내 육체에 채우노라 골 1:24
* 그러므로 내가 그리스도를 위하여 약한 것들과 능욕과 궁핍과 박해
  와 곤고를 기뻐하노니 이는 내가 약한 그때에 강함이라 고후 12:10

사도 바울은 능욕과 궁핍과 곤란과 고난을 기뻐한다는 놀라운 고백

을 하고 있다. 사람들은 어떻게든 고난과 고통을 피하고 싶어 한다. 그러나 그리스도인에게 고난과 고통은 십자가의 주님을 만나는 축복이다. 고난을 통하여 하나님을 만나는 감격의 시간을 갖게 된다. 그래서 고난은 그리스도인에게 유익이 되며 그런 그리스도인을 세상은 감당할 수가 없다.

"아버지! 이 세상에 있는 동안 고난 가운데 있게 하사 언제나 깨어 기도하게 하시고, 고난 가운데 주님을 만나는 축복을 누리게 하소서."

죄라는 말도 없고 죄의식도 없던 부족 형제들이 죄는 하나님과 단절됨이요, 이 단절로 죄인이 하나님의 말씀을 불순종하게 된다는 것을 알았다. 그리고 공의의 하나님을 경외하게 되었다. 그들은 복음을 듣고 죽음의 공포에서 벗어나 자유함과 기쁨을 누린다. 죽음의 공포를 뛰어넘는 삶의 변화를 간증한다. 구원받았다고 삶의 질이 갑자기 달라지거나 환경이 변하는 것이 아니다. 그러나 변화된 가치관과 인격으로 말미암아 복음의 능력이 삶에 나타난다. 그들도 이제 공포의 대상이던 죽음을 영원한 천국에 대한 소망으로 여기게 되었다.

인간이 세상에 태어나 할 일은 하나님을 아는 복을 누리는 것이다. 그런 그리스도인을 세상은 감당하지 못한다. 이것이 말씀과 복음의 능력이다. 십자가의 능력이다.

그런즉 누구든지 그리스도 안에 있으면 새로운 피조물이라 이전 것은 지나갔으니 보라 새 것이 되었도다 고후 5:17

십자가의 예수 그리스도는 하나님의 최고 영광이다.

십자가의 예수 그리스도는 하나님의 뜻이 이루어진 최상의 기쁨이다.

십자가의 예수 그리스도는 하나님의 의를 온전하게 이루었다.

십자가의 예수 그리스도는 사랑이신 하나님의 언약이 이루어진 최상의 사랑 표현이다.

이 죄인에게 복음을 알게 하시고 그리스도인의 가치관으로 살아가게 하시니 감사하다.

> *나는 마음이 온유하고 겸손하니 나의 멍에를 메고 내게 배우라 그리하면 너희 마음이 쉼을 얻으리니 마 11:29

성령께서는 타락한 부족 형제들의 삶과 문화를 통해 내 안에도 많은 죄의 열매가 있음을 알게 하셨다. 이전엔 죄라고 생각도 못하던 죄들을 드러나게 하셨다. 이 모든 죄가 우리가 죄인 된 결과임을 알게 하셨다. 타락한 영혼으로 거룩한 주님의 말씀을 전한다는 것이 얼마나 두렵고 떨리는 일인지 알게 하셨다. 죄악 된 의지로는 이웃을 진정으로 사랑할 수 없음을 알게 하셨다.

> *너희가 너희를 사랑하는 자를 사랑하면 무슨 상이 있으리요 세리도 이같이 아니하느냐 마 5:46

벌거벗었으나 구원받고 변화되어 참된 그리스도인이 된 부족의 형제들을 통해 하나님은 내가 위선의 옷을 겹겹이 입은 영적 원주민임을 알게 하셨다. 죄로 인한 괴로움은 질병이 주는 고통보다 더 크다. 내 죄

로 인해 좌절했으나 그 좌절은 십자가의 은혜로 주님을 바라보는 기쁨
이 있는 적극적인 소망이 되었다.

> * 의에 주리고 목마른 자는 복이 있나니 그들이 배부를 것임이요
> 마 5:6

내 안에 죄성이 있음을 경멸하게 되었고 하나님이 원하시는 구별된
자가 되기를 사모하게 되었다. 거룩을 사모하게 되었다. 지금도 부족에
서 가장 어렵고 힘든 일은 믿음을 지키는 일이다. 조금이라도 주의 일
이라는 합리화가 일어나면 죄성이 고개를 든다.

"아버지, 오직 하나님만을 의지합니다. 응답하시고 인도하여 주옵소
서."

언제나 하나님만을 의지한다고 기도하지만, 실제론 하나님을 전적
으로 의지하지 못하는 죄를 범한다. 사역에 필요하다는 합리화가 생기
면 기도하면서 하나님을 신뢰하고 의지하기보다는 큰 교회나 이 사역
에 동참할 성도를 기대하는 죄를 짓는다. 나는 이런 죄인이다. 믿음을
지킬 능력이 없다.

> * 다른 사람에게는 같은 성령으로 믿음을, 어떤 사람에게는 한 성령으
> 로 병 고치는 은사를 고전 12:9

하나님 아버지, 믿음의 은사를 축복으로 허락하여 주소서.

이와 같이 성령도 우리의 연약함을 도우시나니 우리는 마땅히 기도할 바를 알지 못하나 오직 성령이 말할 수 없는 탄식으로 우리를 위하여 친히 간구하시느니라 마음을 살피시는 이가 성령의 생각을 아시나니 이는 성령이 하나님의 뜻대로 성도를 위하여 간구하심이니라 롬 8:26-27

죽음의 공포가
소망으로 변하고

요즘도 밤에 잠자리에 들려면 왼쪽 가슴에 통증이 느껴질 때가 있다. "아버지, 오늘이 마지막입니까? 만약 오늘이 내 삶의 마지막 밤이라면 잠이 들기 전에 나의 모든 죄를 낱낱이 찾아 주시어 기억나게 하소서. 죄인이 잠들기 전에 회개하기를 소망합니다. 오직 죄인의 소망은 천국에서 주 예수 그리스도를 뵙고 천국에 거하는 것입니다."

참으로 우리가 여기 있어 탄식하며 하늘로부터 오는 우리 처소로 덧입기를 간절히 사모하노라 고후 5:2

이렇게 기도하는 이유는 심장 뒤로 넘어가는 대동맥이 정상 지름 2cm에서 이미 혈관 벽이 헐어서 3.5cm로 부풀어 있기 때문이다. 그러나 하나님은 놀랍게도 지난 5년간 3.5cm에서 더 커지지 않도록 붙잡고 계시다.

이것은 하나님의 섭리였고 사랑이었으며 은혜였다. 말씀을 통하여 그리스도의 가치관으로 세상을 보게 되었다. 물질은 목적이 아니라 수단이 되었으며, 피하고 싶은 고난은 하나님을 만나는 축복과 기쁨의 통로가 되었다. 고난은 우리에게 큰 유익이 되었다.

> 나는 이제 너희를 위하여 받는 괴로움을 기뻐하고 그리스도의 남은 고난을 그의 몸된 교회를 위하여 내 육체에 채우노라 골 1:24

두려움이었던 죽음은 소망이 되었고 하나님의 은혜에 대한 감사와 감격으로 그분을 향한 절대 순종의 사랑과 경외가 일어났다. 고난을 기뻐한다는 사도 바울의 고백이 가슴 깊이 이해되었다. 바울의 고백은 절대 의지와 신념의 고백이 아니었다. 예수 그리스도를 소유한 사람만이 누리는 최상의 기쁨을 고백한 것이다.

> 나의 간절한 기대와 소망을 따라 아무 일에든지 부끄러워하지 아니하고 지금도 전과 같이 온전히 담대하여 살든지 죽든지 내 몸에서 그리스도가 존귀하게 되게 하려 하나니 이는 내게 사는 것이 그리스도니 죽는 것도 유익함이라 빌 1:20-21

이것은 세상의 가치관으로는 알지 못한다. 그래서 기적이다. 나의 영혼은 회복되었고 말씀과 기도를 통하여 성령께서 매일 드러내시는 죄를 자복하므로 십자가의 예수 그리스도를 만난다. 말씀이 삶에서 영향력을 갖게 되었다. 믿음의 확신이 확실해졌다. 기도와 말씀과 묵상을 통한 회개는 우리가 부족에 있는 가장 큰 동기이며 기쁨이다.

> *무명한 자 같으나 유명한 자요 죽은 자 같으나 보라 우리가 살아 있
> 고 징계를 받는 자 같으나 죽임을 당하지 아니하고 근심하는 자 같
> 으나 항상 기뻐하고 가난한 자 같으나 많은 사람을 부요하게 하고
> 아무것도 없는 자 같으나 모든 것을 가진 자로다 고후 6:9-10

말씀 안에서 예수 그리스도와 연합된 자로서 누리는 자유와 기쁨은
세상의 것으로는 얻을 수 없는 것이다.

> *예수를 너희가 보지 못하였으나 사랑하는도다 이제도 보지 못하나
> 믿고 말할 수 없는 영광스러운 즐거움으로 기뻐하니 벧전 1:8

'하나님의 일을 얼마나 하였나보다 얼마나 많은 시간을 하나님과
동행하였나'가 더 중요하다. 부름 받음이 특권이고 이 부름을 받은 자
의 삶은 축복이고 기쁨이며 환희다. 우리가 부름에 답하지 아니하였다
면 결코 알 수 없는 복음의 비밀이다.

> *근심하는 자 같으나 항상 기뻐하고 가난한 자 같으나 많은 사람을 부요
> 하게 하고 아무것도 없는 자 같으나 모든 것을 가진 자로다 고후 6:10

내 안에서 역사하시는 성령으로 인해 나는 항상 기뻐할 수 있으며,
무슨 일을 만나든 하나님의 주권을 따라 일어나는 일이므로 감사하게

된다. 언제든지 기도가 심령 속에서 일어난다. 말씀이 응답되게 하셨다.

"내가 바로와 그의 병거와 마병으로 말미암아 영광을 얻을 때에야 애굽 사람들이 나를 여호와인 줄 알리라"(출 14:18)고 하신 말씀의 의미를 알아야 한다. 하나님은 우리 모두가 하나님이 누구인지 알기를 원하신다. 조나단 에드워즈는 "참된 지성인은 세상의 많은 지식을 소유한 사람이 아니라 하나님의 말씀을 통하여 하나님을 아는 자다"라고 했다.

회개를 호흡하듯이 해야 한다. 그리고 성경 말씀으로 돌아가야 한다. 말씀이 육신 되어 오신 예수 그리스도의 복음이 있는 그곳에 참된 삶의 가치와 성도의 삶이 있다. 거기에 영적 축복과 살아 계신 삼위일체 하나님의 영광이 있다.

복부 대동맥류 수술을 받고 안식년을 갖는 동안 호주 시드니 외곽의 캠벨타운(Campbell town)에 있는 호주인 교회의 초대로 간증을 할 기회가 있었다. 주일 오전 예배 때도 저녁 청년 예배 때도 예배당 뒤쪽에 정장을 입은 노인이 앉아 있었다. 점잖아 보이는 노인은 예배가 모두 끝나자 나를 찾아와서 명함을 내밀었다. 노인은 호주 시드니 신학대학의 총장이었다. 그는 갑자기 눈물을 보이면서 성경책을 펼쳐 내 앞에 내밀었다.

* 내가 죽지 않고 살아서 여호와께서 하시는 일을 선포하리로다
시 118:17

말씀을 읽는 순간 심장이 멈추는 것 같았다.

"나는 당신을 모릅니다. 다만 메일을 통해 '준비된 선교사가 죽어가고 있습니다. 기도해 주십시오'라는 소식을 받고 지금까지 기도했습

니다. 기도하던 중에 성경을 펼쳐 들었을 때 나에게 확신을 주신 말씀입니다. 그래서 그날 이후 문성 선교사는 죽지 않는다는 확신으로 기도하고 있었습니다. 당신이 이곳 이웃 교회에 온다는 소식을 듣고 놀라워 찾아왔습니다. 그리고 당신의 간증은 이 시편 말씀이 당신을 통하여 나에게 응답되는 순간이었습니다. 내 삶에 이런 경험은 처음입니다."

그는 감격과 기쁨을 감추지 못한 채 말을 이어 갔다. 이 말씀은 내게도 같은 감격으로 주신 말씀이다. 이 땅에서의 삶이 다할 때까지 오직 예수 그리스도 십자가 피의 가치와 하나님의 이름과 영광을 위하여 살기를 소망한다.

> 내가 이미 얻었다 함도 아니요 온전히 이루었다 함도 아니라 오직
> 내가 그리스도 예수께 잡힌 바 된 그것을 잡으려고 달려가노라 형제
> 들아 나는 아직 내가 잡은 줄로 여기지 아니하고 오직 한 일 즉 뒤에
> 있는 것은 잊어버리고 앞에 있는 것을 잡으려고 푯대를 향하여 그리
> 스도 예수 안에서 하나님이 위에서 부르신 부름의 상을 위하여 달려
> 가노라 빌 3:12-14

이 소망 없는 죄인에게 영생의 소망을 긍휼로 허락하시고 주님의 위로를 사모하게 하심을 감사한다.

> 내가 네 행위와 수고와 네 인내를 알고 또 악한 자들을 용납하지 아
> 니한 것과 자칭 사도라 하되 아닌 자들을 시험하여 그의 거짓된 것
> 을 네가 드러낸 것과 또 네가 참고 내 이름을 위하여 견디고 게으르

지 아니한 것을 아노라 계 2:2-3

- 내가 네 사업과 사랑과 믿음과 섬김과 인내를 아노니 네 나중 행위가 처음 것보다 많도다 계 2:19

- 성도들의 인내가 여기 있나니 그들은 하나님의 계명과 예수에 대한 믿음을 지키는 자니라 계 14:12

죄인에게 믿음을 주시고 성령의 도움으로 믿음을 지키게 인도하신 것도 은혜인데, 이를 하나님께서 알고 계시며 하나님의 위로가 이미 예비되어 있다니 얼마나 큰 축복인가!

- 또 우리 형제들이 어린 양의 피와 자기들이 증언하는 말씀으로써 그를 이겼으니 그들은 죽기까지 자기들의 생명을 아끼지 아니하였도다 계 12:11

- 다섯째 인을 떼실 때에 내가 보니 하나님의 말씀과 그들이 가진 증거로 말미암아 죽임을 당한 영혼들이 제단 아래에 있어 큰 소리로 불러 이르되 거룩하고 참되신 대주재여 땅에 거하는 자들을 심판하여 우리 피를 갚아 주지 아니하시기를 어느 때까지 하시려 하나이까 하니 각각 그들에게 흰 두루마기를 주시며 이르시되 아직 잠시 동안 쉬되 그들의 동무 종들과 형제들도 자기처럼 죽임을 당하여 그 수가 차기까지 하라 하시더라 계 6:9-11

예수 그리스도가 눈동자처럼 지키며 바라보는 믿음의 성도들이 있다. "잠시만 기다려라. 저곳에 너희들처럼 순교할 나의 자녀가 아직 남아 있다"고 말씀하신다. 이 시대에 순교적 삶을 살아가는 수많은 믿음의 형제들이 누구인지 우리는 알지 못한다. 혹시 부족의 형제들일까? 얼마나 감격스럽고 감사한 칭찬의 말씀인가? 하나님 아버지의 칭찬의 말씀과 흰 두루마기를 바라보며 끝까지 달려가기를 소망한다.

153년 전 토머스(Robert Jermain Thomas) 선교사가 죽음을 두려워하는 조선인들에게 생명의 복음을 전하고자 한 그 애절한 심정은 하나님 아버지의 말씀에 순종해 기꺼이 죄인을 위하여 죽기를 선택하신 예수 그리스도의 열정(the passion)이었다.

믿음의 증거를 경험해야 한다

개신교는 두 가지 증거를 가지고 있다.

하나는 객관적인 증거다. 객관적인 증거는 증명이 가능하다. 역사적이며 진리라고 말한다. 또 다른 하나는 주관적인 증거다. 주관적인 증거는 증명할 수가 없다. 주관적인 증거는 시간과 장소, 환경과 개인에 따라 달라진다. 그래서 개신교는 종교가 아니다. 종교는 자연 세계 속에서 인간이 선행과 열심, 고행, 노력, 훈련, 신념으로 만들어 내는 것이다. 그러나 개신교는 역사적인 객관적 증거와 성도 안에서 역사하시는 성령으로 인한 체험과 증거가 있다. 우리는 진리가 객관적이고 역사적인 속성을 가져야 한다는 생각을 잊지 말아야 한다. 그래야 복음의 주관적인 차원을 당당하게 제시할 수 있다.

[•] 너희는 여호와의 선하심을 맛보아 알지어다 시 34:8a

예수님은 객관적인 진리를 말씀하신 다음 반드시 주관적인 헌신과 경험을 요청하셨다. 즉 "내가 진실로 진실로 너희에게 이르노니 모세가 너희에게 하늘로부터 떡을 준 것이 아니라 내 아버지께서 너희에게 하늘로부터 참 떡을 주시나니 하나님의 떡은 하늘에서 내려 세상에 생명을 주는 것이니라"(요 6:32-33)라고 객관적인 사실을 가르치신 후 "나는 생명의 떡이니 내게 오는 자는 결코 주리지 아니할 터이요 나를 믿는 자는 영원히 목마르지 아니하리라"(요 6:35), "내가 곧 길이요 진리요 생명이니 나로 말미암지 않고는 아버지께로 올 자가 없느니라"(요 14:6)고 가르치셨다.

성경공부는 물론이고 신앙생활은 반드시 객관적이며 역사적인 진실을 바탕으로 성령의 인도를 따라 주관적인 체험으로 확증되어야 한다. 객관적인 증거 없이 주관적인 것을 너무 강조하거나 치우치면 이성적이지 못하며 나아가 이성적인 것을 회피하게 된다.

사도 바울의 "오직 하나님이 성령으로 이것을 우리에게 보이셨으니 성령은 모든 것 곧 하나님의 깊은 것까지도 통달하시느니라"(고전 2:10)라는 말씀은 성도 안에서 성령께서 하나님의 깊은 것을 보이셔서 성도가 인식할 수 있다는 것이다. 즉 참된 지혜는 성령의 내적 계시에서 오는 것이며, 성도 개개인의 삶 속에서 증거되는 것이다. 우리가 그리스도를 주관적으로 경험하는 것은 그리스도 안에 나타난 하나님의 객관적이고 역사적인 실재에 근거를 두고 있다. 성도는 일관되게 이러한 생각을 견지해야 한다. 그리고 사람들에게 그리스도가 참되다고 가르친 뒤에는 반드시 그리스도에 대한 실제적 믿음을 행하도록 가르쳐야 한다. 오직 그분만이 우리의 주관적인 신앙을 만족시켜 주실 수 있다.

조나단 에드워즈는 "목회자의 설교만으로는 성도의 영성을 강화할 수 없다. 오직 66권의 성경 말씀만이 성도의 영성을 강화할 수 있다"고 했다. 이는 목회자가 잘못된 설교를 한다는 의미가 아니다. 목회자도 본능의 한계 속에 있음을 의미하는 것이다. 노먼 가이슬러(Norman Geisler)도 너무 주관적인 체험만을 강조하면 믿음을 잃고 종교생활을 하게 된다고 말했다.

인간은 사는 동안 자유의지를 사용해 무수한 선택을 하며 살아간다. 그런데 말씀으로 거듭나지 못하면 바른 선택을 할 수가 없다. 죄인이 아무리 바른 선택을 해도 자신의 지식과 경험 안에서 할 뿐이다. 가치관과 인격이 변화된 그리스도인은 주님이 인도하시는 선한 선택을 해야 한다. 죄인이던 내가 선한 선택을 할 수 있다는 것이 감격이며 축복이다. 그동안 부족한 내가 판단해서 한 무수한 선택은 무지한 선택이었다. 유일하게 선한 선택은 잃어버린 영혼을 구원하시고자 나를 도구로 부르신 하나님의 부르심에 응답한 것과 사랑하는 이민아 선교사와 결혼한 것이다.

* 생베 조각을 낡은 옷에 붙이는 자가 없나니 이는 기운 것이 그 옷을 당기어 해어짐이 더하게 됨이요 새 포도주를 낡은 가죽 부대에 넣지 아니하나니 그렇게 하면 부대가 터져 포도주도 쏟아지고 부대도 버리게 됨이라 새 포도주는 새 부대에 넣어야 둘이 다 보전되느니라 마 9:16-17

가장 가치 있는 인생을 살게 하심을 감사하며

그런즉 누구든지 그리스도 안에 있으면 새로운 피조물이라 이전 것
은 지나갔으니 보라 새 것이 되었도다 고후 5:17

새 부대요 새 피조물이던 청년 그리스도인 토머스 선교사의 순교는
이후 많은 선교사가 조선으로 와서 헌신하는 계기가 되었고, 어두움에
있던 조선 땅에 생명의 말씀이 전파되어 교회가 세워지고 복음의 꽃을
피우게 했다. 토머스 선교사를 부르신 하나님은 소망 없는 죄인이며 영
적으로 눈먼 자요, 중풍병자요, 나병환자요, 가식으로 가득한 옷 입은
원주민이던 이 죄인을 부르셔서 죄인의 삶에서 예수 그리스도의 영광
이 드러나게 하시고 성령의 인도하심으로 회개하게 하시며 나를 부인
하게 하는 인격으로 세우셨다. 그리고 가장 가치 있는 인생을 살게 하
셨다. 내 삶의 최상의 가치는 예수 그리스도의 보혈이요 회개를 통하여
십자가 예수 그리스도를 매 순간 만나는 것이다.

죽음의 공포에 시달리는 파푸아뉴기니의 부족 형제들이 구원받아
진리로 자유케 하심을 감사드린다. 동일한 은혜로 동일한 열매를 맺도

록 주께서 일하시니 주님은 홀로 영광 받기에 합당하시다.

앞서간 허다한 증인들과 토머스 선교사와 같은 순교자들이 그랬듯이, 그리스도의 사랑이 우리를 강권하여 부르시고 보내셔서 예수 그리스도 안에서 죄 사함을 받은 구원의 기쁨을 나누게 하시고 파푸아뉴기니의 미히 언어를 사용하는 식인 마을에 복음의 꽃을 피우게 하셨다.

<부록1>
부족 교회 사역의
수단과 전략

부족 교회 사역(Tribal Church Planting)은 종족 단위와는 달리 언어 단위로 구성된 부족들을 상대로 한다. 한 가지 언어를 사용하며, 소리만 있고 철자가 없어서 기록 문화가 없는 소단위 부족을 대상으로 한다. 한 번도 복음을 자신들의 모국어로 들어 보지 못한 부족만을 대상으로 하는 사역이다. "또 내가 그리스도의 이름을 부르는 곳에는 복음을 전하지 않기를 힘썼노니 이는 남의 터 위에 건축하지 아니하려 함이라"(롬 15:20)는 사도 사울의 고백을 따라 사역하는 것이다.

구강에서 나오는 말소리를 듣고 혀와 입술의 움직임을 관찰하여 음성학적으로 분석하여 표준 철자(자음, 모음)를 만들고, 해당 부족 언어를 배워 만들어진 철자로 읽기와 쓰기를 가르친다. 그리고 해당 부족의 언어로 성경을 번역하고 성경공부를 연대기적 구속사적으로 가르친다. 복음을 듣고 구원받은 예수 그리스도의 몸된 교회 성도들을 중심으로 하나님을 예배하는 처소 교회를 세워 예배가 일어나게 하며, 제자훈련을 시켜 동일한 언어를 쓰는 다른 씨족으로 파송한다. 그들은 자기들 언어로 번역된 성경을 들고 가서 말씀을 전하고 그곳에 교회를 세워 진정한 예배가 일어나게 한다. 평균 30~40년이 소요되는 장기 사역이다.

모든 선교에는 복음을 전하는 수단과 전략이 필요하다. 왜냐하면 모든 나라와 백성과 족속과 방언마다 환경과 문화, 풍습이 다르기 때문이다. '무엇을 수단으로 복음을 전할 것인가?'를 반드시 생각하고 준비해야 한다. 특히 부족 교회를 설립할 때는 특별한 준비와 수단이 필요하다.

부족은 도시 문화와 접해 있지 않고 지형적으로 고립되고 단절되어 있기 때문에 자기 언어로 된 철자를 가지고 있지 않다. 언어군마다 다른 문화를 가지고 있다. 그들에게 복음을 전하기 위해서는 부족 언어를 습득해야 하는데 그들의 문화를 알지 못하고는 언어를 배울 수 없다. 특히 문화를 모르면 숙어를 정확하게 배울 수 없다. 더구나 부족민들 중에는 선교사에게 자기 언어를 정확하게 가르쳐 줄 수 있는 사람이 없다. 뿐만 아니라 그들의 영적 문화를 알지 못하면 번역은 물론 성경 말씀을 바르게 가르칠 수 없다. 혼합주의를 뛰어넘을 수 없다.

선교사가 부족 언어를 배우기 위해서는 말소리를 음성학적으로 분석하여 수집하고 문법을 발췌해야만 한다. 이를 위해 음성학을 배워야 한다.

▪공용어 훈련 단계(Common Language Study)

NTM 선교본부(미국, 캐나다, 영국, 호주)에서 4년간의 훈련을 마치고 사역지 파푸아뉴기니에 도착하면 1~2년간 파푸아뉴기니 공용어(Pidgin Language)와 문화를 배워야 한다. 필기시험과 말하기, 듣기 등 4단계에 걸쳐 평가를 받아 공용어를 습득해야만 언어 조력자와 의사소통이 가능하다. 자유롭게 의사소통이 가능할 때 부족에서 사역을 시작할 수 있다. 1~3단계는 하루에 12시간 이상 오직 언어에만 집중해야 한다. 이를 통과할 때까지 다른 단계로 넘어가지 못한다.

▪ 부족 생활 적응 훈련 단계(Tribal Orientation)

공용어 훈련 단계 중 네 번째 단계로서 일정량의 음식을 준비하여 정해진 부족에 들어가 3개월간 적응 훈련을 한다. 이 기간 동안 습득한 공용어를 사용하여 실제적으로 언어소통이 얼마나 자유로운지를 확인하게 된다. 부족 적응 훈련과 4단계 언어 시험에 통과해야 한다. 이 부족 적응 훈련 과정에서 사역지를 떠나는 선교사들도 있다. 도시에서 훈

부족 적응 훈련 중 부족의 움막에서

련으로 경험한 부족 생활과 실제 자녀를 데리고 들어가 부족에서 생활하는 것은 크게 다르기 때문이다. 더군다나 한 부족을 사역하기 위해 정착하면 30~40년은 살아야 한다. 그래야 그들의 언어로 성경을 만들고 제자를 길러 같은 언어를 사용하는 씨족에 복음을 전파하러 보낼 수 있다.

■ 부족 조사 단계(Tribal Survey)

부족 적응 훈련을 마치면 본부에 머물면서 사역할 부족을 조사하여 결정한다. 파푸아뉴기니에 있는 약 875개 언어군(NTM 통계) 중에 아직도 외부의 문화와 접하지 못하고 복음을 듣지 못한 부족을 중심으로 조사하여 사역할 부족을 확정하는 단계다. 이미 한 부족에서 사역을 마치고 본부에서 다른 일로 섬기는 선교사들과 함께 예정된 부족을 찾아가 며칠간 머물면서 그들이 사용하는 언어 소리를 음성학적으로 수집하고 분석한다. 해당 부족이 다른 부족과 다른 언어를 가지고 있는지, 아니면 단순히 방언일 뿐인지, 문법은 얼마나 다른지 등 일반적인 언어 구조를 조사한다. 외부인을 처음 만나는 부족이라면 약간의 위험과 어려움이 따르는 단계다.

때로는 걸어서, 때로는 차로, 때로는 소형 비행기나 헬기로 다니며 몇 달이 걸리기도 한다. 부족 조사를 하는 동안 정글에서 밤낮을 걷고 자고 폭풍우와 씨름하며 산행을 하게 된다. 어떤 때는 정글 움막에서 자면서 온몸에 피를 빨아먹는 벌레와 싸우고 바퀴벌레는 물론 쥐 등 수많은 벌레와 짐승으로 어려움을 겪게 된다. 그럼에도 새로운 부족민

을 만난다는 기쁨
과 흥분이 있기에
산행도 즐거이 해
낸다.

이렇게 몇 개의
부족을 조사한 후
성령의 인도하심
을 따라 선교사 스

부족 조사 중 짐 테너 선교사와 함께

스로 사역지를 결정하게 된다. 우리는 지와까(Jiwaka), 게와(Kewa), 아와
(Awa), 토까노(Tokano), 미히(Mihi) 등 5곳을 3개월에 걸쳐 조사한 후에 미
히 부족으로 결정했다.

▪ 부족 정착 단계(복음 중심의 선교 전략)

추장과 부족민의 허락을 받고 부족에 정착하기 전에, 선교사들의 안
전과 선교를 위해 부족에게 몇 가지 조건을 제시한다. 선교사는 부족민
들을 위해 평생 헌신하다가 빈 몸으로 그 부족을 떠날 것이기에 선교사
가 사역을 위해 필요한 집을 지을 땅 값을 요구하지 않을 것과 만약에
부족 전쟁이 일어나면 선교사를 전쟁에서 보호해 줄 것, 부족민 스스로
선교사들의 움막을 지어 줄 것 등이 그것이다. 이는 부족민들이 선교사
를 가족으로 받아들인다는 표시가 될 뿐 아니라 외부에서 오는 선교사
로부터 받을 수 있는 문화 충격에서 보호하기 위해서이기도 하다.

선교사는 다른 자재가 아니라 움막으로 집을 짓고 적어도 6개월간

우리 움막을 짓고 있는 형제들

같이 지내면서 부족민과 문화적 거리감을 최소화해야 한다. 우리는 부족민이 지어 준 움막에서 6년을 살았다. 이는 선교의 유일한 목적이 교회(그리스도인 제자)를 세우는 것이기 때문에 처음 그들을 만날 때부터 제자훈련을 염두에 둔 전략이다. 선교사의 일거수일투족이 복음에 앞서거나 방해가 되지 않도록 하기 위함이다. 선교사는 복음을 전하기에 앞서 외부 문화가 부족의 문화에 미치는 영향을 신중하게 고려해야 한다.

예를 들어, 여자 선교사는 그 부족의 풍습을 따라 결코 바지를 입지 않는다. 바지를 안에 입어도 겉에는 반드시 치마를 입는다. 여자가 바지를 입으면 행실이 나쁜 여자로 취급하는 부족의 문화 때문이다. 선교사가 턱수염과 콧수염을 기를 것인가 말 것인가를 두고 무려 수십 년간 검토하기도 했다. 그 결과 현재 선교사들은 턱수염과 콧수염을 기른다. 어느 미국인 선교사 부부는 논쟁을 하거나 의견 충돌이 많아 본부에 상담을 요청한 뒤 스스로 복음을 전하기에 합당한 본을 보일 수 없음을 인정하고 고국으로 돌아가기도 했다. 방문객도 부족 사람들이 문화 충격을 받지 않을 때까지 허락하지 않는다. 미히 부족도 15년간 방문객을 허락하지 않았다.

엘림바리(Elimbari) 부족에서 30년간 사역한 밥 잉글리쉬(Bob English)는 지금은 사역을 마치고 본부에서 다른 선교사를 돕고 있다. 그런 그가 어느 날 충격적인 편지를 쓰고 고국으로 돌아갔다.

"나는 선교사로서 자격이 없습니다. 미국으로 돌아가려고 합니다. 내가 선교지를 떠난 후에 선교사 동료들에게 그 이유를 공개해 주십시오."

갑작스런 귀국 소식에 선교사들은 충격을 받았다. 몇 주 후 모든 선교사들이 모인 자리에서 회장인 짐 테너가 담담하게 이야기를 했다. 밥은 다섯 살 때 양아버지로부터 성추행을 당했다. 장성하여 구원받고 결혼한 뒤 선교사가 되었고 부족에서 아들과 딸을 낳아 길렀다. 그는 선교사로서 신실하고 존경할 만한 사람이었다.

30여 년이 지난 후 그의 심경에 큰 변화가 일어나기 시작했다. 어린 아이들을 보면 자기도 모르게 성추행을 하고 싶은 충동이 일어난 것이다. 누구한테도 그런 자신의 고민을 나눌 수가 없었다. 아내한테도 말할 수가 없었다. 밥은 기도했고 자신의 상태가 어려서 겪은 어려움으로 인한 결과임을 알았다(어려서 성적 학대나 성적 추행을 당한 경험이 있는 사람은 성장한 후 가해자가 되려고 하는 충동이 일어난다는 통계의 보고서도 있다). 그는 충동만 느꼈을 뿐 실제로 행동에 옮긴 것은 아니었다. 하지만 밥은 우리의 양심을 감찰하시는 하나님 앞에 정직했다. 그는 마침내 아내와 자녀들에게 자신의 상태를 고백했다. 밥의 가족은 사랑으로 그를 받아들였고 미국으로 돌아가기로 결정했다. 그는 현재 평생 사랑하던 선교사의 삶을 끝내고 평범한 성도로서 살아가고 있다.

"나는 영적으로 복음을 가르치기에 합당하지 않습니다."

밥의 고백은 얼마나 정직한가? 나는 밥의 고백과 결정을 보면서 나같은 죄인이 이런 훌륭한 선교사들과 함께 사역하고 있다는 사실 때문에 너무나 감사했다. 밥은 참된 그리스도인이었다. 그는 평생을 가슴에 품고 있던 신앙의 열정도, 선교사로서 남편과 아버지로서의 체면도 그리고 미래도 하나님의 거룩한 사역을 위해 내려놓았다. 하나님이 얼마나 사랑하는 자녀인가! 밥은 모든 것을 다 잃은 듯하지만 모든 것을 얻은 진정한 믿음의 사람이었다. 믿음을 지킨 참된 그리스도인이다. 지금도 환하게 웃고 있는 밥과 자녀들의 모습을 SNS를 통해서 보며 내 삶의 시금석으로 삼고 있다.

NTM에서 최고의 가치는 복음이다. 정확한 하나님의 말씀을 전하는 것 외의 모든 것은 수단에 불과하다. 선교사들도 하나님의 도구에 불과하다. 하나님의 의로운 일을 행함에 있어 성경 말씀을 벗어나거나 인간의 지식이나 경험이나 생각으로 하려고 하지 않는다. 선교 현장에서는 상황 윤리의 문제가 발생한다. 선교지의 문화로 인해 일어나는 윤리적 상황이다. 매 순간 일어날 수 있는 윤리적 상황에서 정직하고 바른 결정을 내려야만 한다. 복음은 부정직해서는 결코 영적 열매를 맺을 수 없기 때문이다. 그래서 믿음 선교(Faith Mission)라고 말한다. 우리가 이런 세계적인 선교기관과 함께 사역을 할 수 있다는 것이 자랑이며 축복이다.

■ 철자 만들기, 문맹 퇴치 단계(Orthography, Literacy)

부족에 정착하면 부족민들의 언어 소리를 음성학적으로 분석하게 된다. 문법의 구조를 발췌하여 코와 입에서 나오는 소리를 음절별로 분석하고 어떤 소리가 있는지 확정하는 단계다. 사람마다 발음이 다르기 때문에 한 단어에 약 열 명이 발음하는 소리를 대조 비교하고 수십 차례 확인 과정을 거쳐 표준 발음을 찾아낸다. 그렇게 분석된 발음의 소리를 중심으로 몇 개의 자음과 모음을 사용하는지를 결정한다. 논문을 작성하여 음성학적으로 인정이 되어야만 하나의 언어로 승인된다. 철자로서 자음과 모음이 결정되기까지는 10~20년이 걸린다.

언어 분석을 완료하려면 5단계의 논문과 언어 시험을 통과해야 한다. 소리를 듣고 먼저 명사를 수집하고 형용사, 동사, 접미사를 분석하여 한 문장에서 어떤 위치에 놓이는지를 분석하여 문법의 구조를 찾아낸다. 수천 개의 단어와 문장을 수집하여 영문법과 비교하고 분석하다 보면 고유의 문법은 물론 여러 가지 법칙과 불규칙 현상을 찾을 수 있다. 그리고 해당 언어가 몇 가지의 모음과 자음으로 구성되는지를 찾을 수 있다.

선교사에게 자신의 부족 언어를 분석하여 체계적으로 가르칠 수 있는 부족민은 아무도 없다. 그러니 그들의 언어를 배우는 데도 시간이 걸릴 수밖에 없다. 더구나 소리만 있는 언어를 음성학적으로 분석하여 표준 소리를 찾아내는 것은 남녀노소는 물론 여러 사람의 목소리와 발음을 수집하고 비교하고 분석해야 가능하므로 더 오랜 시간이 걸린다.

사람의 입과 목을 통해서 나오는 소리는 760여 가지가 있는데 이 소리가 언어를 구성한다. 소리가 입과 코를 통해 나올 때 입술과 입을

미히 철자를 가르치는 모습　　　　만들어진 미히 철자를 검토하는 음성학 전문가들

벌려 혀를 확인해서 어떤 부분이 떨리는지, 바람이 나오는지를 확인한다. 현재 부족에서 가르치고 성경 번역에 사용하는 미히 언어는 10여 년간 수많은 단어와 문장을 여러 다른 사람들을 통하여 수집하고 음절별로 분석하는 과정을 거쳤다. 한글의 자음접변(자음동화)과 똑같지는 않아도 특정한 자음 소리를 만나면 접미사의 첫 번째 자음이 변화하는 음성학적 변화를 분석해서 표준 자음과 모음을 찾아 글자를 결정하고 문법을 찾아내 언어를 만들었다. 인칭 대명사로 9개를 사용하는데 동사 끝에 9개의 인칭을 수식하는 접미사가 있어서 인칭 대명사를 생략하고 말할 때가 많다. 4차례에 걸친 언어학 전문가를 통한 검토와 최종 논문이 통과된 후 자음과 모음 글자를 결정하게 되었다.

　　현재 사용 중인 미히 언어는 모음 5자(a, e, i, o, u)와 자음 13자(r, t, p, s, d, f, g, h, k, l, v, n, m)로 모두 18자로 구성되어 있다. 90여 가지의 문법을 발췌해 미히 언어 사전을 만들었다. 미히 언어는 2015년 8월 파푸아뉴기니 국회에서 정식 부족 언어로 등록되었다.

　　동그라미를 그리라고 하면 손목을 돌려 그리지 않고 일어나서 몸을 돌려 그리려는 부족 형제들에게 글을 읽고 쓰기를 가르치는 것은 쉬운

글자 쓰기를 연습하는 모습

철자를 가르치는 교재와 교본

미히 언어 책을 받아 들고 기뻐하는 부족민들

일이 아니다. 그래서 첫 번째 만든 책이 두뇌개발을 위한 소책자다. 책은 어느 방향으로 넘기며 어느 쪽에서 어느 쪽으로 보는 것인지를 그림을 통해서 가르치고 IQ 시험과 같이 같은 것 찾기, 비슷한 것 찾기를 통해 두뇌개발을 시키는 것이다. 이것은 매일 철자학교가 끝날 때까지 계속 반복한다. 두 번째 책은 숫자와 화폐 사용법을 가르치는 교과서다. 0에서 10까지를 세고 계산하는 법을 가르친다. 간단한 더하기와 빼셈 등을 통하여 화폐의 종류를 가르쳐 생업에 도움이 되도록 한다.

그리고 미히 언어 철자를 가르치기 위해 교과서를 발행한다. 그동안 수집한 단어와 문자를 음절별로 분석하여 모음(5자)과 자음(13자) 중에 가장 사용 빈도수가 많은 철자 순으로 읽고 쓰는 법을 가르치는 교과서를 만들었다. 물건이나 동물 그림을 보고 철자를 어떻게 읽는지를 배우는 한편, 왼쪽에서 오른쪽으로 또 윗줄에서 아래로 내려가며 읽고 쓰는 법을 배운다.

교과서는 기초와 상급 단계로 나누어 가르치는데, 상급반으로 갈수록 사용 빈도수가 적은 철자를 배우게 된다. 그리고 기초 단계가 끝나면 읽기를 위하여 철자의 크기도 크게 하여 이미 배운 철자에서 이야기책을 만들어 준다. 모든 단계가 끝나면 자유롭게 읽을 수 있는 미히 언어 이야기책을 만든다.

이 사역은 부족민들이 자신들의 언어로 번역된 성경을 스스로 읽고 복음적으로 이해하는 데 매우 중요하다. 부족 언어로 역사, 사회, 경제, 의료 등 다양한 책과 성경 이야기(요셉 이야기) 책을 발행하는데, 이는 부족민들이 읽고 문화적, 신앙적으로 성장하도록 돕는다. 과정이 모두 끝나서 읽고 쓰게 되면 철자학교 수료증을 받게 된다.

이때 선생으로서 달란트가 있는 학생을 발굴하여 부족 형제들을 가르치도록 제자훈련을 한다. 그리고 철자를 가르치는 선생을 위한 교본을 부족 언어로 발행하여 가르친다. 현재 미히 부족은 5명의 선생이 훈련되었고, 두 명의 제자가 한 반에 12명씩 가르치고 있다.

"하얀 사람에게 가지 마라! 너의 혼을 훔쳐 가니 이야기를 들려주지도 마라!"

부족의 노인들이 두려워서 하는 말이다. 전날 우리에게 전해 준 이

글을 쓰는 형제들

철자 읽기를 연습하는 가우바 형제

글을 읽는 부족 형제들

야기를 녹음하고 분석하여 음성학적 기호로 적은 후 노인에게 다시 읽어 주자, 노인은 이야기를 적은 종이(부족에서는 나뭇잎이라고 함)를 이리저리 들추어 보면서 신기해하는 한편, 전날에 한 이야기를 어떻게 똑같이 말하는가 해서 두려워했다. 마찬가지로 녹음기에서 나오는 자기들의 이야기가 신기하면서도 자신들의 생각과 이야기 즉 자신들의 혼을 까만 상자에 담아 놓는다 생각해서 두려워했다.

한 부족 형제에게 종이에 "나는 배가 고픕니다. 고구마 하나가 있다면 나에게 주세요!"(Nege mihige nagai. Ikika mihi haninema nemeo)라고 적은 다음 저 멀리 앉아 있는 글을 읽을 수 있는 다른 형제에게 전해 주라고 했다. 종이를 받아 든 다른 형제가 종이에 써 있는 글을 한참 읽더니 이해했다는 듯 고구마 하나를 건네주며 내게 갖다 주라는 몸짓을 했다. 그 편지를 이해한 형제는 매우 감격하며 기뻐했다. 어떤 형제는 자신의 이름을 종이에 쓰고 이리 보고 저리 보며 신기해했다.

아내에게 사랑의 편지를 쓰라고 했더니 몇 시간에 걸쳐 겨우 편지를 썼다. 집에 가서 아내에게 읽어 주라 한 뒤 다음 날 어땠냐고 물었다.

"그런 느낌은 처음이었습니다. 아내가 머리를 들지 못하고 울기만 하였습니다."

"내 아내도 목을 놓아 울었습니다."

한결같은 아내들의 반응에 놀라워하며 가슴속에서만 느끼고 표현해 보지 못한 아내에 대한 사랑을 전한 것에 기뻐했다. 그러고는 "말로는 결코 할 수 없었을 것입니다. 글로 내 마음을 전부 표현할 수 있어서 참 좋습니다"라고 말했다.

하얀 사람이 마을에 들어와 자신들의 말을 하는 것도 놀라운데 그에게서 해와 달과 별을 만드신 하나님의 말씀을 듣는다는 것은 상상도 하지 못했던 일이다. 우리는 이들의 감격을 전부 이해하지 못한다. 우리는 태어나면서부터 자연스럽게 글을 배웠다. 그래서 읽고 쓰는 것이 얼마나 축복인지를 전혀 알지 못한다.

수많은 순교자들에 의해 한글성경이 우리 손에 쥐어졌음을 우리는 잊고 지낸다. 전 세계 6400여 개 언어 중 자기 말로 기록된 쪽복음이라도 가지고 있는 언어는 3200여 개에 불과하다. 부모에게 받은 언어는 문화이며 삶이며 생각이다. 성경 말씀을 녹음하여 들려주면 그것을 듣느라 먹는 것도 자는 것도 잊는다. 녹음기에서 나오는 소리도 놀랍지만 그것이 하나님의 말씀이라는 데 더 놀라는 것이다. 자신의 이름을 귀로만 들었지 눈으로는 본 적 없던 부족 형제들은 자신들의 이름을 적어 보여 주면 너무나 신기해서 보고 또 보고 그러다 가슴에 간직한다.

부족 형제들은 미히 언어 외에 부족 간에 전쟁을 하거나 정글 속을 다닐 때 적에게 노출되지 않도록 휘파람 소리로 서로 의사를 소통한다. 우리가 듣기에는 새소리 같다. 휘파람 소리로 모든 의사가 전달되는 것은 아니지만 부족 형제들은 그 뜻을 알고 행동한다. 그런데 글자를 배운 뒤 무엇보다도 대화가 아닌 글자로 자신의 의사를 정확하게 전달할 수 있다는 것에 기뻐하면서도 한편으로 두려워한다.

문화 분석과 인구 조사, 혈족 조사 단계

성경을 부족 언어로 정확하게 표현하거나 번역할 때, 그리고 복음을 가르칠 때는 부족 사람들의 토속 신앙과 혼합되지 않도록 조심해야 한다. 그러려면 먼저 부족의 인구 조사와 가족관계, 사회, 경제, 문화, 정치, 역사와 영적 문화, 징크스(금기 사항) 그리고 일반적 관습과 습관 등에 대해 상세하게 분석할 필요가 있다. 그들의 문화를 모르고는 언어는 물론 문화 속에 녹아 있는 숙어를 알지 못한다. 성경 말씀을 정확하게 번역하여 가르칠 수 없고 정확하게 전달할 수도 없으며 가르친 후에도 그들이 어떻게 이해하고 받아들이고 있는지를 파악하기가 쉽지 않다.

구약과 신약 성경의 역사와 배경은 부족의 역사와 배경과 다르다. 또 그것을 표현하는 방법이 다르고 같은 말이라도 서로 뜻과 표현이 다르다. 외부와 고립된 삶에서 겪어 보지 못한 단어도 있다. 예를 들어,

노인들에게서 문화와 전통을 조사하는 모습　　　언어 분석을 위하여 말소리를 녹음하는 모습

'화가 났다'는 표현을 미히 부족은 '내 창자가 양쪽에서 당겨서 팽창하여 갈기갈기 끊어지는 듯하다'고 말한다. 그리고 우리는 하품을 하면 몸이 피곤하여 졸리다고 생각하는 반면, 미히 부족은 '배가 고프다'고 생각하고 먹는다. 또한 그들은 얼굴 표정으로 의사소통을 하는데, 눈썹을 위로 슬쩍 움직이면 '예'라는 뜻이다. 그래서 정확한 단어와 표현 방법을 찾아내기 위해서는 그들과 함께 생활하지 않으면 안 된다.

한글성경에서 생명의 빵이 생명의 떡으로 표현된 것처럼 그들의 일상생활에서 하는 말과 표현을 찾아 정리해야 한다. 히브리 사상과 헬라 사상을 기본으로 하는 성경 말씀이 부족의 언어로 번역되었을 때 그들의 가슴속 깊이 이해되는 복음이 되게 해야 하기 때문이다. 따라서 문화를 아는 것은 언어를 습득하는 것보다 더 중요하다고 할 수 있다. 부족의 문화를 외부의 문화로 변화시키는 게 아니라 그들의 문화로 스며들어가 그들의 생각과 영적인 문제를 정확하게 파악하여 복음을 정확하게 전해야 한다. 그렇게 해서 성령의 인도로 그들 스스로 옛 관습을 버리고 그리스도인의 삶으로 변화되도록 해야 한다.

부족에 거주하면서 가장 먼저 하는 일이 마을의 지도를 제작하는 것이다. 마을 사람들의 분포를 파악하여 씨족의 규모를 조사하고 영역을 확인하기 위함이다. 그리고 가족관계(모계 사회)를 조사해야 하는데 그 이유는 일부다처제이기 때문에 부모와 자녀 간에 정확한 계보를 알기가 어렵다. 아버지 형제들을 모두 아버지라고 부르며 아버지의 부인들을 다 어머니라고 부른다. 심지어 어머니 쪽 자매들도 어머니라고 부른다. 그뿐 아니라 다른 아버지를 가지고 있는 사람도 있고 할아버지가 자신의 아버지인 경우도 있다. 부모가 일찍 죽어 형제 가족이 입양한 입양아들도 많다. 조사를 통하여 앞으로 혈족 간의 결혼을 하지 못하게 하기 위함이다. 우리의 문화와 너무 다르기 때문에 혈연관계를 조사하는 프로그램을 구입하여 사용하다가 포기했다. 부족의 혈연관계는 오랜 시간 동안 너무 복잡하게 얽혀 있기 때문에 도시의 상식으로는 정리할 수가 없다.

■ 성경 번역 단계(Bible Translation)

공용어 4단계와 부족 언어 문화 습득 CLA(Culture Language Acquisition) 4단계 등 모두 8단계를 마치고 부족 교회 설립자 증명서(Tribal Church Planter Certification)를 받은 선교사만이 성경 번역은 물론이고 정식으로 부족 사역을 시작할 수 있도록 허락된다. 증명서의 의미는 번역한 성경과 교재, 성경공부, 교회 설립, 제자훈련 등 모든 사역을 시작해도 된다는 의미이며 신학적으로 인정한다는 증명서다. 세계적인 부족 교회 설립을 담당하는 NTM의 공식적인 증명서다.

증명서를 취득하지 못하면 몇 년을 부족에서 준비하고 있었다 할

성경 번역을 하는 모습   성경 번역 전문가로부터 자문을 받는다

지라도 부족을 떠나야 하며 사역을 계속할 수 없다. 한 캐나다 선교사는 13년간 부족의 언어와 문화 분석을 위해 부족에서 살면서 부족민들을 사랑하고 그들의 구원을 소원하였으나 마지막 단계인 언어의 장벽을 넘지 못하여 울면서 부족 형제들과 헤어져야 했다. 지금은 본부에서 부족 선교사를 위한 지원팀 사역을 담당하고 있다. NTM의 약 3400명의 선교사 중에 자격증을 소유한 선교사는 약 10퍼센트 미만이고 90퍼센트의 선교사는 10퍼센트의 부족 선교사들을 후방에서 지원하는 지원팀 사역을 하고 있다. New Tribes Mission은 지난 70년간 성경 번역을 수단으로 오직 복음적 부족 교회 설립 사역만을 해 온 세계 유일의 선교기관이다.

성경 번역에 앞서 단계별 번역팀 워크숍(Translation Team Workshop, TTW)을 수료해야 한다. 그리고 로마서 번역을 시작하기 전에 또 다른 워크숍을 수료하여 번역에 따른 과정을 다시 통과해야 한다. NTM의 사역에는 다른 선교기관에는 없는 특별한 구조가 있는데 모든 선교사가 오직 복음 전도를 위해 협력하고 돕고 확인한다는 것이다.

성경 번역은 연대기적이고 구속사적인 성경공부와 병행하기 위해

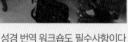
성경 번역 워크숍도 필수사항이다   부족 언어로 번역된 성경을 읽고 기뻐하는 부족민들

창세기부터 번역하여 단계별로 확인을 받는다. 1차 300여 절로 구성되어 있으며 연대기적, 구속사적으로 선지자들의 예언을 공부하기 위해 구약부터 시작한다. 또한 원어 성경과 영어 성경 등 각기 다른 성경 7가지와 번역 지침서(Translation Note)를 토대로 번역하기 위해 히브리어와 헬라의 문화를 영어로 번역하여 총괄적으로 설명한 책자를 기본으로 사용한다.

먼저 1차 번역이 끝나면 4번의 이해 확인(Comprehension Check) 절차를 거친다. 성경의 전후 관계, 다른 사실과의 연관성까지도 포함하여 충분히 부족 형제들이 이해하고 있는지를 확인하는 단계다. 우리는 두 팀으로 나눈 18명의 제자들과 함께 번역을 했는데, 부족민들의 문화에 맞도록 분명히 표현되어 이해되었는지 확인하기 위해, 번역된 성경을 한 번도 들어 본 적 없는 부족민들을 불러서 읽어 주고 확인했다.

다음 과정으로 부족 언어와 문화로 번역된 성경을 다시 영어로 역번역(BTE, Back Translation in English)하여, 성경을 복음적으로 정확하게 표현하고 번역했는지를 성경 번역 전문가에게 번역 자문(Translation Consultant)을 받는다. 번역 자문은 매우 구체적이고 상세해서 성경 구절마다 부족 형제들의 이해도를 확인하고 그들의 문화적 단어와 숙어가 복음적으로 합당한지 체크한 후 번역 수준을 평가한다. 번역 컨설턴트 선교사들은 부족 언어를 이해할 수 없기 때문에 공용어를 잘하는 제자들이 선교사들에게 부족 언어로 번역된 내용을 이해한 대로 공용어로 전달해 준다.

부족 언어는 예를 들어 죄, 은혜, 믿음, 용서 등 성경적으로 중요한 단어가 다르게 표현된다. 그렇기 때문에 성경 말씀이 그들의 문화에서 통하는 언어로 정확하게 번역되었는지를 확인하는 것은 매우 중요하다. 만일 번역한 성경이 번역 자문에서 통과되지 못하면 위의 과정을 다시 밟아 확인을 받아야 한다. 이는 모든 성경 번역이 끝날 때까지 계속된다.

그만큼 성경을 부족 언어로 번역하는 일은 설교를 하거나 성경공부를 가르치는 것만큼이나 두렵고 떨리는 일이다. 부족에서 선교사의 행동과 말은 바로 기준이 되기에 율법처럼 적용되는 실수가 종종 일어난다. 엘림바리 부족의 선교사는 "성도는 성도하고만 결혼해야 합니까?" 하고 질문하는 부족 형제에게 무심코 "예"라고 대답했다가 몇 년 뒤 그 형제가 결혼을 하지 않고 있어서 이유를 물으니 "당신이 성도하고만 결혼하라고 해서 기다리고 있다"는 대답을 들었다. 부족말을 정확하게 알지 못해 형제가 하는 말을 어림짐작으로 알아듣고는 "예"라고 대답한 것이 이런 오해를 불러온 것이다. 잘못된 가르침임을 설명하고 다시 성경적으로 회복하는 데도 수년이 걸렸다고 한다.

부족 사람들은 선교사의 말을 성경 말씀처럼 받아들이기 때문에 선교사가 성경을 정확하게 알지 못하면 구약과 신약 등 교리 전체를 가르치거나 전할 수가 없다. 더구나 참된 그리스도인 즉 예수 그리스도의 몸된 교회로 성도를 세우는 것은 더더욱 어렵다.

성경공부를 위한 교재도 부족 언어로 번역해야 한다. 각 권이 300페이지 분량으로 교재별로 번역해 확인 받아야 한다. 1차는 5권으로 창조에서 예수 승천까지 다룬다. 2차는 구약과 신약의 구속사적 연관 관계를 다루는데 2권으로 구성되어 있다. 3차는 사도행전으로 1권이고, 4차는 (1) 로마서, 에베소서 (2) 고린도전서, 디모데전서, 디도서 (3) 데살로니가전후서, 요한계시록, 갈라디아서, 골로새서 (4) 고린도후서, 빌립보서, 빌레몬서, 디모데후서, 히브리서 (5) 야고보서, 베드로전후서, 요한일이삼서, 유다서 등 총 18권으로 이루어져 있다. 그런데 부족의 문화에 적용해서 번역하다 보면 책의 부피가 늘어나 사실상 30여 권이 된다. 성경 번역이 모두 끝나면 인쇄 발행하게 된다.

■ 성경공부 단계(Bible Teaching)

부족 언어로 번역되고 검증된 성경공부 교재로 1차 창세기부터 승천까지 총 5권의 68과(구약 3권 1-42과, 신약 2권 43-68과)를 가르친다. 연대기적이며 구속사적으로 매일 2시간 또는 주 1회, 부족의 사정에 따라 가르친다. 성경 그림은 물론 다양한 자료를 사용하여 집중도를 높인다. 구약을 가르칠 때는 결코 예수 이름을 사용하지 않으며 하나님이 보내시겠다고 약속하신 구원자라고 표현한다.

부족 형제들은 하나님과 자신들이 섬기는 신을 혼동하기 때문에 하나님의 성품을 가르친 후에는 그들의 신과 어떻게 다른지를 가르친다.

성경공부를 하고 있는 부족 성도들　　　꾸나이 노인

1차 창세기에서 예수 부활 승천까지 연대기적으로 공부를 마친 후에 예수 그리스도를 구세주로 믿고 영접한 사람들을 성도라고 부른다.

　　2차 과정에서는 1차 창세기에서 승천까지 배운 성도들을 중심으로 구약에서 예표된 예수 그리스도와 하나님이 구약의 이스라엘 백성과 선지자들을 통하여 예언하신 것이 십자가에서 성취된 사실을 가르친다. 이때 부족 성도들은 자신의 죄를 눈물로 회개했고 구세주 예수 그리스도를 보내 주신 하나님께 감사하며 천국의 소망을 가졌다. 2차 과정을 마친 성도를 '성숙한 성도'로 부르며 회개의 열매가 삶에서 일어나는지를 오랜 기간 확인한 후 다시 구약과 신약의 복음에 합당한 질의 문답을 한 후 세례(침례)를 준다. 3차 과정에서는 사도행전을, 4차 과정에서는 로마서를 포함한 서신서와 요한계시록을 가르친다.

　　"나는 조상 때부터 지금까지 산에서 살아 산사람이며 멧돼지처럼 살아가는 사람입니다. 그런데 나의 말로 하나님의 말씀을 듣는 것도 감사한데 내 눈으로 읽고 보게 되니 내 두 다리가 머리 위로 올라와 세상이 거꾸로 뒤집어진 것같이 그 기쁨을 감당할 수가 없습니다."

　　"내가 차라리 개라면 말로는 다 표현할 수 없는 이 기쁨을 꼬리를 흔들어 표현하고 싶은데 내가 개만도 못하여 이 기쁨을 어떻게 표현해야 하는지 모르겠습니다."

마을에서 가장 나이가 많은 꾸나이라는 노인에게 부족 언어로 번역된 성경 말씀을 읽어 주자 그 감격을 감추지 못하고 기뻐하며 한 말이다. 노인은 젊은 시절 자신이 어떻게 사람을 죽였고, 어떻게 먹었는지를 기억하며 자신은 결코 용서 받을 수 없다고 말하곤 했다. 지금도 노인은 성경공부 시간에 앞자리에 앉아 말씀을 듣고 죄인인 자기를 대신해 죽으시고 부활하신 예수 그리스도를 생각하며 자신을 용서해 주신 하나님께 감사로 기뻐하며 지낸다.

■ 교회 설립 단계(Church Planting)

성경공부를 통해서 구원받은 성도들을 중심으로 주일 공예배와 하나님을 예배하는 삶의 중요성을 가르치고 함께 예배를 드림으로 교회 공동체의 중요성을 공감하고 지체들을 세우는 과정이다.

'교회란 무엇인가?'에 대하여 가르친다. 단순히 건물이 아닌 참된 교회의 의미와 예수 그리스도가 그 교회의 머리되심을 가르친다. 찬양과 기도에 대해서도 간략하게 가르치고, 왜 우리가 하나님을 예배해야 하는지를 가르친다.

처음에는 나무 밑이나 작은 움막을 치고 예배를 시작했다. 교회 건축은 성도들이 스스로 예배 처소인 교회를 짓고자 하는 열망이 일어날 때까지 기다려 그 열망이 충만해지면 일부 자재를 지원하여 건축하게 한다.

미히 교회 건축 후 예배 드리는 모습

    교회를 지어 예배 처소가 마련되면 본격적으로 제자를 양성할 수 있게 된다. 문맹 퇴치와 함께 성경공부를 하고 참된 예배를 드리며 성도 한 사람 한 사람의 영적 성숙을 확인하고 권면하며 지도할 수 있게 된다. 주 안에서 한 형제요 교회의 지체가 된 성도는 그리스도의 공동체로서 서로 돕고 협력해야 함을 가르친다.

    부족 형제들은 예전에는 서로 도운 적도 없고 음식을 나누어 먹은 적도 없었으나 교회 공동체에서 같은 마음으로 서로를 위해 기도하고 도우며 작은 것도 나누게 되면서 그것이 얼마나 큰 기쁨인지를 경험하고 있다. 복음의 능력이 아니면 불가능한 일이다. 예배는 매주 10시에서 4시까지 드리며 성도만 참여하는 것이 아니고 누구나 다 참여할 수 있다. 처음으로 참석하는 교인은 반드시 매주 진행하는 1, 2차 성경공부 과정을 마쳐야 한다.

제자훈련 단계(Discipleship)

여기서 제자훈련이란 성경 말씀을 가르치고 제자를 세우고 공예배를 지키며 다른 씨족에 가서 말씀을 전하는 제자를 훈련시키는 것을 의미하는데, 지난 25년간 내가 어떻게 신실한 제자를 세웠는지를 나누고자 한다.

필리핀에서 사역한 존경하는 스승인 트레버 맥클윈(Trever McIlwain)은 부족민들에게 말씀을 가르친 후 성도들이 오랜 세월 믿고 살던 토속 신앙과 복음을 혼동하여 혼합주의에서 벗어나지 못하고 있다는 것을 발견했다. 낙심이 되어 기도하던 중 하나님께서 계시하신 순서대로 성경공부 교재를 만들었다. 이것이 지금 수많은 부족 선교사는 물론 세계 여러 곳에서 사역하는 선교사들이 사용하는 연대기적 구속사적 성경공부 프로그램(Chronological Teaching Program)이다. 우리도 이 프로그램을 기반으로 성경책을 번역하여 제자훈련에 사용한다.

여기에 언급한 내용은 문화가 다른 파푸아뉴기니 미히 부족의 교회 설립이라는 특수성이 있다는 것을 이해해 주기 바란다. 사역지마다 문화와 언어, 상황이 다르기 때문에 지역별로 다른 의견과 방법이 필요할

성경 교사들에게 성막을 가르치는 모습

제자훈련 중 말씀을 가르치는 모습

18명의 제자들과 함께

것이다.

　처음 만날 때부터 사역을 마칠 때까지 모든 시간과 삶이 제자훈련에 초점이 맞추어져야 한다는 것을 알게 되었다. 미히 부족에 처음 정착하면서부터 다른 문화에서 온 외부인인 우리가 부족 사람들에게 주는 영향력은 상상하는 것보다 크다는 걸 깨달았다. 선교사가 입은 옷, 벨트, 모자, 안경, 시계, 양말, 신발, 가방 등 부족 사람들이 접하지 못한 모든 것, 심지어 피부색과 생김새까지가 제자훈련의 시작이 된다. 우리가 그들과 똑같은 움막에서 6년간 생활한 것도 그런 맥락에서였다. 예수님도 공생애를 시작하시면서 제자들을 먼저 부르시고 동고동락하시며 제자들을 가르치셨다.

　부족민들에겐 그들의 문화가 있는 법인데, 나는 나의 문화와 도덕과 가치관으로 그들을 정죄한 적이 많았다. 나는 그들이 나와 다르다고 정죄하거나 판단할 권한이 없다. 내게 익숙한 문화와 도덕, 가치관과 윤리 그리고 경험이 복음 전파에 큰 방해가 될 수 있음을 알고 깊이 회

매 주일 오후 제자들을 가르치는 모습

개하고 묵상했을 때 주님이 가르쳐 주신 말씀은 이것이다.

"다른 것은 틀린 것이 아니다. 다른 것은 다만 다를 뿐이다."

부족민들의 문화를 인정하지 않는다면 나는 이곳에 선교사로 있어야 할 이유가 없다. 진리가 아닌 비성경적인 것을 인정하라는 의미가 아니다. 악한 것은 틀린 것이다. 악한 것은 성경이 말씀하는 진리가 아닌 것을 말한다. 그들 속으로 스며들어 가 그들의 문화를 충분히 이해하고 부족 사람이 되어야 한다. 그래야 다른 것이 보인다. 이것이 제자훈련의 시작이다.

처음 부족에 살면서 부족 형제들이 받는 문화 충격보다 선교사 자신이 느끼는 문화 충격이 더 크다는 것을 알게 되었다. 우리 움막을 찾아와서 안을 들여다보는 것까지는 참을 수 있었다. 그런데 그들은 어떤 것이든 눈에 보이면 훔쳐 갔다. 신발과 비누는 물론 칼, 도끼, 공구, 못… 처음 접하는 물건은 무엇이든 가져갔다. 크든 작든 상관없었다. 그들 사이에선 가져가지 못하는 사람이 이상한 사람이었다. 그래서 그들은 남의 물건을 훔치는 것을 보아도 절대 말리거나 말하지 않는다. 나중에 그로 인해 보복을 당할 수도 있기 때문이다. 그래서 잠을 자려면 방문 밖에 있는 물건을 집 안에 옮겨 놓아야 했다. 밤이면 담장을 넘어 들어와 가져갔기 때문이다. 식량창고의 작은 창문을 열고 기어 들어와 식용 기름을 훔쳐 간 적도 있고, 심지어 훔쳐 가 봐야 쓸 수도 없는 컴퓨터 두 대를 순식간에 가져가기도 했다. 사정이 이렇다 보니 낯선 사람이 구경 삼아 우리 집 마당에 들어오면 한시도 눈을 뗄 수가 없었다. 나무에 달린 작은 열매나 꽃들은 물론 천막을 묶어 놓은 비닐끈까지 잘라 가니 우리 집에 오는 부족 사람의 목적이 오로지 훔치기 위한 것처럼 생각되었다.

다른 부족의 미국 선교사는 안식년을 마치고 헬기를 타고 부족으로 돌아가니 자신의 집이 없어졌다고 했다. 집과 가재들을 모두 헐어서 훔쳐 가고 부족민들이 쓸 수 없는 물건들만 남아 있었다고 했다.

나는 주님께 기도하며 지혜를 구했다. 부족민들을 이렇게 경계하고 의심하며 멀리하면 그들과 아무런 관계도 형성할 수가 없을 것 같았다. 어느 날 부족민들이 가장 탐을 내는 부엌칼이 없어졌다. 이 칼은 돼지를 잡을 때 뼈를 자르기에 아주 용이해서 모두 탐을 내고 있었다. 어떤 형제는 돼지를 잡았다며 칼을 빌려 달라 해서 내주었더니 돌려주지 않았다.

그날도 모든 사람들이 듣는 자리에서 "내 칼이 내가 싫어서 정글로 나갔나 보다. 내가 잘 묶어 놓아야 했는데 그러지 못했다. 누구 내 칼을 만나면 집에 가라고 말해 다오" 하고 농담처럼 알렸다. 모두 웃으면서 집으로 돌아갔다. 그리고 일주일이 지나서 한 노인이 칼을 가지고 왔다.

"내가 정글에 갔는데 이 칼이 정글에 있어서 가져왔다."

나는 그 노인이 칼을 훔쳐 갔다는 걸 직감할 수 있었다. 칼의 모양이 특이해서 남들 앞에선 사용할 수 없어서였는지 모르지만 어쨌거나 칼은 돌아왔다. 이때를 계기로 작은 물건들을 밖에 그냥 두기로 했다. 밤과 낮에도 그냥 두었다. 그리고 물건이 없어질 때마다 제자들이 훔쳐 간 도둑을 찾아야 한다고 흥분하면 "우리가 관리를 잘 못해서 누군가가 유혹을 받아 훔쳐 갔으니 미안하다. 도둑 찾으려고 하지 마라"고 말했다.

부족 형제들을 시험하려는 것이 아니라 그들을 믿고 싶어서 그렇게 했다. 언젠가 우리의 마음을 알게 될 것을 기도하며 기다렸다. 묵상 가운데 하나님께 큰 감사가 일어났다.

'내가 부족 형제들을 바라보고 생각하는 것처럼 하나님은 나를 보고 어떤 생각을 하실까?'

결과는 너무나 절망적이면서도 은혜였다. 만일 내가 하나님의 기업에서 일하는 직원이고 하나님이 사장이라면 나는 벌써 회사에서 쫓겨났을 것이다. 과거에 사업을 했을 때 나는 직원들을 쉽게 평가하고 마음에 들지 않으면 내보내곤 했다. 하나님 입장에서 나는 아무 쓸모가 없는 무익한 일꾼이었다. 그럼에도 불구하고 예수 그리스도의 십자가의 은혜로 하나님은 이 죄인을 택하여 이 자리에 있게 하셨다. 내쫓지 않고 참으셨다. 그것이 은혜임을 알게 하셨다. 하나님께서 예수 그리스도로 말미암아 이 죄인을 신뢰하고 계시다는 생각에 눈물로 감사하게 되었다. 소망 없는 죄인을 이 자리에 있게 하신 하나님의 신뢰에 감사하며 도저히 인간의 상식으로는 신뢰할 수 없는 부족 형제들을 신뢰하기로 마음먹었다.

하지만 그것은 쉬운 결정이 아니었다. 매년 실시하는 선교사 대회에서 내가 "나는 하나님의 일이 아니라면 결코 파푸아뉴기니에서는 사역하지 않을 것이다"라고 말하자 거의 모든 선교사가 동의했다. 그들도 나와 같은 경험을 하고 있는 것이다. 전혀 다른 문화에서 살아온 사람들이 신뢰의 관계가 되는 것은 쉬운 일이 아니다. 결국 외부인일 수밖에 없기 때문이다.

침부(Chimbu)에서 사역하던 필 에머리(Phil Emery) 선교사는 5년 동안 친구처럼 지내던 부족 형제가 갑자기 찾아와서 "그동안 당신에게 준 고구마와 당신에게 와서 부족말을 가르쳐 준 대가를 모두 계산해서 주시오"라고 말해서 크게 실망했다고 한다. 그동안 신뢰를 나누는 친구로서 준 선물인 줄 알았는데 그것이 모두 계산된 행동이었던 것이다.

문화가 다르면 친구라는 개념도 다른 것 같다. 그만큼 인간관계를 형성하기가 쉽지 않다. 문화를 뛰어넘어 그리스도의 문화를 가르치고 믿음의 공동체를 만들고 각자 공동체의 지체로서 살아가도록 하려면, 이익과 권리가 아니라 신뢰로써 하나가 되지 않으면 안 된다. 눈에 보이는 선교사를 신뢰하지 못하는데 어찌 눈에 보이지 않는 하나님을 믿겠는가? 선교가 사람의 생명을 구원하는 것이라면 반드시 서로 간에 깊은 인간적 신뢰를 먼저 쌓아야 한다.

물건이 없어지는 것은 중요하지 않았다. 중요한 물건은 잘 관리하면 된다. 이후 형제들이 무엇을 빌려 가면 스스로 돌려 줄 때까지 인내하며 기다렸다. 무엇이 없어져도 "잘 지키지 못한 우리가 잘못했다"고 말하고 기다렸다. 비누며 신발을 집 밖에 그냥 두었다. 그들로선 그것이 충격이었을 것이다.

어느 날부터인가 변화가 일어나기 시작했다. 밖에 신발을 두어도 없어지지 않았다. 손을 씻으라고 놓아 둔 비누를 가져가지 않았고 삽이나 도끼, 망치가 밖에 있어도 아무도 손대지 않았다. 훔치는 일을 멈추기 시작한 것이다. 그리고 그들도 나처럼 자기 물건을 지키고 관리하기 시작했다.

"삼촌이 우리를 믿고 밖에 놓아 두고 또 쓰라고 빌려주는데, 이것들을 돌려주어야 한다. 삼촌이 우리를 도둑으로 취급하거나 훔쳐 갈까 의심하지 않고 믿어 주니 고맙다."

그러면서 스스로 대견해하며 물건을 돌려주었다. 고구마나 산나물을 가져오는 여인들은 "나중에 대가를 받을 것이냐"고 물으면 "결코 대가를 받지 않는다. 그냥 주고 싶어서 가져왔다"고 말했다. 지금 부족 형제들은 우리 집에 올 때면 빈손으로 오지 않는다. 소량이라도 먹을 것을 가져온다. 우리 사이에 깊은 믿음과 사랑이 영글어 있는 것이다.

부족 사람들은 우리를 삼촌과 숙모라고 부르기 시작했다. 미히 부족에서 '삼촌'은 가족의 어른으로서 존경한다는 의미를 가지고 있다. 내가 거짓말을 하지 않으며 자기들을 도우려고 왔다며 신뢰하면서 삼촌이라고 불렀다.

어느 날 부족 형제들은 우리 집과 교회가 있는 모든 땅을 하나님의 땅이라고 말하면서 '평화의 땅'이라고 부르기 시작했다. 스스로 이 땅 안에서는 싸움도 장사도 담배도 마약도 하지 않는다. 우리는 처음부터 마을 사람들이 마음 놓고 우리 집에 오고 갈 수 있도록 담장을 치지 않고 살았다. 그런데 부족 사람들이 자기들이 아껴 키우던 3000여 그루의 커피나무를 가져와 우리 집 주위로 담장을 만들어 주었다. 밤에 강

우리 움막에 담장을 친다고 3000여 그루의 커피 나무를 정글에서 가져온 부족 청년들

건너 다른 부족 사람이 와서 물건을 훔쳐 가고 동네 멧돼지들이 들어
와 긴 주둥이로 온통 집 주위를 파 놓으며 야생 멧돼지의 공격을 받자
보다 못해 담장을 지어 준 것이다. 지금까지 우리 집 담장은 부족 형제
들이 관리해 준다.

이렇게 부족 형제들과 깊은 신뢰를 쌓기까지는 15년여의 시간이 필
요했다. 지금은 우리가 안식년을 맞아 집을 비울 때면 창고는 물론 집
열쇠까지 제자들에게 맡긴다. 형제 간에도 훔치던 부족 형제들이 우리
에게 보여 주는 믿음과 신뢰는 복음을 가르치는 데 큰 밑거름이 되고
있다.

나를 보내신 아버지께서 이끌지 아니하시면 아무도 내게 올 수 없으
니 오는 그를 내가 마지막 날에 다시 살리리라… 또 이르시되 그러
므로 전에 너희에게 말하기를 내 아버지께서 오게 하여 주지 아니하
시면 누구든지 내게 올 수 없다 하였노라 하시니라 요 6:44, 65

주님의 말씀을 의지하고 부족 언어를 배우기 시작하면서 하나님의 일꾼이 되고 싶은 사람은 오라고 했다. 처음에는 25명이 찾아왔다. 부족말을 배우고 번역을 같이하려면 학교 교육을 받아 영어를 이해하거나 성실하고 머리가 좋은 청년을 택하는 것이 유리하다는 것은 상식이다. 더군다나 추후 복음을 가르치는 제자훈련을 받고 제자가 될 만한 성품과 자질이 있다면 더 좋을 것이다. 그러나 나는 선별하거나 판단하지 않았다. 선교는 일이 아니라 삶이기 때문이다. 세상일은 결과가 중요하지만 선교는 과정과 결과가 모두 중요하다. 더군다나 영적인 사람을 상대로 하는 사역이기 때문에 하나님에 대한 절대적인 믿음이 있어야 가능하다.

"나는 너희들을 사랑하지만 믿지 않는다. 나는 나 같은 죄인을 주의 일꾼으로 택하사 가르치시고 이곳까지 인도하신 오직 하나님만을 믿는다. 그래서 하나님이 너희들도 나처럼 택하시고 가르치실 것이며 사용하실 것을 믿는다. 나는 그 하나님만을 믿는다."

처음에는 이 말에 서운한 얼굴을 보였던 제자들이 지금은 그 의미를 말씀 안에서 알고 아멘 한다.

부족 형제들은 마음속 깊이 평생 처음으로 소망을 가지기 시작했다. 처음 시작한 26명의 형제들 중에 나이가 많아 이 일을 감당할 수 없어서 그만둔 형제, 병으로 죽은 형제, 싸움으로 화살에 맞아 죽은 형제, 벼락에 맞아 죽은 형제, 부정하여 떠난 형제, 간음하고 떠난 형제들을 빼고 17명이 남아 있다. 그중 5명은 성경을 가르치는 선생으로서 다른 씨족으로 복음을 전하러 떠나는 선교사가 되기 위해 부푼 꿈을 가지고 준비하고 있다. 나머지 12명 중 3명은 15년간 읽고 쓰기를 가르치고 있지만 이제 읽기 시작했다. 그 외 9명은 성경 번역에 참여하고 성경공부를 하고 있다. 훈련이 끝나면 다른 5명과 함께 성경 선생 과정을 받게 될 것이며 교회 예배와 성경공부를 감당하게 될 것이다.

제자훈련은 지식으로만 하는 것이 결코 아니다. 지식은 죄인의 본능과 만나면 교만을 만들어 낸다. 그것으로는 결코 복음의 열매인 겸손의 인격으로 성숙하지 못한다. 하나님이 언약 안에서 죄인인 자신을 사랑하신다는 믿음이 없이는 결코 주의 일에 헌신할 수 없다. 인격의 변화 없이 지식만으로 주의 일을 할 수 있다 해도 결코 영적 회개의 열매는 없다. 주님의 사랑과 믿음은 믿음의 형제들 즉 성도 간의 깊은 신뢰관계에서 나타난다는 것을 경험적으로 알게 하셨다.

모음 5자(a, e, i, o, u)를 12년간 가르쳐도 잘 구분하지 못하던 모로꼬로 형제가 드디어 자음과 모음을 합성하여 읽기 시작했다. "하나님이 나의 눈을 열어 주셨다"면서 성경 말씀을 읽으며 얼마나 기뻐하는지 모른다. 모로꼬로는 두 명의 자녀를 잃었다. 둘 다 감기와 고열로 인한 뇌 손상이었다.

"나는 이제 아이들의 죽음을 통하여 하나님의 주권을 더 깊이 알고 인정하게 되었습니다. 하나님은 고통보다 평안을 주시려고 우리 아이를 부르셨습니다. 보고 싶지만 하나님과 함께 있다고 생각하니 감사합니다."
참으로 놀라운 고백이

글을 읽기 시작한 모로꼬로 가우바 형제

벌거벗은 그리스도인

아닌가. 제자훈련은 하나님을 전 인격적으로 신뢰하고 받아들일 때 가능하다. 성경 번역을 하면서 25명의 제자들을 돌보고 가르치며 지내는 데에는 많은 인내가 필요하다. 왜냐하면 이해할 때까지 계속 반복해서 가르친다는 것이 쉽지 않기 때문이다. 특히 글자를 가르치고 컴퓨터를 가르칠 때는 많은 인내와 지혜가 필요했다. "우리는 영어를 몰라서 컴퓨터를 배울 수가 없어요" 하고 절망하는 그들에게 "영어를 몰라도 컴퓨터는 할 수 있습니다. 아이콘(icon)을 머리에 기억하고 계속해서 반복하면 천천히 배울 수가 있습니다" 하고 격려했다. 어떤 기능은 20여 회 가르친 적도 있다. 지금은 글을 아직 익히지 못한 3명을 제외하고 14명은 컴퓨터를 통하여 직접 번역에 참여하고 있고 번역한 결과를 우리에게 가져온다. 가져온 자료는 문법과 철자가 틀려 바로 사용할 수는 없지만 새로운 단어와 숙어를 발췌하는 데 많은 도움이 된다.

이민아 선교사는 12년간 기타와 건반을 가르쳤다. 제자들은 성경공부와 컴퓨터 그리고 찬송과 기타와 건반을 배우면서 복음 사역이 선교사만의 일이 아니라 이제는 자신들의 일이며 하나님의 부르심의 사명이라는 생각을 하게 되었다. 12명이 기타를 치고 2명이 건반을 치며 부

기타와 건반을 가르치고 있는 이민아 선교사

찬양단의 예배 준비 모습

족 언어로 찬송하니 예배가 더욱더 풍성해졌다. 성경공부의 내용이 구속사적으로 깊어질수록 간증도 풍성해지고 있다.

제자훈련에서 또 하나 중요한 점은, 부족 성도들 한 사람 한 사람의 신앙적인 반응과 삶의 변화, 간증 등을 기록하여 그들 삶의 열매를 항상 확인하는 것이다. 왜냐하면 선교사에게 잘 보이거나 칭찬을 받기 위해 거짓으로 간증할 때도 있기 때문에 분별하는 지혜가 필요하다.

"선교사님, 나도 선교사님과 함께 다른 부족으로 가서 하나님의 말씀을 전하고 싶습니다. 왜 이제야 미히 부족에 오셨습니까? 왜 이제야 하나님의 말씀을 가르쳐 주셨습니까? 나는 그동안 조상의 풍습을 따라 여섯 명의 여자를 사서 같이 살다가 한 여자는 자기 마을로 도망가고 지금은 다섯 명의 여자와 살고 있습니다. 만약에 선교사님이 일찍 우리 부족에 오셔서 하나님의 말씀을 가르쳐 주셨다면 나는 한 여자와 결혼하여 다른 삶을 살았을 것입니다. 선교사님! 나와 다섯 명의 아내와 아이들도 모두 하나님의 말씀을 듣고 예배에 참여할 수 있습니까? 어떻게 하면 내가 하나님의 제자가 되어 다른 부족에 말씀을 전하는 자가 되겠습니까?"

이노베 꾸나이(Inove Kunai)라는 부족 형제의 애절한 간청이며 고백이다. 아내들 때문에 괴로워하며 한때는 한 명만 두고 나머지 아내들을 그들의 마을로 돌려보내려고도 했지만 풍습상 그럴 수 없어서 그는 안타까워하고 있다. 이노베는 예전에는 다섯 여자를 가지고 있다는 것을 자랑으로 여겼다. 그런데 누

여섯 명의 아내를 둔 이노베 꾸나이 형제

가 이렇게 가장 자랑스러운 일을 부끄러운 일로 알게 하였을까? 죄라는 단어가 없어 죄의식 없이 살아가던 그에게 누가 그 양심을 살아나게 했을까?

"삼촌 참으로 감사합니다. 요즘은 살 것 같습니다. 나의 다섯 명의 여자들이 예수님을 알고 나서 서로 싸우지 않고 친자매처럼 지내서 아주 편안합니다."

다섯 명의 여자는 하나님 말씀을 듣고 그리스도인의 삶으로 변화되었다. 자신들도 "예전에는 왜 우리가 싸우며 살았는지 모르겠다"고 말한다. 예수님은 그들과 함께하셨다.

그들에게 잘못되었다고 율법으로나 지식으로 가르친 적이 없건만, 그들의 속사람이 변화하고 있는 것은 성령의 역사하심이 분명하다. 그들을 보면서 그들 안에 계신 예수 그리스도를 만난다.

얼마 전부터는 놀랍게도 제자들 스스로 다섯 곳의 마을을 찾아가 금요일부터 주일까지 밤 8시경부터 12시까지 성경공부를 하고 있다. 각각 56명, 45명, 25명, 17명, 12명 등이 자발적으로 모여 성경말씀을 자기들의 언어로 가르치고 배우고 있다. 이는 성령의 역사이며 영혼의

부흥이 일어나고 있는 것이다. 모국어로 하나님의 말씀을 듣고 배우는 그들의 기쁨은 가름하기가 쉽지 않다.

전에는 마을 사람들이 모닥불 곁에 둘러 앉아 성경을 듣고 배웠지만 한 교회가 태양열 전등을 보내 주셔서 희미한 전등불 아래서 성경 공부를 하며 믿음의 형제들이 있음에 감사하며 기뻐하고 있다.

부족의 청소년들은 대마초와 마약에 방치되어 있다. 아주 극소수의 청년이 하나님의 말씀을 듣지만 그들 또한 마약의 유혹을 이겨 내기가 쉽지 않다. 부족 청소년들은 아무런 일을 하지 않는다. 사냥을 하거나 밭을 만들거나 집을 짓거나 하는 부족의 생활은 오직 어른들의 일이다. 정글에서 몰려다니며 돼지나 고구마를 훔쳐 먹고, 여자들 뒤꽁무니만 따라다닌다.

특별히 즐겁거나 흥미로운 일도 없고 규칙적인 생활도 없다. 그저 죄악 된 본능에 충실할 뿐이다. 그런 그들을 한자리에 모으기가 쉽지 않다. 더구나 남녀 구별하지 않고 한자리에 모으는 일은 또 다른 문제를 만들 수 있기 때문에 조심해야 한다. 또 부족에선 여자의 인격이나 지위를 인정하지 않기 때문에 여자를 마을의 인도자로 세우는 일은 아직 불가능하다. 그래서 기도하며 지혜를 구했다.

가장 좋은 방법으로 생각한 것이 스포츠다. 럭비, 농구, 배구, 축구를 가르치고 공과 장비를 지원해 주는 것이다. 마을 청년들이 가장 좋아하는 운동은 럭비다. 씨족 간에 단결력이 좋기 때문에 가장 격렬한 럭비를 좋아한다. 때때로 큰 싸움이 나기도 하지만 그래도 럭비를 좋아한다. 부족 청년들을 한자리에 모으기 위해 시작한 것이 부족 청년 럭비팀이다. 팀의 이름은 우삐사 알라(Upisa Ala, 정글의 아이들). 30명이 한 팀으로 운동은 물론 성경공부를 반드시 한다는 조건으로 기타, 건반, 드럼 등을 가르치고 있다. 운동장은 경비행기가 내리는 코라 마을 활주로를 이용한다. 하나님이 허락하시면 한국의 태권도를 가르치고자 하는 소망도 있다.

미히 교회 앞에는 농구장을 만들었다. 나무로 세운 농구대에 링을 달고 농구를 한다. 공이 산 밑으로 떨어지면 30여 분 게임이 중단된다. 철조망을 치고 쇠기둥으로 농구대를 만들기 위해 기도하고 있다. 운동은 부족 형제들을 건전한 생활로 이끄는 변화의 시작이 될 것이다. 그렇게 해서 청소년 제자들 중에 2차로 5~10명의 주의 일꾼이 세워진다면 얼마나 감사하고 기쁜 일이겠는가? 그들이 먼저 주님의 제자가 된 5명의 형제들을 이어받아 교회 예배를 돌보고 함께 협력하며 주님의 일을 감당하기를 소망한다. 이 사역이 내 생애 마지막 사역이 될 것이다.

그러므로 너희는 가서 모든 민족을 제자로 삼아 아버지와 아들과 성령의 이름으로 세례를 베풀고 내가 너희에게 분부한 모든 것을 가르쳐 지키게 하라 볼지어다 내가 세상 끝날까지 너희와 항상 함께 있으리라 하시니라 마 28:19-20

세례(침례)/최초의 성만찬식

1, 2차 성경공부에 참여한 성도들을 중심으로 다시 심화된 성경공부를 한다. 2018년 현재 300여 명의 성도 중에 160여 명이 한 달간 매일 성경공부를 해서 마쳤고, 이들에게 세례(침례)를 주기로 했다. 하나님의 성품과 죄, 구약에서의 언약 성취, 아담과 예수 그리스도의 관계, 구약의 사건마다 예표되신 메시아, 선지자를 통한 예언의 성취, 십자가 사건, 십자가와 죄인인 자신과의 관계 등 구속사에 필요한 모든 과정을 이들에게 다시 가르쳤다. 그 이유는 세례만 받으면 천국에 갈 수 있다는 잘못된 지식과 혼합주의에 빠지지 않고 바른 복음적 인식과 믿음을 갖게 하기 위해서다.

160명의 성도 모두 간증을 통하여 복음의 핵심과, 혼합주의가 아닌 변화된 그리스도인의 인격으로 삶을 살고 있는지 확인하였다. 160명 중 18명을 제외한 142명이 세례(침례)를 받았다. 세례는 산 중턱에서 흐르는 계곡물을 막아 허리 높이의 작은 연못을 만들고 치러졌다. 주위의

가까운 씨족은 물론이고 3일 밤낮 산행을 하여 찾아온 100여 명의 기미 부족 형제자매들과 6일 밤낮을 걸어온 40여 명의 하야 부족 형제자매들이 화려한 분장을 하고 춤을 추며 축하해 주었다. 약 천여 명의 부족 형제자매들이 이웃이 하나님의 자녀가 된 것을 기뻐해 주었다.

2019년 4월 11일(목요일), 이날은 온 부족에 성령님이 충만하게 임한 날이었다. 부족 최초로 행해진 세례를 받는 동안 당사자는 물론이고 가족 모두가 눈물을 흘렸다. 그것은 기뻐서 흘리는 눈물이었고 정글에 임한 성령님의 역사였다. 거기 모인 모든 사람이 한목소리로 "진짜 하나님이 함께하셨다"는 고백을 했다.

식인 문화에서 자라 무엇이 죄인지도 모른 채 본능으로만 살던 형제자매들이었다. 그런 이들이 예수 그리스도가 십자가에서 피 흘려 돌아가심으로 자신들의 죄 값을 지불했다는 사실에 감격해서 그날 하루 종일 춤과 찬양으로 하나님을 경배했다. 이제는 하나님 눈에 참으로 깨끗한 자, 세상에서 구별된 자로 인정받았다는 사실에 감격해서 서로를 끌어안고 기뻐했다. 큰 돼지 20마리와 양고기 20상자를 구입하여 새벽부터 늦은 밤까지 잔치를 벌였다. 집에서도 잔치를 했다. 온 마을이 축제 분위기에 휩싸였다.

　창세기부터 예수 부활 승천까지 공부한 이들에게는 수료증을 주었는데, 한 번도 학교를 다닌 적이 없는 이들에게 이 수료증은 특별한 선물이었다. 모두가 자신이 너무나 자랑스러워서 득의만면했다.

　미히 부족의 성도들에게 세례는 참으로 놀라운 경험이었다. 그들은 질의응답을 하고 개인 간증을 하는 오랜 시간 동안 얼굴의 긴장을 풀지 않더니 "이번에 당신은 세례를 받을 수 있습니다"는 말을 듣고는 감격하여 눈물을 쏟아냈다. 언제나 상금아와 마살라이라는 악령으로 인해 죽음의 공포와 두려움에 사로잡혀 살던 그들이었다. 그리고 무의식 중에 자신들은 정글 사람이라는, 그래서 비천하다고 생각하며 살아왔다. 그런 그들이 그들에게 임한 구원을 단순히 성경을 배우고 익힌 지식으로서가 아니라 실제로 그들의 삶이 기쁨과 평안으로 채워지는 경험을 통해 체득했다. 그랬기에 그들은 하나님을, 하나님의 말씀을 더 알고 싶은 열정으로 뜨거웠고, 그들의 이웃에게 이 기쁜 소식을 전하고자 했다. 자신이 진짜로 하나님의 자녀라는 사실을 세례의식을 통해 더욱 확신했다.

파푸아뉴기니의 2500m 고산 정글 속에서 일어난 부흥의 역사는 이제 시작되었다. 미히 교회 성도 한 사람 한 사람이 그야말로 부활의 증거였다. 정글에는 여기저기로 흩어져 32개 씨족을 이루고 있는 미히 부족 2만여 명이 살고 있다. 그들은 예수 그리스도의 십자가 고난과 부활을 들어 보지도 못한 채 죽음의 공포 속에서 살고 있다. 그중 1천여 명의 미히 부족 씨족 형제들이 정글 최초의 세례(침례)식에 임한 성령님의 역사를 직접 보아 경험했다. 또한 삼위일체 하나님은 살아 역사하신다는 사실과 변화된 이웃 코라 마을 형제들을 통하여 체험할 수 있었다.

미히 부족의 4월은 우기로 낮에는 비가 오고 밤이면 폭우가 내리는 전형적인 적도 정글의 기후다. 그런데 놀랍게도 세례가 있던 일주일간 하나님은 낮에는 맑은 날씨를 주시고 모든 행사가 끝난 밤에는 비를

주셨다. 마을 사람 모두가 하나님께서 자신들의 기도에 응답하시며, 자신들의 세례를 기뻐하시는 증거라며 놀라워했다. 침례식은 단순한 의식이 아니었다. 성도들에게는 믿음을 확증하는 증거였고, 성령이 임하셔서 하나님 아버지가 친히 행하심을 부인할 수 없는 현장이었다.

2019년 4월 14일(주일), 파푸아뉴기니 미히 부족 최초로 성찬식을 가졌다. 예수 그리스도의 몸을 상징하는 빵과 주님의 피를 뜻하는 잔을 나누어 먹고 마시며 "이것은 너희를 위하여 주는 내 몸이라 너희가 이를 행하여 나를 기념하라 하시고…이 잔은 내 피로 세우는 새 언약이니 곧 너희를 위하여 붓는 것이라"(눅 22:19-20) 하신 예수님의 말씀이 어떤 의미인지 되새겼다. 또한 말씀이 육신 되어 오신 주님이 생명의 떡이며 진리인 것을 믿고 십자가의 고난과 십자가에서 이루신 은혜를 기억하였다. 모든 성도가 떡을 나누며 "너희가 이 떡을 먹으며 이 잔을 마실 때마다 주의 죽으심을 그가 오실 때까지 전하는 것이니라"(고전 11:26)고 한 사도 바울의 권면을 가슴 깊이 간직했다.

성도들은 떨리는 손으로 빵을 집어 들고는 먹지 못하고 흐느껴 울기만 했다. 잔을 들고도 우느라 마시지 못했다. 주님이 이들을 보고 얼마나 기뻐하실까? "아버지 감사합니다. 이 죄인을 은혜로 사랑하셔서

택하여 세우시고 주의 도구로 사용하시니 감사합니다."

'왜 나를 또 살리셨습니까?'라고 병원에서 묻던 죄인의 기도에 응답하시니 감사하다. 함께 기도해 주신 사랑하는 주님의 지체들에게도 감사와 사랑을 전한다. 이 모든 것이 바로 성도 여러분의 상급이다.

■ 의료 사역(Medical Ministry)

부족 형제들은 후천성 면역 결핍증(HIV)과 에이즈(AIDS), 성병 그리고 말라리아, 이질, 장티푸스, 각종 피부병, 영양실조, 각종 기생충과 외상과 화상 등을 치료해 줄 의료 혜택이 절대적으로 필요하다. 정글의 날씨는 1년 내내 춥고 습한 데다 입을 옷과 덮을 담요도 없어서 자주 감기에 걸려 고열과 통증으로 고생한다. 어린 아기는 감기로 목숨을 잃기도 한다. 지금도 나무껍질을 씹어 상처에 바르거나 각종 주술적인 방법으로 치료를 한다.

우리가 부족에 들어오기 전에 이름 모를 전염병이 돌아 수많은 부족 사람들이 죽고 살아남은 사람들은 다른 마을로 피신했다고 한다. 이

정글에서 다리를 다쳐 후송하는 모습　　　　　스케이비스에 심하게 감염된 아이를 치료하는 모습

같은 질병으로 인한 죽음은 마을 사람들을 무당 고레우와 주술에 더 의지하도록 만들고 죽음의 공포에 시달리게 한다.

　의료 사역은 부족 형제들의 생명을 연장하는 데 큰 도움이 되기도 하지만 약을 사용할 때 지혜가 필요하다. 부족 사람들이 오로지 약에 의존하지 않도록 해야 하며 선교사를 신통한 사람으로 인식하는 영적인 오해가 없도록 해야 한다. 선교사를 우상화하거나 선교사가 지도자가 되어 추장처럼 권위를 가져 지나친 존경을 받는 것도 복음에는 도움이 되지 않는다.

> 또한 지도자라 칭함을 받지 말라 너희의 지도자는 한 분이시니 곧 그리스도시니라 마 23:10

　만약 부족 사람이 치료 중에 죽게 되면 선교사가 사람을 죽였다고 책임을 전가하며 죽은 사람의 피 값을 배상하라고 요구하기 때문에 각별한 주의와 설명이 필요하다. 그리고 법적으로도 문제가 되지 않도록 NTM의 경우 선교사가 최소한 응급 처치 요령을 공식 과정에서 배우도록 하고 있으며, 처방하는 약도 의사의 허락이 필요한 것은 무전으로 의사 선교사의 확인을 받고 처방한다. 만약에 의료사고가 발생하면 선교 사역을 계속할 수가 없다. 사역 초기와 사역 내내 의료 사역에 많은 시간이 소요된다.

이 일 후에 내가 보니 각 나라와 족속과 백성과 방언에서 아무도 능히 셀 수 없는 큰 무리가 나와 흰 옷을 입고 손에 종려 가지를 들고 보좌 앞과 어린 양 앞에 서서 큰 소리로 외쳐 이르되 구원하심이 보좌에 앉으신 우리 하나님과 어린 양에게 있도다 하니 계 7:9-10

선교사 파송

어떤 성이나 마을에 들어가든지 그 중에 합당한 자를 찾아내어 너희가 떠나기까지 거기서 머물라 또 그 집에 들어가면서 평안하기를 빌라 그 집이 이에 합당하면 너희 빈 평안이 거기 임할 것이요 만일 합당하지 아니하면 그 평안이 너희에게 돌아올 것이니라 누구든지 너희를 영접하지도 아니하고 너희 말을 듣지도 아니하거든 그 집이나 성에서 나가 너희 발의 먼지를 떨어 버리라 마 10:11-14

보라 내가 너희를 보냄이 양을 이리 가운데로 보냄과 같도다 그러므로 너희는 뱀같이 지혜롭고 비둘기같이 순결하라… 말하는 이는 너희가 아니라 너희 속에서 말씀하시는 이 곧 너희 아버지의 성령이시니라 마 10:16, 20

왼쪽부터 무루메 따보, 무알레 아모라, 파무띠 다우니, 끼바레 모꼬로마, 발루스 세데오

위의 사진은 정글 여기저기 흩어져 살아가는 2만여 명의 미히 부족 32개 씨족으로 파송을 앞두고 있는 제자 5명이다. 5월 중에 사도행전과 로마서를 다시 가르쳐서 성숙한 그리스도인으로 굳게 세운 뒤 7-8월경에 파송하려고 한다. 파송에 필요한 준비는 모두 마쳤다. 오직 하나님의 주권을 따라 그들의 발걸음마다 복음이 전해지길 기도한다.

5명의 제자들에겐 전혀 낯선 경험이 될 선교여행을 하게 하려는 이유는, 첫째, 훈련된 제자들이 다른 부족에 찾아가 복음을 전하는 도전과 경험을 쌓게 하려 함이다. 둘째는, 이들은 앞으로 교회의 장로로서 교회를 돌보고 성도를 살피는 책임을 갖게 될 터인데, 복음 전도를 통해 믿음을 굳건히 하는 동시에 동일한 미히 언어를 사용하는 모든 씨족이 하나님이 사랑하는 자녀이며 복음을 전해야 할 대상임을 분명하게 가르치기 위함이다.

약 한 달간 소요될 선교여행은 쉽지 않은 여정이 될 것이다. 그들이 찾아갈 씨족들은 예전에 자신들과 싸움을 하던 적이기도 해서 목숨이 위태로울 수도 있다. 더구나 높은 산과 강과 절벽과 계곡을 건너 길이 없는 정글을 칼로 헤치며 찾아가야 한다. 그렇게 어렵게 찾아가서 제자들은 환영을 받을 수도 있고 배척을 당할 수도 있다. 그러나 씨족장이 허락해서 복음을 전할 수 있게 된다면 하나님의 말씀을 배우기 원하는 지원자 명단을 작성하고 추장의 의견을 듣고 돌아오는 임무를 수행해야 한다.

나도 제자들과 함께 동고동락하며 선교여행을 하고 싶다. 하지만 아직은 산소가 부족한 고산 산행을 할 수가 없어서 안타까운 마음뿐이다.

미히 교회 성도 중에는 4시간을 산행해서 주일 예배를 드린 뒤 다시 4시간을 걸어 집으로 돌아가는 4명의 구와사 씨족 형제들이 있다. 그중에 씨족 대표가 매주 예배는 물론이고 성경공부에 참여하고 있다. 그는 나를 볼 때면 이렇게 말한다.

"우리가 땅과 집을 지어 드리겠습니다. 우리 마을에 와서 이곳처럼 하나님의 말씀을 가르쳐 주십시오."

이렇듯 다른 씨족들도 하나님의 말씀을 듣기를 소망하고 있다. 이런 씨족부터 선교사로 헌신된 제자와 함께 헬기로 찾아가 성경을 읽을 수 있도록 글자를 가르치고 성경 말씀을 가르쳐 그들 가운데서도 예배가 일어나도록 하려 한다.

"하나님 아버지, 거룩한 예수 그리스도의 남은 고난이 이 부족에서 성취될 때까지 이 죄인을 살리셨으니 달려갈 길을 다 달려갈 수 있도록 건강을 지켜 주소서."

천국에서 모두 만나 하나님의 얼굴을 마주하며 형제의 사랑을 나누기를 소망한다.

지구상에는 자신들의 모국어로 복음을 듣지 못하는 수많은 미전도 종족과 부족들(Unreached People)이 있다. 이들을 위해 글자를 만들고 말씀을 가르쳐 예수 그리스도의 십자가 죽음과 부활을 믿는 성도로 세우고 그들을 통해 참된 예배가 드려지는 교회를 세우는 부족 교회 사역은 언젠가는 한국 교회가 감당해야 할 소명이다. 그것이 하나님의 뜻이기 때문이다. 하나님의 뜻은, 예수 그리스도의 피로 산 모든 나라와 족속과 백성과 방언 중에서 믿는 자들로부터 예배를 받으시는 것이다.

> 그러므로 너희는 가서 모든 민족을 제자로 삼아 아버지와 아들과 성령의 이름으로 세례를 베풀고 내가 너희에게 분부한 모든 것을 가르쳐 지키게 하라 볼지어다 내가 세상 끝날까지 너희와 항상 함께 있으리라 하시니라 마 28:19-20

아멘. 코라(Kora) 마을은 피의 마을이라는 뜻이다.

> 오라 우리가 굽혀 경배하며 우리를 지으신 여호와 앞에 무릎을 꿇자 그는 우리의 하나님이시요 우리는 그가 기르시는 백성이며 그의 손이 돌보시는 양이기 때문이라 시 95:6-7

어느 날엔가 많은 그리스도의 몸된 교회가 하나님을 예배하는 예수 그리스도의 피의 마을이 되기를 소망한다.

<부록2>
지난 25년간의
선교 보고

한국 교회가 선교지로 보내는 질의서를 통해 선교지의 선교 전략과 수단을 잘 이해하고 상호 영적 교류가 이루어지며 한 가지 목적으로만 협력되기를 바라는 생각으로 미국 포틀랜드에 있는 에덴 교회에서 문의한 질문을 기준으로 지난 25년의 사역에 대해 적어 보았다.

Q. 지난 25년간 중점을 두었던 가치는?

교회의 목적은 예배이며 선교의 목적도 예배다. 선교는 언젠가는 끝날 것이다. 그러나 예배는 천국에서 영원할 것이다. 선교지에서 참된 예배가 자생적으로 일어나야 영적 열매가 맺힌다.

복음을 들어 보지 못한 부족 사람들의 삶에서 가장 큰 가치는 물질이다. 자신의 유익과 육신의 필요를 가장 큰 가치로 알고 본능적으로 살아온 형제들이다. 도덕과 윤리는 시대와 문화에 따라 다르며 변하는 것이지만 부족민들은 한 번도 도덕과 윤리 교육을 받아 본 적이 없다. 그냥 살아 있으니까 살아가는 것이다. 그런 부족 사람들에게 복음의 가치와 진리가 무엇인지를 알게 하기 위해서는 성경적 지식이라 하더라도 단순한 지식만으로는 불가능하다. 복음을 지식에 의지하고 가르치면 인간은 본능적으로 자신의 유익을 위하여 세상 문화와 혼합하여 또 다른 혼합 종교를 만들어 낸다.

하나님의 말씀이 진리인 것을 알려면 오직 한 가지, 하나님이 누구이신지 분명히 알고 '나는 누구인가?'에 대한 성경의 가르침에 동의가 일어나야 한다. 그 동의는 성령의 역사로 일어난다. 인간의 행위가 아닌 전적인 하나님의 은혜로 일어난다.

진리인 말씀을 통하여 구원받은 뒤에는 성령의 도움으로 인격이 새 피조물로 변해야 한다. 그러기 위해서는 구약과 신약의 말씀을 연대기적이며 구속사적으로 배우는 것이 필요하다. 나는 삼위일체이며 거룩한 하나님의 인격과 인간이 어떤 존재인지를 알 수 있도록 가르치는 데 가장 큰 가치와 중점을 두었다.

Q. 그 과정을 설명해 달라.

하나님의 말씀이 삶으로 나타나기 위해서는 말씀을 전하는 자와 배우는 자 서로 간에 깊은 신뢰가 형성되어야 한다. 서로 다른 문화와 가치관을 인정하고 받아들이기 위해서는 깊은 신뢰를 바탕으로 한 인간관계가 전제되어야 한다. 나의 간증은 복음이 죄인을 통하여 투영되기 위해서는 고난 가운데 있어야 하며 회개를 통하여 겸손으로 인도되어야 한다는 것이다. 그 결과 부족민들을 가족처럼 심령에 품을 수 있었고 그들의 아픔을 나의 아픔처럼 아파하게 되었다.

• 사역의 과정

1) 철자 교육(Literacy Study)

철자가 없어서 기록 문화가 없는 부족민들에게 문자를 만들어 매일 읽고 쓰기를 가르치고 있다. 성경을 읽기 위하여 모음 5자, 자음 13자를 가르치는 선생용 교재와 교과서(10종)를 발행하여 가르치고 있다. 한 반에 약 12명씩 3개월 과정으로 가르치고 있으며 이제는 제자들이 성경교사가 되어 스스로 가르치고 있다.

2) 성경 공부(Bible Study)

기초반은 매주 1회 2시간 가르치며 창세기부터 예수 승천을 연대기적 구속사적으로 가르치기 위하여 전체 5권(300페이지/권, 68과)의 교재를 부족 언어로 번역하고 인쇄하여 가르치고 있다. 중급반은 매일 2시간씩 한 달간 집중하여 구약과 신약의 연관관계와 말씀을 가르친다. 구약의 사건과 선지자들을 통해 예표된 예수 그리스도가 어떻게 신약에서 성취되었는지를 구체적으로 가르친다. 교재는 2권(300페이지/권)이다.

제자반은 사도행전, 로마서, 에베소서, 요한계시록, 서신서 순으로 가르친다.

3) 부족 교회 설립(Tribal Church Planting)

- 매주 1회 찬양교실을 열어 기타와 건반을 가르치고 부족어로 번역한 찬송가와 찬양을 가르치고 있다.
- 현재 12명이 예배 시간에 기타를 치고 있으며 2명이 건반으로 봉사하고 있다.

- 매주 주일 10시에서 2시까지 주일 예배를 드리고 있으며 제자들 스스로 예배를 인도하고 있다. 오후에는 성경공부반을 기초반, 중급반, 제자반으로 나누어 인도하고 있다.
- 매주 1회 청년들을 위한 성경공부반과 모임을 가지고 있다.
- 매일 2시간씩 3개월 과정으로 읽기, 쓰기를 가르치는 철자학교를 운영하고 있다.
- 성도 한 사람 한 사람의 간증을 경청하고 회개가 일어난 후 삶에서 어떤 변화가 일어나는지를 기록하고 있다.

4) 제자훈련(Discipleship)

- 1차에서 17명의 제자들이 양육되었고 그중 5명은 성경교사로 성숙되어 예배와 성경공부를 진행하고 있다.
- 컴퓨터 사용법과 문서작성법을 가르치고 있고, 성경 번역과 교재와 교과서도 만들고 있다.
- 제자 양육은 교사로 선정된 5명은 매일 번역일에 참여하고, 나머지 제자들은 월, 화와 수, 목(오전 10시부터 오후 5시까지)의 두 팀으로 나뉘어 번역과 매일 성경공부를 한다.
- 교사로 선정된 5명의 제자들은 주일에 가르칠 과제를 검토하고 준비를 확인한다.
- 매주 금요일은 17명의 제자들이 모두 참석하여 오전에는 그 주에 번역한 교재와 성경을 검토하고 오후에는 각자 성경 번역을 한다.
- 매주 예배가 끝나면 5명의 교사가 한자리에 모여 주일 설교와 성

경공부에서 혹시 실수가 없었는지, 과장되거나 잘못된 표현은 없었는지, 설교 시 자세와 준비 상황은 어떠했는지를 확인하고 서로 권면한다.

- 가장 중요한 과정으로서 교사들은 각각 성도들의 간증을 객관적으로 나누고 그들의 삶에서 어떤 변화가 일어나고 있는지를 서로 확인하고 기록한다.

Q. 어떤 열매와 유익이 있었는가?

1. 가장 큰 유익은 말씀을 전해야 하는 책무를 가진 나 자신의 깊은 회개다. 회개가 열매이며 유익이다.

2. 말로 가르칠 수 없는 부분이 하나님의 '존엄성'에 관한 것이다. 존엄성을 인정하지 않으면 주권자 하나님을 경외할 수 없다. 구약의 말씀을 통하여 창조주 하나님과 율법을 깨닫고 현존하는 피조물과 자신을 바라보며 하나님의 전능하심과 거룩하심을 깨닫고 자신의 죄를 고백하고 자신의 무능함을 인식하며 창조주 하나님을 감격하며 경외하므로 존엄성을 갖게 되는데 이것이 가장 큰 유익이며 열매다.

3. 더 놀라운 열매는 물질 이단주의 속에서 살아가던 부족 형제들이 물질보다 더 소중한 것이 영적 삶임을 인식하게 되었다는 것이다.

4. 구원받은 형제들은 한결같이 구원받은 감사를 가족에게 나누고 변화된 자신의 삶과 심령을 나누기를 기뻐하며 흥분된 삶을 간

증한다.

Q. 당신의 정체성과 사명에 대해 새롭게 발견한 것이 있다면 무엇인가?

1. "나는 소망 없는 죄인입니다. 나는 아무것도 아닙니다."
   이것이 나의 간증이다. 선이 존재하지 않는 죄인인 나에게 예수 그리스도의 십자가의 죽으심과 부활로 인하여 나는 죽고 예수 그리스도가 내 안에서 사시므로 그분만이 할 수 있는 선을 이 죄인을 통하여 행하시고 있다. 그로 인해 기뻐하게 하셨고 참된 순종과 겸손을 행하고 누리게 하셨다. 이렇듯 그리스도인의 인격을 회복해 주셨다.
2. 진리인 예수 그리스도의 생명의 말씀을 남에게 전한다는 것은, 한계와 죄악의 본성을 가진 인간의 생각과 지식과 경험과 문화로는 결코 할 수 없다. 이것을 알게 되었다는 것이 큰 유익이며 은혜다.
3. 소망 없는 죄인임을 다시 고백하게 하셨고 예수 그리스도의 십자가 은혜가 없으면 한순간도 나는 무익하며 무의미함을 절실히 알게 하셨다.
4. 복음을 전하기 전 주님 앞에 눈물로 매 순간 회개하게 하셨고 죄인 된 나를 부인하고 오직 십자가의 예수 그리스도만을 의지하게 하셨다.
5. 회개의 소중함을 알게 하셨고 죄인은 회개하지 않고는 결코 예수 그리스도의 인격이 투영될 수 없으며 복음의 열매 또한 맺을 수

없다는 것을 철저히 알게 하셨다.

6. 예수 그리스도의 십자가 복음은 성령께서 스스로 행하시며 오직 죄인 된 우리에게는 순종을 원하사 자녀에게는 온유와 겸손을 축복으로 주신다. 하나님은 스스로 행하시고 스스로 영광을 취하신다.

Q. 앞으로 어떤 가치에 중점을 둔 사역을 할 것인가?

1. 부족의 성도들이 스스로 교회 공예배를 통해 하나님을 진정으로 예배하고 제자를 양육하여 성경을 가르칠 수 있도록 양육하는 것이다. 가장 중점을 두는 가치는 하나님의 말씀으로 성숙한 성도와 제자를 양육하는 것이다. 2019년 4월, 146여 명의 성도들에게 최초로 세례식과 성만찬식을 행한 것은 이를 위한 첫걸음이 되었다고 믿는다.

2. 1차로 17명의 제자가 양육되었고 그중 5명을 교사로 세웠는데. 이들을 선교사로 세워 32개의 다른 씨족으로 2019년 7-8월에 파송하고자 한다.

3. 2차로 약 30명의 젊은 청소년 부족 형제들을 모집하여 제자 양육을 하려고 한다. 이들 중 일부가 제자로 양육된다면 영적으로 성숙한 1차 제자들을 도와 교회는 물론 사역을 뒷받침하여 협력할 수 있도록 키우고자 한다.

4. 로마서와 서신서, 요한계시록을 번역하여 성도들을 성숙한 성도로 양육하고자 한다.

Q. 앞으로의 가치 추구 과정이 과거와 달라지는 점이 있는가?

1. 내가 건강의 문제로 고산 산행을 할 수 없기 때문에 선교 전략을 변경하고자 한다. 제자들과 함께 산행을 하며 다른 씨족으로 복음을 전하러 가고 싶은 마음이 간절하나 산행을 할 수 없으므로 방법을 변경하려는 것이다.

2. 32개 씨족으로 파송된 5명의 제자들은 추장과 부족 사람들을 만나 하나님의 말씀을 받아들일 의향이 있는지 확인한 후 각 씨족에서 1~3명의 지원자를 모집할 것이다(예상 인원 약 30명).

3. 5명의 제자는 이미 기도하며 선교사로 자원하여 선교여행에 헌신하겠다고 준비 중에 있다. 그러나 한 달 이상 걸릴 선교여행은 예전에 적으로 싸운 씨족 마을도 포함되어 있으므로 위험에 처할 수도 있다.

4. 만약에 계획한 대로 다른 씨족에서 지원자가 있으면 지원자들을 미히 부족에 모아 약 3개월간 읽기와 쓰기, 성경공부, 기타, 건반 악기를 가르쳐 제자를 양육할 것이다. 그런 다음 그들이 자기 씨족 마을로 돌아갈 때 제자와 내가 함께 헬기를 타고 가서 복음을 전하고 교회를 세우고자 한다.

5. 이미 구와사라는 씨족에서 형제가 찾아와 "우리 씨족에 와서 하나님의 말씀을 가르쳐 주십시오. 땅도 준비되어 있습니다. 움막도 짓겠습니다" 하며 간절히 바라고 있다. 그는 "어제밤 꿈을 꾸었습니다. 위 연못에서 물이 내려와 내 집에 작은 연못이 만들어졌는데 연못 속에 수많은 고기가 있는 것을 보았습니다"라고 흥분해

서 말했다. 그들의 마을이 우리 마을 아래에 있는 것이다.

6. 구와사 씨족은 2000여 명이 살고 있으며 이미 비행장이 만들어진 5개 마을 중 하나다. 하나님의 뜻이 무엇인지 알 수 없으나 죄인이 어찌 스스로 하나님의 말씀을 사모하겠는가? 성령의 인도임을 확신하며 기도하고 있다.

7. 구와사 씨족 형제를 만난 후 5명의 제자들도 기쁜 마음으로 성경공부에 열정을 보이고 있다. 하나님께서 자신들이 복음을 들고 갈 곳을 인도하고 있다고 감격하고 있다.

Q. 이 같은 사역으로 예상되는 열매나 유익은 무엇인가?

1. 부족의 제자들 스스로 주의 사명을 감당하는 초석을 만들게 될 것이다.

2. 아직도 복음을 듣지 못하고 죽음의 공포 속에서 살아가는 32개의 다른 씨족 형제들이 구원받는 감격을 누리게 될 것이다.

3. 여러 씨족이 동시에 복음을 듣는 기회를 가지게 될 것이다.

4. 글자 가르치기와 성경공부, 예배와 제자 양육 등 모든 사역이 부족 형제들에 의해 지속될 것이다.

5. 우리는 아직 번역되지 않은 성경인 신약의 일부분과 성경공부 교재를 번역하는 데 집중할 수 있을 것이다.

6. 5명의 선교사 파송과 위의 사역을 하기 위해 강의실, 숙소와 향후 32개 다른 씨족에 세워질 약 100개의 교회 등 많은 준비가 필

요하다.

"이 선하고 하나님의 일인 영혼 구원 사역에 함께 기도로 참여하여 주십시오."